"十二五"职业教育国家规划教材
经全国职业教育教材审定委员会审定

微课版

推销实务
（第四版）

新世纪高职高专教材编审委员会 组编
主　编　罗小东　张　莉
副主编　王金辉　麻见阳

大连理工大学出版社

图书在版编目(CIP)数据

推销实务 / 罗小东，张莉主编. -- 4 版. -- 大连：大连理工大学出版社，2021.2(2023.9重印)
新世纪高职高专市场营销类课程规划教材
ISBN 978-7-5685-2812-2

Ⅰ. ①推… Ⅱ. ①罗… ②张… Ⅲ. ①推销－高等职业教育－教材 Ⅳ. ①F713.3

中国版本图书馆 CIP 数据核字(2020)第 243151 号

大连理工大学出版社出版
地址：大连市软件园路 80 号　邮政编码：116023
发行：0411-84708842　邮购：0411-84708943　传真：0411-84701466
E-mail：dutp@dutp.cn　URL：https://www.dutp.cn
大连日升印刷有限公司印刷　　大连理工大学出版社发行

幅面尺寸：185mm×260mm	印张：15.25	字数：349 千字

2007 年 11 月第 1 版　　　　　　　　　　2021 年 2 月第 4 版
2023 年 9 月第 3 次印刷

责任编辑：夏圆圆　　　　　　　　　责任校对：刘丹丹
封面设计：对岸书影

ISBN 978-7-5685-2812-2　　　　　　　　　定　价：45.80 元

本书如有印装质量问题，请与我社发行部联系更换。

前　言

《推销实务》(第四版)是"十二五"职业教育国家规划教材，也是新世纪高职高专教材编审委员会组编的市场营销类课程规划教材之一。

推销实务是一门应用经济学课程，注重理论的研究，更注重实践技能的培养。本教材在"能力为本、任务驱动、工学结合"等职业教育课程开发理念的指导下，以"理论够用，技能实用"为出发点，遵循"能力是看得见的行为活动，能力是知识、技能及态度的结合"的原则，以推销岗位要求为导向，注重培养各种推销专业能力、方法能力和社会能力等，完成各种典型推销任务，力求使学生能够掌握推销应用技能来推销自己、推销企业、推销产品或服务。

本教材分为四个模块，共六个项目，借助于目标导向、工作实施、职业加油站、培训游戏、任务回顾等形式，采用学习任务和工作任务、分任务和总任务分进合击的编写手法，形成了一个比较完整、实践性强的推销实务操作过程。教材修订时还采纳了全国近40所高职学校的反馈信息，吸收了市场营销专业标准、课程标准、各级精品资源共享课程等的最新成果，引入了行业标准、企业标准以及企业的推销业务流程、工作过程、绩效考核等内容，增加了"工作任务描述""工作步骤"等环节。

本教材实用价值较高，目标导向明确，工作实施精确，职业知识丰富，案例翔实，培训游戏实用，理论、实践交融，突出了高效的推销实务操作；集推销理论技巧书、推销人生职业规划书、推销职业技能训练手册等功能角色于一体，便于学生通过典型工作任务带动主体学习。本教材既可作为高职高专院校市场营销专业教材，又可作为本科院校市场营销专业参考教材，还可作为企业营销人员和管理人员的职业生涯自学用书。

本教材由四川商务职业学院市场营销专业带头人罗小东、张莉任主编，由陕西工业职业技术学院王金辉、西安思源学院麻见阳任副主编。具体编写分工如下：罗小东负责教材整体策划、提出教材构架体系与编写方案、组织协调教材进度和统稿，并编

写项目一、项目六;张莉编写项目五;王金辉编写项目四;麻见阳编写项目二和项目三。此外,陕西工业职业技术学院赵利娟、四川财经职业学院赵乾坤提供了实用的素材资料;攀钢集团有限公司供销管理处处长汪朝云、四川华体照明科技股份有限公司设计文化总监李代雄从推销实践、销售团队管理等方面补充和完善了教材内容。

在编写本教材的过程中,我们还得到了兄弟院校领导的支持、参编、教师的配合,同时也参阅、借鉴了一些国内外专家学者、企业行家的著作、资料和最新学术观点,采纳了一些精品资源共享课程网站、专业网站、个人博客的观点,限于篇幅,教材中只列出了主要参考文献,在这里对这些文献的作者一并表示最衷心的感谢!请相关著作权人看到本教材后与出版社联系,出版社将按照相关法律的规定支付稿酬。

虽然我们在教材建设特色上做了一些有益的探索和大胆的创新,但由于编写时间紧迫,教材中可能还存在失误之处,恳请各位读者提出宝贵意见,以便在修订时加以改进。

编 者
2021 年 2 月

所有意见和建议请发往:dutpgz@163.com
欢迎访问职教数字化服务平台:http://sve.dutpbook.com
联系电话:0411-84707492   84706671

目 录

职业准备模块

项目一　推销及推销职业认知······3
　　任务一　认识推销职业及其就业前景······3
　　任务二　熟悉推销员的岗位与工作职责······20

项目二　推销理论知识及其应用······29
　　任务一　掌握推销理论······29
　　任务二　制订推销计划······51

职业操作模块

项目三　推销接近······59
　　任务一　寻找与识别顾客······59
　　任务二　约见顾客······79
　　任务三　接近顾客······91

项目四　推销洽谈······105
　　任务一　了解推销洽谈······105
　　任务二　处理顾客异议······122
　　任务三　促成交易······143
　　任务四　拟订买卖合同······163

职业管理模块

项目五　推销管理······175
　　任务一　推销员管理······175
　　任务二　客户管理······190
　　任务三　推销绩效评估······205

综合实践模块

项目六　推销综合实践…………………………………………………………………… 223

参考文献 …………………………………………………………………………………… 226

附　录 ……………………………………………………………………………………… 227

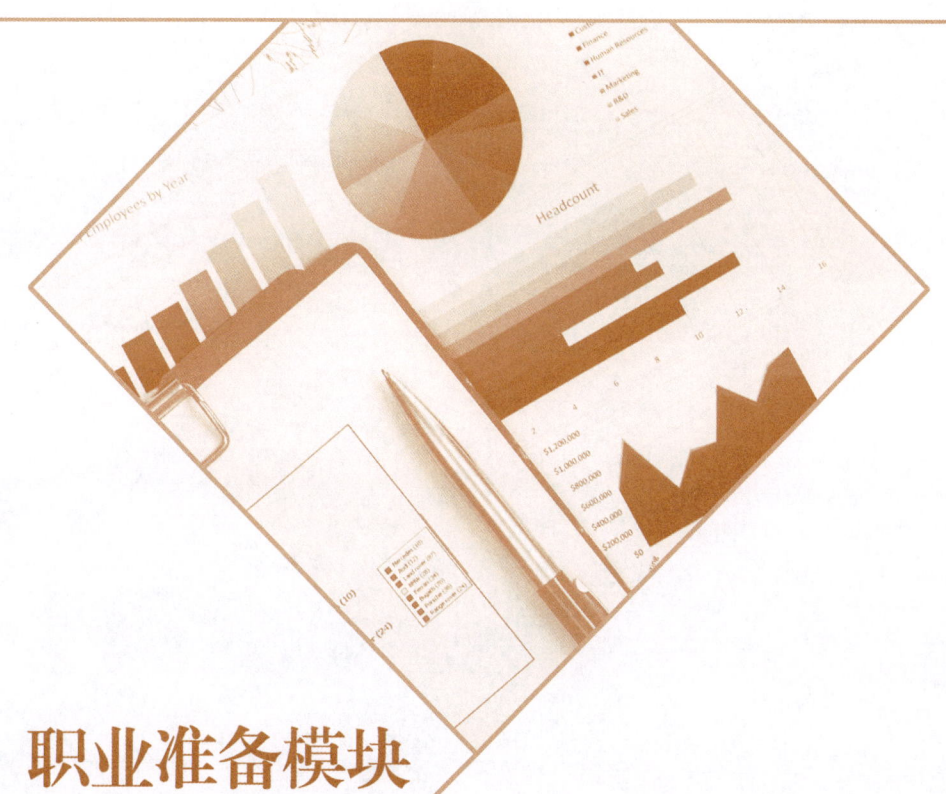

职业准备模块

项目一　推销及推销职业认知
　　任务一　认识推销职业及其就业前景
　　任务二　熟悉推销员的岗位与工作职责

项目二　推销理论知识及其应用
　　任务一　掌握推销理论
　　任务二　制订推销计划

项目一 推销及推销职业认知

项目任务

1. 认识推销职业及其就业前景。
2. 熟悉推销员的岗位与工作职责。
3. 明确推销员应具备的基本素养。

任务一 认识推销职业及其就业前景

任务导入

推销大师——乔·吉拉德

乔·吉拉德是世界上最伟大的推销员,是全球单日、单月、单年度汽车总量的纪录保持者,连续12年平均每天销售6辆汽车,2001年成为"汽车名人堂"中唯一的汽车推销员。

乔·吉拉德,1928年11月1日,出生于美国底特律市的贫民家庭。

9岁时,擦鞋、送报。

16岁时,离开学校当锅炉工,并染上严重气喘病。

35岁以前,修建过13年房子,换过40个工作仍一事无成,甚至曾经当过小偷,开过赌场,有严重口吃病。自评"在我人生的前35个年头,我自认是全世界最糟糕的失败者!"

35岁,负债6万美元,破产后走进了一家汽车经销店。

上班第一天,乔·吉拉德竭尽全力向一位可口可乐推销员推销出第一辆汽车,向老板预支薪水后从超市买了一袋食物回家让妻儿饱餐一顿。乔·吉拉德说:"在我眼中,他(指第一个客人)是一袋食物,一袋能喂饱妻儿的食物,那天回家我对太太发誓,从今以后不再让她为温饱问题而烦恼。"

他就凭着这样一股不想再回头过苦日子的决心与毅力,用一部电话、一支笔以及顺手撕下来的四页电话簿,耐心地拜访客户,记录下客户的职业、嗜好、买车的需求等细节,挖掘客户未来的需求,采取紧迫盯人的黏人战术。在推销过程中经常故意放慢说话速度,比任何人都更注意聆听客户的需求与问题。隔三岔五地打电话追踪客户,一年内不间断地寄出各种不同花样、印有"I like you!"的橄榄绿卡片给所有客户,曾在一个月内寄出一万六千封卡片。就这样不断加深、强化客户对乔·吉拉德的知晓和印象,当"我的名字'乔·吉拉德'一年出现在你家十二次!当你想要买车时,自然就会想到我!"……不断创新的销售方法,仅仅花了三年时间,就打响了乔·吉拉德的名号。进入汽车销售行业的第三年便推销出343辆车,第四年推销出614辆车。

38岁,以年销售1 425辆汽车的成绩,打破了当时汽车销售的吉尼斯世界纪录。

难能可贵的是,汽车销售业绩十分突出的乔·吉拉德,在15年之内拒绝了多次跳槽、升迁的机会,坚定地选择了当一辈子推销员,与头衔相比,他更在乎"钱",正如他所说的"老板只做管理,真正为公司赚钱的是我!我赚钱比老板还多!""今天我卖出6辆,明天我就渴望成交10辆!我感觉每成交一次,其实都像是被顾客升迁了一次!"就这样,他总能持续每天在前线从事推销工作,享受每一次成交所带来的快感与金钱奖赏。

乔·吉拉德50岁时宣布退休。他的汽车销售纪录迄今未被打破!他退休后转而从事教育培训工作,数十年来,他不仅出书,还应邀到世界各地演讲,让人们分享他的人生经验与推销秘诀。

【任务描述】
完成推销员职业认知,储备推销员应具备的素质和职业能力。

第一步 了解什么是推销

一、推销的概念

狭义的推销是指营销组合中的人员推销,即由推销员直接与潜在顾客接触、洽谈、介绍商品,进行说服,促使顾客采取购买行动的活动。广义的推销是指人们在社会生活中,通过一定的形式传递信息,让他人接受自己的意愿和观念,购买产品或服务。狭义的推销与广义的推销共同之处在于都要传递信息,进行说服,争取顾客的同情、理解和接受。正确理解推销的含义还应把握以下几点:

1. 推销的宗旨是以顾客需求为导向,发现并满足顾客的需求

推销员要了解和发现消费者的需求,确认推销品的效用,然后使顾客相信自己对推销品的需求,刺激其产生购买欲望,促使顾客购买。

2. 推销是买卖双方均受益的公平交易活动

买卖双方实现双赢才能使生意做得好。若有一方将自己的获利建立在对方利益的损失之上,受损一方不可能对交易满意,更不可能成为对方的长期合作伙伴。暂时获利的一方从长远来看未必是赢家。

微课:
推销的概念

3. 推销是一个系统活动的过程

推销不只是单纯的你买我卖的简单交易,还涉及寻找顾客、接近顾客、推销洽谈、处理顾客异议、促成交易、售后服务、信息反馈等一系列环节,它是一环扣一环、互相制约和互相影响的一个系统过程。

4. 推销是信息成功传递的结果

推销活动是发生在推销员和顾客之间的一种信息沟通活动。推销员通过信息沟通,了解顾客的需求和要解决的问题,然后提供产品或服务满足顾客的需求,帮助顾客解决实际问题。而顾客也通过信息沟通,使推销员了解自己的购买动机。双方有效沟通后获得双赢。

> **小案例**

战国时期苏秦的"连横合纵"

苏秦成名之前是一个穷困潦倒的书生。头悬梁,锥刺股,刻苦攻读,以期有朝一日能改变自己的命运。除了努力学习书本知识外,他还非常关注政治时局的变化。当时,秦国日益强大,其吞并诸侯国的野心不断膨胀。苏秦判断未来的天下必在秦国,自己人生光明的前途也将身系秦国。苏秦准备了非常翔实的资料,拟定了"连横"的政治和军事策略(所谓连横,就是各个击破),准备游说秦王。

他采用例证的方法,列举了很多先前有名的帝王成就伟业的例子,劝导秦王尽快发动攻打六国的战争,并提出自己关于攻打六国的"连横"战略。秦王是一国国君,不愿意轻信这个远道而来并急于推销其政治见解的年轻书生。认为时机还未成熟,拒绝采纳苏秦的主张。苏秦"说秦王书十上而说不行,形容枯槁,面色黧黑",只得收拾行李,准备回家。

"归至家,妻不下纴,嫂不为炊,父母不与言"。可是,苏秦并没有一蹶不振,既然秦国不采纳自己的主张,他就转到秦国的对立面,帮助六国攻打秦国。

又是一番精心的准备,苏秦这次的主张是"合纵"(所谓合纵,就是六国要团结,以防各个击破)。首先,游说赵国。这个地处秦国旁边,实力弱小的国家,面对虎视眈眈的秦国,正在整日发愁呢。苏秦的到来,真是雪中送炭。"见说赵王于华屋之下,抵掌而谈,赵王大悦,封为武安君。"苏秦一举成功,拿到了相印,并获得黄金万镒作为"合纵"战略实施的资费。其实,苏秦也是在推销,他的产品是政治主张。

那么,苏秦何以取得成功?很重要的一点是,他对时局有着透彻的分析和准确的把握,提出行之有效的推销方案,并善于揣摩人的心理。这里时局的分析和心理的揣摩,在我们推销里边,对应的就是消费者需求的分析和满足。

二、推销的特点

推销是一门艺术,需要推销员巧妙地融知识、天赋和才干于一身,在推销过程中根据推销的特点,灵活运用多种推销技巧和策略,才能取得推销活动的成功。推销的特点有:

1. 特定性

推销是企业在特定的市场环境中为特定的产品寻找买主的商业活动,必须先确定谁是本企业产品的潜在顾客,然后有针对性地向推销对象传递信息并进行说服。这种特定性要求推销员必须从顾客和推销品的实际出发,"一把钥匙开一把锁",切忌千篇一律。

2. 灵活性

虽然推销具有特定性,但影响市场环境和顾客需求的不确定性因素很多,环境和需求是千变万化的,推销员必须适应这种变化,灵活运用推销原理和技巧,适时调整推销策略和方法,因地制宜,灵活机动地调整推销战略和战术,是推销活动的一个重要特征。

3. 双向性

推销并非只由推销员向顾客传递信息的过程,而是信息传递与反馈的双向沟通过程。推销员在向顾客提供产品、售后服务等信息的同时,必须观察顾客的反应,收集顾客对企业产品的意见和要求,以便更好地满足顾客的需求。

4. 互利性

推销的有效结果表现为推销员卖出了产品,企业实现了赢利,而顾客也感觉产品满足了自己的需求,给自己带来了利益,通过互惠互利,达到"双赢"的目的。因此,推销员在推销过程中,不仅要考虑企业的利益,而且要考虑顾客的利益,只有这样才能拥有长期稳定的顾客。

5. 说服性

推销的中心是人不是物,说服是推销的重要手段。为了争取顾客的信任,让顾客接受企业的产品,采取购买行动并重复购买,推销员必须将产品的特点和优点向顾客进行介绍和宣传。顾客体会到推销员的真诚,认可产品的优点和特色,能为自己带来利益,就乐于购买进而产生购买行为。

三、推销的要素

任何企业的产品推销活动都少不了推销员、推销品和顾客,即推销主体、推销客体和推销对象构成了推销活动的三个基本要素。产品的推销过程就是推销员运用各种推销策略,说服顾客接受一定产品或服务的过程。这三个要素互相联系、互相制约,作为推销活动发起者的推销员应尽力协调好三者之间的关系,确保推销目标的实现。

1. 推销员

推销员是指主动向顾客推销产品或服务的主体,是产品或服务推销活动得以实现的关键,在推销三要素中占有重要的地位。推销员主要是通过走访顾客,了解顾客面临的困惑和需要解决的问题,为顾客提供服务,说服顾客购买企业的产品或服务。推销员必须具备良好的素质、丰富的知识和经验,能够熟练运用各种推销方法和技巧,从而顺利完成销售任务。推销员要成功地推销自己,取得顾客的信赖,就必须做到以下几点:

(1)注意推销礼仪。文明经商、礼貌待人,给顾客留下良好的印象。

(2)树立顾客导向。把了解顾客需求,帮助顾客解决困难和问题作为推销产品的宗旨,将推销产品与传递信息、提供服务结合起来。

(3)注重长期效益。把企业的长远目标作为行动指南,以满足顾客需求、保证顾客满意作为推销目标,避免急功近利、强行推销的短期行为。

(4)掌握推销技巧,进行成功的推销。不断提高自己的思想素质和业务素质,使自己在顾客心目中成为受欢迎的人。

2. 推销对象

推销对象又称顾客或购买者,是推销员的目标,是要说服的对象,包括现实的顾客、潜在的顾客以及购买决策人。没有推销对象就不会有推销活动。从现代推销学的意义上讲,所谓顾客或购买者是指具有购买决策权或者具有影响购买决策力量并且直接参与购买过程的有关人员,包括个体购买者和组织购买者。个体购买者购买产品的目的是满足个人或家庭生活的需要,而组织购买者购买产品的目的是生产、转售等。由于推销对象的特点不同,推销员所采取的推销策略和技巧也有差异。

3. 推销品

推销品是推销活动中的客体,是指推销员向顾客或购买者推销的各种产品或服务的总称。从现代市场营销学的角度看,向顾客推销的是整体产品,而不仅仅是具有某种实物形态和用途的物理学意义上的产品。

整体产品是指能提供给顾客以满足其某一需求或欲望的有形与无形的任何东西,它包括具有特定形态、体积、重量、味道、色彩、式样等能用人的感觉器官感知和触摸到的一切有形产品,也包括一些不能触摸的思想、观念、主意、服务等无形产品。

整体产品包括核心产品、形式产品和延伸产品三个层次。核心产品是指推销品给顾客带来的基本效用或利益,它是顾客购买决策的主体驱动力;形式产品是核心产品借以实现的具体形式,体现在质量、式样、品牌、特色和包装等方面;延伸产品是指推销形式产品时顾客能获得的附加利益的总和。

整体产品的原理要求推销员在推销活动过程中,首先,要注意分析顾客购买所追求的基本效用与利益;其次,要满足不同层次、不同类型顾客对外观、形式的追求;再次,推销产品的过程也是推销员说服顾客购买的过程,三者是密不可分的,应善于把产品的推销与顾客需求的满足联系起来。

四、推销的原则

1. 满足顾客需求的原则

顾客的需求和欲望是推销的出发点。产品是满足人们需求的有形与无形的产品或服务的综合体。顾客之所以购买某种产品或服务,总是为了满足一定的需求。因此,推销员必须认真了解顾客的需求,把推销品作为满足顾客需求的方案向顾客推荐,让顾客明白它确实能满足其需求。顾客只有产生了需求才可能产生购买动机并引发购买行为。满足需求是顾客购买的基本动机。一位推销员若不能真正地了解顾客的内在需求,推销是不可能成功的。

2. 互利互惠的原则

互利互惠的原则是指在推销过程中,推销员要以交易能为双方都带来较大的利益或者能够为双方都减少损失为出发点,不能从事伤害一方或给一方带来损失的推销活动。要知道,顾客之所以进行购买,就在于交易后得到的利益大于或等于他所付出的代价。因此,推销员在推销活动中要设法满足自己和顾客双方所追逐的目标,实现"双赢"是培养长久顾客之计,是顾客不断购买的基础和条件,也是树立口碑的基础和条件。要成为受欢迎、被期待的推销员,就必须设法为顾客提供利益,也就是设法使顾客从购买中得到其预期的好处。

3. 诚信为本的原则

诚信是古今中外任何一个民族都遵从的一种基本道德,社会上人与人之间、团体与团体之间,如果没有诚信,是不可想象的。诚信经营被奉为中国传统的经商之道,孔子曰:"人无信不立","人若无信,不知其可也"。企业不讲信誉,是无法立足于市场的;推销员不讲信誉,是不能取得顾客信任的。因此,在市场经济条件下,任何企业和推销员要想取得顾客的信任,必须以诚信为本。推销员要以诚待客,关心顾客,关心他们的事业和生活,并信守各项交易条款,按时、按质、按量地兑现自己的承诺。

4. 人际关系的原则

人际关系的原则是指推销员在推销产品时,必须建立和谐的人际关系。买卖双方的关系是一种经济利益的交换关系,是人际关系的一种。推销员建立广泛而良好的人际关系,可以为更多的买卖关系打下基础。美国的埃尔默·莱特曼是20世纪60年代末世界著名的人寿保险推销专家,他说过这样的话:"我并不销售保险,我建立关系,然后人们就来购买人寿保险。"美国著名的推销员乔·吉拉德也说过:"生意不是爱情,而是金钱,你不必指望所有的人都爱你,却可以让所有的人都喜欢你。"埃尔默·莱特曼所说的"建立关系"和乔·吉拉德所说的"让所有人都喜欢你",都是指建立和谐的人际关系。他们取得举世瞩目的推销成绩,与他们善于建立和谐的人际关系是分不开的。推销员应致力于建立一种真诚的、长期的、富于人情味的人际关系,这种关系能使双方感到满意和愉快,而不使任何一方的利益受到损害。

5.尊重顾客的原则

尊重顾客的原则是指推销员在推销活动中要敬重顾客的人格,重视顾客的利益。社会发展到今天,人们基本生活需求的满足已不是一件困难的事,需求的层次在不断地提高。人们越来越重视自我价值的实现,希望自己能得到社会的承认和他人的尊重。即使在购买商品的交易中,首先需要的也是交易对方的尊重。通俗地说,顾客会要求推销员对自己的人格、身份、地位、能力、权力和成就以及兴趣、爱好等方面给予尊重。如果你对一个顾客说"没见过你这种斤斤计较的人"或者"你还是买这件衣服吧,那件很贵,你买不起的",那就大错特错了。

第二步　认识推销职业及其前景

职业是市场经济条件下一个人能够生存和发展的重要工具与手段,也是现实社会中一个人能够通过各种形式的市场竞争,实现自主择业、自愿就业、自由创业的路径。一个人应该战胜挑战、抓住机会,根据自己的职业兴趣、职业收入水平和职业成就感等因素,深入分析行业、企业、职业等相关信息,有效完成适合自己的职业选择,投入激情、燃烧青春、施展才华,努力实现社会价值和个人价值的最大化。

一、推销职业

推销的成功可以用金钱来衡量,一名优秀的推销员能够得到企业和社会的直接认可。推销是一项极具吸引力的工作,也是获取社会地位和职业成就的一个途径。虽然一些人对推销职业持有偏见,认为推销员就是文化程度低、骄傲自大、夸夸其谈、爱说谎的职业群体。但更多的人愿意走上推销之路,把成为一名推销员、优秀推销员、伟大推销员当作自己人生的奋斗目标,实现自己人生的价值。推销这一职业,不仅工作相对自由,发展机会大,创业历练多,个人成长快,收入回报较高,而且还能为大众提供服务,为社会做出贡献。

(一)职业门槛少,无拘无束

推销这个职业不像其他职业那样,具有明显的岗位编制、职业性别、职业年龄、职业资格、职业规范、职业寿命、职业转换等职业门槛限制,职业准入条件要求不多也不高,就业机会多,择业机遇好,发展空间大。就如同某跨国公司在华招聘推销员的广告写的那样——"本公司大量招聘经销商,招聘经销商需具备如下条件:没有条件!"因此,无论男女老少、能力大小、水平高低,无论固定临时、专职兼职……只要喜欢推销、愿意推销、投入推销,就能够在推销这一职业领域的广阔天地,大有作为。

(二)职业历练多,晋升机会大

在市场经济条件下,为了适应激烈的市场竞争,任何企业的高层管理人员都必须十分熟悉市场,把握市场,适应市场,许多大中型企业愿意选拔重用那些了解社会各行各业、熟悉消费者、销售经历和经验丰富、销售业绩好的一线推销员。大量事实表明,许多企业的高层决策领导往往都是从推销工作开始其辉煌的职业生涯。同时,推销员自身的成长需求也离不开一线推销员的岗位锻炼,长期的推销一线工作经历使推销员积累了高超的交际能力,对行业、产品、信息等企业经营资源具有独到的市场见解,有利于企业的经营管理。

(三)自由自在,满意度高

推销是一种比较自由、自主的职业。在很大程度上,推销员主宰着自己的命运。推销员可以自主选择推销对象,自主选择推销品,自主确定推销时间、地点,自主开展推销活动,既为自己提供了可以最大限度地实现独立性的工作条件,又让自己与一个组织保持联系享受依存感和归属感,从而激发出推销员的潜力和能力。

(四)职业收入高,没有上限

在市场经济条件下,按照市场贡献率的大小来决定市场收入分配的高低,推销成为一项挑战性很高、收入很丰厚的职业。推销员是企业的市场经济尖兵,是市场收入的直接实现者,必须自始至终地保持全身心的投入,采用多种手段充分激发自己的潜在能力,全心全意帮助顾客解决所面临的各类疑难问题,将职业绩效直接转化为巨大的市场贡献率,自己才能够成为市场价值的直接受益者。因此,推销员的平均收入水平也要远远高于生产人员、技术人员、人事及财务等行政管理人员。

(五)工作保障,值得为之奋斗

在市场经济条件下,各种类型的企业对优秀的推销员总是保持旺盛的需求。推销员总是能够轻而易举地在全球各地找到一份满意的工作,根本不用担心企业兼并、合并等原因导致的岗位减少而失业。只要自己敢于迎接挑战,乐于做一名推销员,甘于投入巨大的精力、激情,勇于摔打自己、锤炼自己,假以时日,就会成长为一名合格、优秀甚至伟大的推销员,以自身的推销综合能力确保自己的工作岗位越来越好。

二、推销员的四种职业前景

总体来说,推销员有四种职业前景。

(一)成为高级销售经理

从事推销工作最终的发展目标是成为高级销售经理。从具体发展途径来看,有以下几个方向:

1.上行流动

积累经验后选择到上一级或公司总部做销售工作,或者可以带领更大的销售团队或管理更大的区域市场。

2. 下行流动

积累经验后选择到下一级或多级的分支机构去工作,带领销售团队或管理较大的区域市场,或是要到某个细分市场开辟新的业务,有可能发展成为企业未来的领军人物或高级经理人。

3. 横向跳槽

优秀的推销员还可以选择在发展到一定程度后更换新环境和新空间。

(二)转向管理岗位

1. 转向相关管理岗位

可转向相关管理岗位,如市场分析、公关推广、品牌建设与管理、渠道管理、供应商管理等。

2. 选择专业发展方向的岗位

可选择专业发展方向的岗位,如有市场信息或情报管理、行业研究、战略规划、人力资源管理、项目管理等。

3. 还可以选择技术含量较高的岗位

可选择技术含量较高的岗位,如运作管理、售前技术支持、产品测试、售后技术服务等。

(三)个人自主创业

在积累一定的资金、经验和资源后,发挥对行业的理解、对企业的运作、对市场变化的感知等优势,进行独立创业。

(四)转做管理咨询和培训

离开本行业,重新选择一种新的职业发展方向,如转做管理咨询公司的顾问或培训师等。

小案例

推销之神的经验结晶

被人们奉为"推销之神"的原一平,27岁时加入日本明治生命保险公司,历尽千辛万苦开始了他的辉煌人生:从36岁起他多次获得业绩全国第一,并因努力提高保险推销员的地位,贡献卓越。以下是原一平50年推销生涯的经验结晶:

1. 推销成功的同时要使这位客户成为你的朋友。
2. 要不断地去认识新朋友,这是成功的基石。
3. 说话时,语气要缓和,但态度一定要坚定。
4. 对推销员而言,善于听比善于辩更重要。

5. 成功者不但怀抱希望,而且拥有明确的目标。
6. 不要躲避你所厌恶的人。
7. 忘掉失败,不过要牢记从失败中得到的教训。
8. 失败其实就是迈向成功所应交纳的学费。
9. 在没完全气馁之前,不能算失败。
10. 储藏知识是一项最好的投资。
11. 今天多几分钟准备,明天少几小时麻烦。

第三步　储备推销员应具备的素质和职业能力

在市场经济条件下,人人都可能是推销员,但未必个个都会成为名扬天下的推销英雄,只有那些具有远见卓识、顽强拼搏、任劳任怨、尽心尽力、尽职尽责等特质的人,才可能通过"物竞天择、适者生存"的市场竞争,将自己的理想和推销潜能发挥出来,真心实意地为顾客提供优质的服务,最终成为顺应时代潮流、推动社会发展的优秀推销员。

一、推销员的职业素质

(一)知识素质

知识就是力量,知识就是财富。推销员要自觉认真学习、积累各种知识,不断强化自身的知识素质,拓宽知识面,进一步提高自身的职业素质和职业能力。推销员要利用有限的时间,尽可能多地掌握市场知识,具备适应推销职业需要的知识素质。一个合格乃至优秀的推销员,一般应具备并能够在推销实践中灵活运用以下知识:

1. 市场知识

市场是推销员最重要的职业平台。推销员需要接触各种各样的顾客,其对市场运行原理的了解、对市场营销方法掌握的深度,在很大程度上决定了推销员影响推销对象的消费价值、生活方式和购买行为的范围与力度,维系了推销员进行消费教育、顾客教育的市场影响力,最终成就了推销员进行推销教育、市场培育、促成交易的推销能力。因此,推销员应努力掌握市场经济运行原理、市场发展趋势、市场营销及商品推销的策略与方法、市场调研与预测的方法、供求关系变化规律、消费心理及购买行为理论等专业知识。

2. 行业知识

推销员在个人发展过程中,需要将获得的知识、技能与所选择的行业平台,紧密结合起来,深入了解所在行业的发展历史与现状、行业的发展前景、行业内部的竞争情况等,了解自己所从事的工作,制订出个人的职业发展规划等。

3. 企业知识

推销员应牢固掌握企业历史、企业规模、企业财务经营状况、企业领导与组织结构及企业规章制度等知识,并在推销过程中灵活运用,满足顾客需要,实现企业销售目标。

(1)企业历史

主要了解自己所在企业的创建时期、发展历程、指导思想、经营方针、发展目标以及发展壮大过程中的背景信息,树立并传递自己在推销对象心目中良好的形象,增强推销对象对自己的信心,培养自己对推销工作的自豪感和归属感。

(2)企业规模

推销员要熟悉企业的市场占有率,原材料的运用,日产量、年产量,公司雇员人数,工厂、办公室的规模、数量,工资总额等指标。

(3)企业财务经营状况

推销员要及时了解企业的资产、负债、交货、结算方式等状况,有利于签订合同、支付货款。

(4)企业领导与组织机构

推销员应了解企业领导的职务、姓名、行业地位、名声和意志等,以及与销售有关的部门和人员的基本信息。

(5)企业规章制度

推销员要熟悉企业赊销的资格、条件、界限等规定,现金折扣、季节折扣、数量折扣、各种折让等价格政策,分销措施、修理规定、保证措施、退货条件、包装规定、销售援助等服务措施。

4. 产品知识

推销员应该非常熟悉自己推销的产品或服务,否则,很难说服顾客采取购买行动。

(1)产品物理属性

推销员应掌握产品的大小、重量、容量、长度、构造、原料、式样、颜色、速度等物理属性以及相关的信息。

(2)产品生产流程

推销员应了解产品的生产工艺流程、所用材料、质量控制方法,让顾客相信推销员的承诺,相信自己所购买的产品是物有所值甚至是物超所值的。

(3)产品的功能

推销员应了解产品的温度极限、功率、电流、产品寿命等信息,以及产品的使用知识和维修技术,及时为一些顾客示范操作,排除一些简单的技术故障。

5. 其他相关知识

(1)心理学知识

推销员应熟练运用心理学知识了解顾客的消费心理或购买动机,选择恰当的推销方式或推销手段,提高推销效率。

(2)法律知识

推销员应了解一些相关的法律知识,以用来保护自己、顾客和企业的合法权益,在互惠互利的基础上,在满足顾客合理而可能的利益前提下,追求企业利润的最大化和个人价值的最大化。

(3)财会知识

推销员应掌握一些财会知识,处理好成本、风险、利润之间的关系,做好现金或账目,准确了解财务状况,动态了解推销业绩,真正做到心中有数。

(二)身体素质

身体是推销的本钱,没有一个良好的身体状态显然无法胜任推销工作的岗位需求,因为推销员的工作既需要复杂的脑力劳动,又需要艰苦的体力劳动。一个常年在外、风雨兼程的优秀推销员,总是事必躬亲、身体力行,总是随身携带着各种各样的商品样品、产品目录、说明书等,总是处于南来北往、东奔西走、走街串户的推销路上。离不开强健的体格、健康的体质、充沛的体力、充足的体能。

> **小案例**
>
> ### 原一平的故事
>
> 日本流传着这样一句话:没有卖不出去的商品,只有卖不出去商品的推销员。推销人员要把商品卖给顾客,除了要掌握必要的推销技巧,熟知市场知识、产品知识、消费者知识外,还要学会推销自己,让顾客在购买商品前首先接纳推销员。日本保险业泰斗原一平在推销生涯之初,穷得连午餐都吃不起,并露宿公园。
>
> 有一天,他向一位顾客推销保险,等他详细地说明之后,顾客平静地说:"听完你的介绍之后,丝毫引不起我投保的意愿。"顾客注视原一平良久,接着又说:"人与人之间,像这样相对而坐的时候,一定要具备一种强烈吸引对方的魅力,如果你做不到这一点,将来就没什么前途可言了。"原一平哑口无言,冷汗直流。顾客又说:"年轻人,先努力推销自己吧!""推销自己?""是的,要推销产品首先必须推销自己,先要让别人认可你,然后才是你的产品。"顾客的话给了原一平很大触动,从此,原一平开始努力推销自己,改善自己,终于成为一代推销大师。
>
> 只有让顾客认可了你,顾客才会接受你推销的商品。所以,作为推销人员,掌握在推销过程中如何成功推销自己至关重要。

(三)心理素质

推销员在与顾客面对面接触的整个推销过程中,需要推销员拥有持久的、充满激情的"精、气、神",去刺激、感染、引导、影响顾客的注意力和购买行为,工作起来十分辛苦,推销员一定要学会苦中作乐,顽强迎战,才可能适应和胜任推销这份工作。

1.自信进取

推销员应具有强烈的成功愿望,要从内心深处无比热爱这份推销工作,锲而不舍,心甘情愿地付出百倍、千倍、万倍的努力,百折不挠,将推销进行到底。

2. 睿智豁达

推销员应思维敏捷,乐观坚强。懂得"知难而进""见好就收""退一步,海阔天空"等人生哲理。遇到推销过程中不顺心的人情事故、经营过程不顺利的市场局势,坚持不逃避、不推诿、不抛弃,自己能够积极行动起来,与推销团队妥善处理,从绝境中脱颖而出。

(四)道德素质

推销员要树立正确的推销观念,学习现代推销理论和推销技术,讲究推销礼仪和推销道德,积极开展文明推销和合法推销。社会主义市场经济需要推销员的诚实经营、诚信经商、互惠互利等基本道德素养,培育良好的道德素质和规范的商业道德。通过树立良好的形象,建立商业信誉,用言行一致取信于顾客,挖掘客户群体,从传统的自私自利、逐渐演变到现在的互惠互利,更能够降低推销风险和成本。诚实守信、言行一致、不说大话,是推销员优良品格的最基本要求,见表1-1。

表1-1　　　　　　　　　顾客对推销员品德及行为的喜好

受欢迎的品质	受质疑的品质	受反感的品质
诚　实	不事先预约	自作聪明
失去生意仍能泰然处之	一见面就强硬推销	打听别人的私事
承认错误	贬低竞争者的产品	抱　怨
和蔼且内向	缺乏产品知识	信口开河
有所准备	太多的电话联系	盛气凌人
能解决问题	没有询问顾客的需求	强硬推销
适应能力强	缺乏产品演示技能	挑拨离间

二、推销员的基本职业能力

> **小案例**
>
> ### 一个创新推销的故事
>
> 小周是一家不易碎杯碟公司的推销员,连续五年他都是公司的销售冠军。在一次周年大会上,小周透露了他的销售秘诀,那就是在介绍完公司产品之后,拿出十多件不易碎杯碟,用力向地上掷。当准客户眼见杯碟丝毫无损时,自然信心大增,因而都很快地下了订单。于是,全公司的推销员都在推销中运用此方法,公司的业绩也节节攀升。可是,其他推销员的业绩却仍然不能超过小周的业绩,于是同事们再次向小周请教推销的诀窍,小周说:"我早已告诉你们我的秘诀:首先介绍产品,然后尝试掷碎杯碟。有一点我要补充的是,我现在已由自己掷杯碟,改为请准顾客掷杯碟。"

为了不断开拓客户群,提高推销成功率,推销员必须进一步强化训练自己的职业意识、职业技能,利用各种市场机会,战胜市场挑战,提升自己的观察、自律、应变、沟通、创新等核心职业能力。

(一)敏锐的观察能力

推销员应具有敏锐的观察能力,练就一双"慧眼",拥有"火眼金睛",才能够透过错综复杂的表象,及时洞察顾客的内心活动,摸清顾客的消费意图和支付能力。因为顾客在言行举止中往往会本能地掩盖自己的某些真实想法,隐藏其特定的动机和目的,也会使用各种各样的购买技巧。

(二)较强的自律能力

推销员是在企业之外独立从事推销活动,经常会处于一种无人管理的状态,如果缺乏自我管理、自我激励的自律能力,很容易受物欲的诱惑,很容易被失败所左右,可能禁受不住挑战而放纵自己、迷失自己,丧失继续从事推销工作的勇气和信心,再也无法完成推销任务。

(三)灵活的应变能力

推销员应及时跟随顾客态度的变化、竞争者的加入、企业销售政策的更改、对方谈判人员及谈判方式的更换等推销环境的变化,遵循推销活动的多样性、多变性特点,沉着、冷静、果断、有效地调节自己的行为,择机调动顾客互动参与推销活动,使推销工作向有利的方向进展,实现预定的推销目标。

> **小案例**
>
> #### 机敏的推销员
>
> 一名推销员正在向一大群顾客推销一种"折不断"的梳子,他首先向顾客介绍产品,宣称这种梳子是折不断的,接着进行示范表演,可是碰巧拿到一只质量不合格的梳子,只见他猛地一折,梳子"啪"的一声断了,真是出乎意料,他自己也十分吃惊,顾客更是目瞪口呆。面对这样尴尬的局面,假如你是这名推销员,你将如何处理呢?
>
> 这名富有应变能力的推销员急中生智,首先稳定自己的心境,笑着对顾客说:"看见了吧,这样的梳子是不合格的产品,我是不会卖给你们的。"接着他又折了几个梳子,都获得了成功,赢得了顾客的信任。这位推销员的杰出之处就在于他把本来不应该发生的情况转变为一个事先准备好的推销步骤,而且做得天衣无缝。

(四)有效的沟通能力

推销员除了应具备广博的知识外,还需要掌握社交礼仪,主动培养与各种各样的人打交道的能力。一是能说会道,推销员应该用各种清晰、准确、简洁、风趣生动的语言,向顾客介绍产品、洽谈业务或回答顾客提出的问题,巧妙地抓住顾客的心理,牢牢吸引顾客的注意力,使顾客心服口服后产生强烈的购买欲望;二是倾听,推销员能够静下心来,耐心地倾听顾客所表述的各种不同意见,自始至终地让顾客感受到推销员一份发自内心深处对他的尊重。真正做到有效沟通,深化顾客关系,提高推销效率。

(五)创新能力

推销工作那些常用的传统推销方式屡见不鲜,已经很难激起顾客的兴趣和购买欲望了。推销实践中,推销员只有不断通过自我学习推销理论、参加各种职业技能培训,充分吸取前人的推销经验,反复运用于实践;然后,善于独立思考,不断突破传统思维局限,勇于开拓创新,源源不断地推出适应市场变化的、花样繁多的推销手段或推销方法,出其不意地在市场竞争中脱颖而出。

工作实施

了解推销职业

【目的】

通过实施该项目,学生能了解推销职业及其发展前景,明确推销职责,从而使学生对推销职业产生兴趣。

【要求】

1. 选择搜集"推销职业和推销名人"信息。
2. 每人完成"我所知道的推销职业和推销名人"演讲。
3. 组内评出最优演讲方案。
4. 各小组的代表演讲方案参加班级评选。

【步骤】

1. 将班内学生分成若干小组,每组6～8人,由组长负责。
2. 选择搜集"推销职业和推销名人"信息。
3. 制订"我所知道的推销职业和推销名人"演讲方案。
4. 组内评出一个最优演讲方案。
(1)小组长负责组织评选过程。
(2)小组成员轮流演讲自己的方案。
(3)个人演讲完毕后,其他人负责打分,取平均数为个人方案成绩。
(4)每个小组评出组内分值最高的方案,作为小组的代表方案。
5. 每个小组选出代表,在全班演讲小组的代表方案。
6. 学生填写项目实施手册(见附录)。

【评价】

教师对各小组的代表方案进行点评,并选出全班最优方案,评价标准见表1-2。

表 1-2   "我所知道的推销职业和推销名人"演讲方案评价标准

评价项目	评价要求	分值	得分	评语
推销职业、名人信息	具有熟悉职业、激励人生的示范作用	30		
题材	新颖,实用	20		
演讲	流畅,有激情	30		
场景布置	道具合理,符合职业要求	20		

职业加油站

推销大师的必备素质

1.勇气是任何一个获得成功的人不可或缺的素质,在竞争激烈的情况下进行推销时尤为突出。

2.想象力必不可少。你必须能想象到和潜在客户见面时的情景,以及来自客户的不同意见,必须能运用自己的想象力把自己置于客户的位置上,以便更好地理解客户的需求和目的。要了解这些,你几乎要完全从别人的角度来考虑才行,这无疑需要极丰富的想象力。

3.与人说话的方式和语音语调要令人愉快。怯懦或不自信的声音会让人觉得你很软弱;反之,坚定而又清楚的声音带着自信,会让人觉得你充满激情、具有进取精神。

4.健康的身体最为重要,因为没有健康的身体,无法正常工作。

5.努力工作是将推销训练和自己的能力转化为财富的唯一途径。你所获得财富的数额和你所付出的勤劳、智慧是成正比的。

顶级销售经理的特质

1.能自如地应对变化

销售经理冷静面对市场混乱状况,热情地拥抱变革,带领销售团队适应市场变化和挑战。

2.获得下属的信任

推销员会根据上级的所作所为来判断他是否值得信任,不会对其所说的话再做其他的猜测。信任不是说上级对团队成员下了什么命令,而是上级在没有人看到的情况下做了什么。

3.给予反馈

成功的销售经理会设定一个清晰的、可实现的目标,并且经常给予推销员反馈;否则,推销员就会想:"我为什么这么努力的工作?"

4. 激发热情

成功的销售经理会想方设法激发销售团队成员的热情。

5. 善于参与

成功的销售经理应该善于让自己曝光,不要埋头于文案工作,要经常走动查看员工的工作,指导一下,体现平易近人;要经常与顾客接触,让顾客能感觉到经理的存在,提高顾客的忠诚度。

6. 帮助团队成员成长

成功的销售经理会培养团队成员的商业敏感性与销售技能,也会做好他们的职业规划,帮助他们成长。

7. 持续改进

新上任的销售经理也许会很快改善业绩,却难长期保持这种趋势。

推销名言

销售游戏的名称就叫服务,尽量给你的客户最好的服务,让他一想到和别人做生意就有罪恶感。 ——乔·吉拉德

不论你卖什么,要让它清晰地传达给你的潜在顾客,买了它比不买它要来得好。
——金克拉

抬起头来,注意四周,向人们微笑,你就已经成功了。假如你要获得别人的喜欢,请给人以真诚的微笑吧。 ——戴尔·卡耐基

对每个推销员来说,热情是无往不利的,当你用心灵、灵魂信赖你所推销的东西时,其他人必定也能感受得到。 ——玫琳·凯

你唯一要销售的东西是想法,而那些也是所有人真正想买的东西。 ——乔·甘道夫

拒绝是推销的开始,服务是利润的开始。 ——杨天浩

销售前的奉承,不如销售后的服务,这是制造永久顾客的不二法门。——松下幸之助

我们会成为什么样的人,全看我们重复做什么样的事。 ——亚里士多德

如果你没有做好准备,你就准备失败。 ——乔·甘道夫

顶尖的销售人员在进门的那一瞬间,就可分辨出来。 ——汤姆·霍普斯金

培训游戏

如何记住我

【游戏目的】

激发听众的幽默思维,用创造性的方式介绍自己及家乡的旅游和土特产品等,使大家记住自己的名字。

【操作程序】

1. 3分钟思考如何用创造性的方法介绍自己及家乡的旅游和土特产品等。

2. 请每人用2分钟介绍自己及家乡的旅游和土特产品等。

3. 每人在自我介绍的最后,都必须教大家如何记住自己和自己家乡的旅游和土特产品等。

4. 最后,老师可测试大家分别记住了多少人名及家乡的旅游和土特产品等。

【讨论】

1. 哪位同学家乡的旅游和土特产品给你的印象最深?

2. 你有什么高招进行自我介绍?

任务回顾

本任务完成后,对推销职业能达到精确的认知,能储备一定的推销素质和职业能力。

任务二 熟悉推销员的岗位与工作职责

任务导入

推销员的一个工作日

某公司推销员每天的工作时间主要用于接触顾客。潜在顾客可能给分公司打电话,询问是否能见一下推销员。然而,更有可能的是,推销员要约见顾客,或者到企业拜访决策者,了解他们的需求,为他们提供解决问题的方法。作为职责的一部分,还要在分公司的办公室内或在顾客的办公室内做产品展示。还要花相当一部分时间打电话,跟踪顾客线索,安排约会,与各类公司或组织的经理交谈。

推销员在与顾客接触时,需要能解决一些问题。公司的什么产品能最好地满足顾客的需要?公司产品与其他竞争对手的产品相比如何?机器是售出,还是租出?机器及其服务的现金总支出是多少?如何为产品融资?机器放在何处效率最高?公司产品怎样才能满足未来的办公需求?

此外,推销员还要忙于举办一些顾客支持活动,如加快产品的交货、核查信用、撰写建议书和对顾客进行如何使用产品的培训。可能将顾客介绍给公司的其他销售机构,与这些机构的代表进行联合访问。

总之,这些推销员每天都要面临新的挑战,要解决新的问题。推销员的生活既繁忙,又充满乐趣。

【任务描述】

知晓各行各业推销员的岗位设置,明确推销员的岗位职责,激发自己产生推销职业兴趣。

第一步 了解各行各业推销员的岗位设置

一、交易型推销员

推销职业中,自主性较强、数量庞大的是交易型推销员,主要分布在全球的各行各业。他们一般需要具有敏锐的市场意识、敏感的商业直觉、敏捷的推销行动、较强的职业素质以及较多的推销经验,始终都需要自己在整个推销过程中独自完成调查分析市场、寻找审查顾客、接近顾客、说服顾客、促成交易、回收货款、售后服务等事项。包括各种保险推销员、汽车推销员、柜台营业员、独立代理商、特约经销商、独立经销商、独立零售商以及各种产品的直销员等。在职场中属于较高层次的推销人才,企业需求量特别大。

二、代表型推销员

推销职业中,自主性较差、不直接从事市场交易的是代表型推销员,主要分布在各种制造业和服务业中,他们一般需要在公司授权范围内搜集信息、开拓市场、建立并维护关系、协调监控秩序等任务。包括各种市场代表、业务代表、营业代表、产品代表、客户代表、商务代表、公司代表、地区代表等。在职场中属于中等偏上层次的推销人才,受到无数中小型企业的欢迎。

三、助理型推销员

推销职业中,配合独立交易型推销员,完全独立自主地实施推销过程、不参与成交的是助理型推销员,协助完成搜集整理信息、寻找准客户、接待顾客、服务顾客等服务。包括销售助理、商务秘书、专兼职推销员等。

四、促进型推销员

推销职业中,在市场第一线直接服务顾客,不直接参与成交的是促进型推销员,他们一般需要足够的产品知识、高超的促销技能,完成面对顾客、服务顾客、说服顾客、做顾客的购买顾问、做产品代言人等任务。包括各种导购人员、卖场促销人员等。在职场中属于中等层次推销人才,受到企业和顾客的欢迎。

五、技术型推销员

推销职业中,技术含量高、技术能力强,既能推销产品,又能推销技术的是技术型推销员,他们一般需要精通一门专业技术,负责完成传播商品技术、提供销售技术支持、直接参与交易等任务。包括销售工程师、推销工程师等。在职场中属于高层次复合型推销人才,长期处于供不应求的状态。

六、服务型推销员

推销职业中,在市场第二线,不直接参与,但间接影响市场交易的是服务型推销员,他们一般需要具有正确的服务理念与全面的服务意识,全心全意地完成各种售前、售中、售后服务,提供市场后援保障与市场推销支持,维护客户关系等任务。包括市场部、销售部、服务部、广告部、仓储部、技术部以及其他内务部门人员。在职场中属于中等层次的推销员,企业用人需求量大。

七、管理型推销员

推销职业中,他们一般需要具备全面的个人推销能力、团队组织能力、市场控制能力及风险处理能力,完成市场分析与推销决策,组织、领导并指挥其他推销员,编制实施销售费用预算,监控市场运行等核心任务。包括各种各样的商务总监、市场总监、销售总监等,在职场中属于最高层次的推销人才,许多企业的董事长和总经理常常亲自兼任,是一个需要长期在推销实战中不断拼杀,最终才可能获得的职业巅峰。

因此,有志于从事推销职业的人,一定要认真分析以上各种层次推销员的岗位特点,深入了解推销员这一职业,摸清楚行业的发展趋势、企业的需求特征,并结合自己的兴趣、性格、职业偏好、人生追求等个人条件,看准职业方向,培育职业素质,培养职业能力,提高职业竞争能力。

> **小案例**

海尔集团推销员岗位职责及工作形象

一、岗位标准及职责

1. 职位：推销员。
2. 汇报对象：海尔社区店经理。
3. 工作地点：海尔社区店。
4. 要求

(1) 教育程度：中专以上学历。

(2) 工作经验：家装设计能力及工作经验；熟练操作电脑，熟练使用设计软件；有家电服务经验及电工知识经验。

5. 其他要求

(1) 认同海尔服务营销理念，具有创新精神。

(2) 能与企业同心同德，作风端正，能吃苦耐劳，有敬业精神。

(3) 形象佳，有良好的沟通能力。

6. 目标

(1) 为用户提供个性化的成套设计方案并与顾客达成订单。

(2) 负责为成套客户提供包括售前、售中、售后的全套精致无忧服务，与顾客保持良好的关系，并始终以顾客满意为目标。

7. 工作职责

专职负责社区店所辖区域内的新婚新居、乔迁新居等用户的成套家电咨询、设计及一票到底的讲解、协助安装、入住前验收等工作。

(1) 获取用户需求，主动入户为用户提供专业设计服务。

(2) 提供个性化成套设计方案。

(3) 通过良好的服务设计方案达成成套订单。

(4) 提供"一站式"成套服务。

(5) "一票到底"，为顾客提供全程关怀无忧服务。

(6) 负责向上级反馈客户意见、建议，并提出合理化解决方案。

(7) 完成上级安排的其他工作。

二、形象规范

(1) 穿着：深色成套西装，浅蓝色衬衫，深色领带，黑皮鞋。

(2) 佩戴：推销员上岗证。

(3) 携带资料：文件包、笔记本电脑、产品样册及成套设计方案。

第二步 熟知推销员的基本职责

各行各业的经营目标决定了不同类型的推销工作所包含的实质内容不同,以及每一次推销活动的具体任务也不同。处于各种层次、差异十分明显的推销员,都为各自的企业承担着一些基本职责,如销售产品、树立企业形象、搜集信息、沟通关系、提供服务、领导与协调销售团队等。

一、销售产品

销售产品是推销员最主要、最根本的职责,也是履行其他职责的前提条件。企业是为了获得利润,它雇佣推销员寻找潜在顾客,拜访顾客,介绍和示范产品,处理异议,确定价格及交货时间等成交条件,签订合同等,将所生产的产品及时转移到消费者手中,实现利润的最大化。

二、树立企业形象

良好的企业形象能使顾客对企业的产品有更深入的了解。企业通过推销员的推销行为,向顾客宣传企业,让顾客了解企业,使顾客对企业产生信赖和好感,并促使这种信赖和好感向市场扩散,从而为企业赢得广泛的声誉,树立良好的企业形象。

三、搜集信息

搜集信息是推销员的一项重要职责。企业通过直接与顾客接触的推销员,及时获取需求动态、竞争状况以及顾客意见等信息,主要包括以下几个方面:

(1)顾客对产品的具体意见和要求。
(2)消费者特征、结构方面的情况。
(3)市场供求关系的现状及变化趋势。
(4)顾客需求的现状及变化趋势。
(5)同类产品的竞争状况。
(6)顾客对企业销售政策、售后服务等方面的反应。

> **小案例**
>
> ### 苹果公司搜集笔记本电脑的使用信息
>
> 苹果公司的推销员在开发笔记本电脑的过程中起到了举足轻重的作用。苹果公司的第一台重达17磅的笔记本电脑Mac在市场竞争失败以后,推销员就被派去观察那些使用竞争对手产品的顾客。他们注意到,竞争对手的产品体型更小。苹果公司的推销员还发现,人们喜欢在飞机上、汽车上、家里使用笔记本电脑,于是苹果公司的推销员总结出:人们并不是真正想要小型的电脑,而是想要可以移动的电脑,价格只是其中的一个方面。另外,飞机上的人们更需要一块使用双手进行平面操作的鼠标。因此,后来苹果公司生产制造的笔记本电脑更易于使用了。

四、沟通关系

企业通过推销员,运用各种管理手段和人际交往手段,建立、维持和发展与主要潜在顾客、老顾客之间的人际关系和业务关系,以获得更多的销售机会,扩大产品的市场份额。

(1)确定主要客户的名单。
(2)确定每一位推销员的联络对象。
(3)规定沟通关系的具体目标及任务。
(4)推销管理人员定期检查评估。
(5)每个推销员根据计划目标实施沟通工作。

五、提供服务

服务是促成销售的关键因素之一,企业常常通过推销员做好推销前、推销过程中以及推销后的服务。主要包括以下三个方面:

1.推销前的服务

推销前帮助顾客确认需求或要解决的问题,为顾客提供尽可能多的选择,为顾客的购买决策提供必要的咨询等。

2.推销过程中的服务

推销过程中为顾客提供运输、保管、装卸以及融资、保险、办理各种手续等帮助,为顾客带来额外的利益,特别是在商品本身的特征和价格差别不大的情况下,促成交易的效果好。

3. 推销后的服务

推销后还要为顾客提供产品的安装、调试、维修、保养,人员培训,技术咨询,零配件的供应以及各种保证或许诺的兑现等服务。消除顾客可能存在的抱怨,增强顾客的满足感,树立良好的企业形象,融洽客户关系。

六、领导与协调销售团队

企业倡导团队销售,专门设置了顾客经理职位,负责协调推销员的活动,重点是加强与顾客之间的沟通,强调在第一时间内对顾客的需求与抱怨做出快速的反应,提高顾客的满意度,促成交易。

工作实施

【目的】

通过实施该项目,学生能在遵循社会需求、个人兴趣和特长的基础上,制订个人职业生涯规划方案。

【要求】

1. 选择自己中意的社会行业、企业岗位,并搜集这些岗位的信息。
2. 每人制订一份个人职业生涯规划方案。
3. 组内评出最优方案。
4. 各小组的代表方案参加班级评选。

【步骤】

1. 将班内学生分成若干小组,每组6~8人,由组长负责。
2. 选择自己中意的社会行业、企业岗位。
3. 制订个人职业生涯规划方案。

(1)做撰写方案的相关准备。通过网络查询、市场调查、个人咨询等途径搜集行业、企业、岗位等相关信息。

(2)撰写方案。可以独立完成或寻求帮助,制订个人职业生涯规划方案。

4. 组内评出一个最优方案。

(1)小组长负责控制本组内最优方案的评选过程。
(2)小组成员轮流陈述自己的方案。
(3)个人陈述完毕后,其他人负责打分,取平均数为个人方案成绩。
(4)每个小组内评选出分值最高的方案作为小组的方案。

5. 每个小组的代表方案要通过角色扮演法在全班同学面前进行陈述。
6. 学生填写项目实施手册(见附录)。

【评价】

教师对各小组的代表方案进行点评,并选出全班最优方案,评价标准见表1-3。

表 1-3　　　　　　　　　　　个人职业生涯规划方案评价标准

评价项目	评价要求	分 值	得 分	评 语
行业、企业、岗位信息	准确，实用	30		
个人兴趣、特长	对应职业需求	20		
语言表达	流畅，用词准确	20		
规划运用	合理，符合职业设计	30		

职业加油站

表 1-4　　　　　　　　　　　部分推销岗位

行业 等级	零售业	批发业	消费品行业、房地产行业、汽车行业以及生产资料行业	金融保险、营销咨询、市场研究、广告、物流、仓储、餐饮等行业
高级	商店经理	公司营销经理	营销副总经理 营销总监 市场总监	营销副总经理 商务总监
中级	促销主管 营业主管 导购主管 食品及日用品主管 非食品主管 理货主管	经理助理 业务主管	销售主管 销售经理 区域经理 促销主管 渠道经理	市场经理 客户经理 营销主管 营销经理	广告业务主管 商务经理 客户经理 银行卡市场主管
初级	促销员 营业员 导购员 理货员	业务代表 内勤员	销售代表 销售助理 销售内勤 推销员 产品推销助理 促销员	市场专员 客户服务员 业务代表 理货员

表 1-5　　　　　　　　　　　部分推销岗位职责与技能要求

工作岗位	岗位职责	技能要求
销售经理 （高层）	1. 销售计划制订 2. 销售目标管理 3. 销售渠道管理 4. 销售队伍管理 5. 相关部门协调	1. 市场营销知识 2. 销售预测与制订计划 3. 销售目标管理 4. 销售渠道管理 5. 销售队伍管理 6. 领导与沟通协调
销售主管 （中层）	1. 区域销售目标管理 2. 区域市场规划与开发 3. 区域销售促进 4. 区域销售团队管理 5. 销售行政管理	1. 区域销售目标管理 2. 区域销售渠道规划与管理 3. 区域销售促进规划与管理 4. 区域销售团队管理 5. 区域销售行政管理
销售代表 （基层）	1. 新客户开发 2. 销售与回款 3. 协助分销 4. 店面管理 5. 市场信息搜集与传递 6. 客户关系管理	1. 产品知识 2. 公司概况 3. 专业销售 4. 客户管理 5. 个人事务管理

培训游戏

正话反说

【游戏目的】
培养学生有效的倾听能力、答复能力和应变能力。

【操作程序】
1. 老师将学生分成10人一组,从每组学生中各请一位选手上台排成一列,面对大家。
2. 老师讲解游戏规则,选手需将老师所念词句依照顺序反向大声念出,如老师出题"江河日下",选手念"下日河江",老师出题"说曹操,曹操到",选手念"到操曹,操曹说"等,反应迟钝或念错者直接罚下。
3. 告知选手比赛共分三轮,采用淘汰制进行。难度可逐渐加大,第一轮出四字题,第二轮出五字题,第三轮出六字题。
4. 三轮过后留存选手及其小组胜出。
5. 老师给胜出者颁发小礼品。

任务回顾

本任务完成后,知晓各行各业推销员的岗位设置,明晰推销员的岗位职责。

项目二　推销理论知识及其应用

项目任务

1. 掌握顾客心理。
2. 了解推销方格理论。
3. 熟练掌握推销模式。
4. 学会制订推销计划。

任务一　掌握推销理论

任务导入

聪明的年轻人

两个年轻人一同开山,一个把石块砸成石子运到路边,卖给建房的人;一个直接把石块运到码头,卖给杭州的花鸟商人,因为这儿的石头总是奇形怪状的,他认为卖重量不如卖造型。三年后,直接卖石块的年轻人成为村里第一个盖起瓦房的人。后来,不许开山,只许种树,于是这儿就成了果园。等到秋天,漫山遍野的鸭梨招来八方商客,因为这儿的鸭梨汁浓肉脆,鲜美无比。就在人们为鸭梨带来的小康生活欢呼雀跃时,曾经直接卖石块的那个年轻人卖掉果树,开始种柳树。因为他发现,来这儿的客商不愁买不到好梨,只愁买不到盛梨的筐。

再后来,一条铁路从这儿贯穿南北。小村对外开放,果农也由单一的卖水果开始谈论果品的深加工及市场开发。就在一些人开始集资办厂的时候,那个种柳树的年轻人给他的果园砌了一面三米高、百米长的墙。这座墙面向铁路,两旁是一望无际的万亩梨树。坐火车经过这里的人,在欣赏盛开的梨花时,会突然看到四个大字——可口可乐,据说这是百里山川中唯一的广告。

【任务描述】
掌握推销的原理、理论和模式。

第一步 掌握顾客购买心理

由"宝马""可口可乐"和"VIVO 智能手机"领衔的微信朋友圈信息广告(简称:朋友圈广告)曾掀起过一波微信营销热潮。数据分析发现,朋友圈广告的目标受众更准确,可以有效提升消费者互动,品牌偏好和购买意愿。网易云音乐也曾利用 APP,引导用户生成过一份属于自己的"使用说明书",如图 2-1 所示。这个 H5 广告"你的使用说明书"能根据用户对几段音乐的判断,得出三句"使用说明",例如"遇到香喷喷的东西会变圆""起床时容易爆炸"等。这个 H5 广告抓住了用户愿意主动分享的特点。

图 2-1 你的使用说明书

一、了解顾客购买行为的全过程

我们所说的购买,不是一个瞬间的拍板行动。它早在购买行为发生之前就已经开始,且在购买行为完成后也不会终止,是一个完整的系列过程。营业员分析顾客购买行为的全过程,目的是在顾客的购买决策过程中,于每一阶段对其施加相应的影响,顾客购买行为的全过程一般可分为五个阶段:

1. 产生需要

顾客的购买行为是从产生需要开始的。当顾客感到自己的某种需要必须通过市场满足时,就会集中精力到市场上去寻求这种商品,这时购买行为便开始了。在这一阶段,推销人员应当注意以下几点:第一,了解与其产品种类和厂牌有关的潜在的或实际的需要;第二,这种需要在不同时间的不同满足程度;第三,这种需要会被哪些刺激所引起。这样才可以巧妙地推销自己的产品,使之与顾客的需要挂钩。

2. 收取信息

如果顾客的需要相当强烈,满足需要的物品又易于得到,顾客就会马上满足自己的需要。在多数情况下,顾客的需要不是马上就得到满足,或不是马上就能满足时,顾客会积极寻找或接收资料。商品资料或信息的来源主要有以下几个方面：第一，社会来源，包括报纸、杂志、电视、广播的宣传，家庭、亲友、邻居、同学以及其他相识者对商品的评价等；第二，市场来源，包括商品的广告、营业员的推销、商品的包装、商品展销以及商品说明书等所提供的商品资料；第三，经验来源，包括顾客自己使用所获得的有关商品的经验。各种来源的信息，对顾客的购买行为产生的影响不同，广告宣传的传播面广，但可信度低；亲朋好友口头传播或已购买的效果信息影响最大，但推销人员较难掌握和控制。相对而言，顾客的经验对顾客的购买行为的影响更为稳定。因此，掌握顾客的信息来源，对推销人员制定相关销售策略有很大帮助。

3. 比较评估

顾客对各种渠道得来的资料信息进行分析、评估和选择，决定取舍。这是顾客购买行为过程的一个重要阶段，也是购买的前奏。一般来说，顾客评估主要考虑商品的性能、式样、价格、耐用性及售后服务等几个方面。商品的性能在比较评估中显得较为重要，经常出现的情况包括：顾客对商品的性能给予不同的重视程度；顾客心中的品牌形象与产品的实际性能有一定差距；顾客对产品各种属性的权重不同；多数顾客的评估过程是将实际产品同自己理想中的产品做比较。

由此，推销人员可以采取的对策包括：第一，通过广告和宣传报道努力消除顾客不符合实际的偏见，改变心目中的品牌形象；第二，改变顾客对商品各种性能的重视程度，提示自己商品优势性能在顾客心中的重要程度，引起顾客对忽视的产品性能的注意；第三，改变顾客心目中的理想商品标准。

4. 购买决策

这是顾客购买行为最重要的环节，顾客对商品信息进行比较分析后，即形成购买意向，这种意向驱使购买行为。顾客购买之前，会做出购买决策。购买决策包括购买何种商品、何种品牌、何种形式、数量多少、何处购买、何时购买、以何种价格购买、以何种方式付款等。在这一阶段，一方面，推销人员要向顾客提供更多详细的有关商品的情报，便于顾客了解商品；另一方面，推销人员应通过服务加深顾客对商品的良好印象。

但购买意向并不一定导致实际的购买行为，它还会受到他人的态度和意外因素的影响，比如，家人或亲友的反对，顾客失业或商品涨价等，使顾客修改、推迟或取消其购买决策。因此，推销人员应当尽可能了解使顾客犹豫的因素，设法排除障碍、降低风险，促使顾客做出最终的购买决策。

5. 购后感受

这是顾客对所购商品通过使用而产生各种想法的阶段，是对整个购买行为的检验和反省。如果商品在实际的消费中达到顾客预期效果，顾客感到满意，购买后感觉良好，顾客就会肯定自己的购买行为，反之亦然。这种感觉会影响到周围的顾客，引导更多人购买或阻止别人购买该种商品。因此，购买感受的好坏对于顾客自己是否继续购买和如何向周围顾客宣传有很大影响，推销人员应及时做好顾客已购买感受的收集反馈工作。

二、了解并分析顾客的购买动机和购买行为

1. 了解顾客的购买动机

购买动机包括感情动机、理智动机和惠顾动机,是由人们的知识、感情和意志等心理过程而引起的行为动机。

(1)感情动机。这是由人的情绪和情感引起的购买动机。感情动机的引发原因不同,所以感情动机又可分为情绪动机和情感动机两种。情绪动机,是由外界环境因素的突然刺激而产生的好奇、兴奋、模仿等感情反应而激发的购买动机。产生情绪波动的外部因素很多,如广告、展销、表演、降价等。感情动机所引发的购买欲望,多注重商品的外在质量,比如包装精美、样式新颖、色彩艳丽。

(2)理智动机。这是对所购对象经过认真考虑而产生的理智的购买动机。理智动机的形成有一个比较复杂的从感性到理性的心理活动过程,一般要经过喜好→激情→评价→选择这样几个阶段,从喜好到激情属于感性认识阶段,从评价到选择属于理性认识阶段。同时,在理智动机驱使下的购买,比较注重商品的质量、讲求实用、可靠、价格便宜、使用方便、设计科学合理等。例如,某小型汽车制造商强调自己的产品经济实用、某热水器制造商提供长期免费维修服务,某贸易商强调所代销的打印机经久耐用等,均出于顾客购买的理智动机考虑。

(3)惠顾动机。这是指顾客出于对商品的信任和偏好而产生的购买动机。这种动机,也叫信任动机。在这种动机支配下,顾客重复地、习惯地购买某种商品。顾客之所以产生这样的动机,是基于推销人员礼貌周到、商品信誉良好、品种繁多、品质优良、价格适当等原因。每一推销人员和商品的声誉或特色均可以给予顾客一种不同的印象。广告宣传等推销方面的应用,主要就在于使顾客对商品产生良好的印象。

2. 分析顾客的购买动机和行为

一般来说,动机是行为的动因,顾客购买动机对其购买行为具有下列作用:

(1)始发作用。即引导顾客购买哪一种商品,如电视机、组合音响等。动机的基本作用,就是始发作用。例如,要看奥运会,可能是买电视机的始发因素。

(2)选择作用。因为顾客的动机是多种多样的。这些动机的目标可能是一致的,也可能是矛盾的。动机的选择作用可以引导购买某种品牌的商品。例如,买冰箱时选择海尔品牌。

(3)维持作用。人的行为是有连贯性的,动机的实现也往往要有一定的时间过程,在这个过程中,动机始终起着激励作用,直至行为目标实现为止。例如买冰箱,冰箱的美丽外形和多种功能对购买冰箱均具有维持作用。

(4)强化作用。动机的强化作用可分为正、负两方面。为实现动机,不断保持与强化行为,叫作"正强化";反之,起着减弱和消退作用的,叫作"负强化"。例如,买冰箱时的冰

箱减价促销就有强化作用。

(5)中止作用。当动机已经实现,或是刺激与需要出现变化,行为就会停止。但是,一个动机停止了,另一个动机又会继起,开始新的行为过程。

顾客购买行为除受动机支配外,在实际购买时,顾客的性格、商品的特性以及顾客的社会地位等也会对购买行为产生很大的影响。

顾客的购买行为有以下几种类型:

(1)习惯型。即忠于一种和数种品牌,对这些品牌十分熟悉、信任、注意力稳定,体验深刻、形成习惯。购买时不经过挑选和比较,行动迅速,容易促成重复购买。

(2)理智型。即实际购买前,对所要购买的商品进行仔细的考虑、研究和比较,购买时较为冷静和慎重,善于控制自己的情绪,不易受商品包装、商标及宣传的影响。

(3)经济型。即重视价格,对价格反应特别敏锐,善于发现别人不易觉察的价格差异。

(4)冲动型。即易受商品外观或品牌名称的刺激而购买。购买时,从个人兴趣出发,易受广告宣传的影响。

(5)情绪型。这类顾客注重情绪体验、想象力丰富,购买行为易受情绪影响。

(6)不定型。这类顾客没有固定的购买偏爱,一般是尝试性购买。

三、常见的购物心理

推销人员面对顾客时,如果没有对顾客心理方面的了解,很难激起顾客的购物愿望。下列几种比较常见的购物心理是推销人员应该了解的。

1. 追求舒适、省力的心理

对人类来说,一部分生活是围绕着身体的需要展开的。比如吃、喝、睡和冷热适宜的温度。我们日常生活中不可或缺的衣服、工具等大多是满足这类购物心理的商品。

2. 求美的心理

美的东西使我们产生强烈的满足和快乐。绘画、音乐、文学、体育以及我们工作、生活中,美随处可见,只要环顾一下四周,我们就能发现,人们追求美的心理正强烈地影响着众多商品的设计和包装。推销人员总是拿出设计特别美观的产品或展示产品时有意表现出它们美的形象。

3. 效仿的心理

从某种意义上说,这种购物心理与追求卓越不凡是大致相同的。因为在那些人心目中他所模仿的人在某一方面都是卓有成就的。推销人员也可以利用这种购物心理。

4. 获取的心理

一位推销员在向一位家庭主妇推销一种高级食用烹调油时,顾客有些拿不定主意,这位推销员便立即说:"我们最新生产的这种产品已经快要售完了,如果您放弃的话,那么您的邻居将会毫不犹豫地买下它的。"于是这位主妇马上购买了这种高级食用烹调油。获取的心理在这桩买卖中起了很大的作用。

5. 好奇的心理

推销人员可以利用顾客的好奇心来吸引他们对某些商品的注意和兴趣,以诱发他们购买商品的行为。

四、影响顾客消费心理的因素

消费者的消费心理之所以复杂难测,是由于政治、经济、文化等许多因素都会对消费心理产生影响。影响的因素越多、越大,消费心理的层次就越多,变化就越繁复。消费心理的分析主要是各种因素对消费者心理影响的分析。

1. 政治因素

不同国家、不同历史时期的政治因素对消费者的生活方式、生活观念都起着决定性的作用。

2. 经济因素

消费者的经济收入对消费心理也有影响。经济收入的变动会影响消费的质量结构、数量及消费方式。德国学者恩斯特·恩格尔在其提出的"恩格尔定律"中指出:收入水平越低,食品费用占消费总支出的比重越高;反之,收入水平越高,食品费用占消费总支出的比重越低。这表明消费者的收入较低时,主要是购买生活必需品,收入较高时购买必需品后的剩余收入除了其他必付款项外,还可追求文化消费、生活质量、财务投资等。

3. 文化因素

这是一种潜移默化的影响过程,使消费者逐渐形成某种消费习惯。

5. 性别、年龄因素

不同性别和不同年龄的消费者,其消费心理也有所不同。比如中老年人购物时,往往比较谨慎;青年人购物时,经常是追求新颖、时尚。

第二步 熟悉推销方格理论

大量工作实践表明,要做好推销工作,必须通过推销方格理论了解买卖双方对推销活动的态度。

推销方格理论是美国管理学家布莱克教授和蒙顿教授在他们曾经提出的"管理方格理论"的基础上,着重研究了推销员与顾客的关系和买卖心态后提出的一种新的方格理论。该理论是管理方格理论在推销领域中的运用,在西方被誉为推销学理论的一大突破。

推销方格理论分为推销方格和顾客方格两部分。推销方格用来研究推销活动中推销员的心理活动状态；顾客方格则是用来研究顾客在推销活动中的心理活动状态。大量工作实践表明，要做好推销工作，必须了解买卖双方对推销活动的态度。

一、推销方格

（一）推销方格的含义

推销员在推销活动中要考虑两个方面的具体目标：一是设法说服顾客购买产品，出色地完成推销任务；二是竭力迎合顾客心理，与顾客建立良好的人际关系。这两个目标的侧重点是不同的，前者的侧重点是"推销任务"，后者的侧重点是"顾客"。推销员对待这两个目标的关心程度就构成了不同的推销态度，用图形将推销员对这两个目标的关心程度表现出来，就形成了"推销方格"，如图 2-2 所示。推销方格显示了由于推销员对"顾客"与"推销任务"关心的不同程度而形成的不同心理状态。

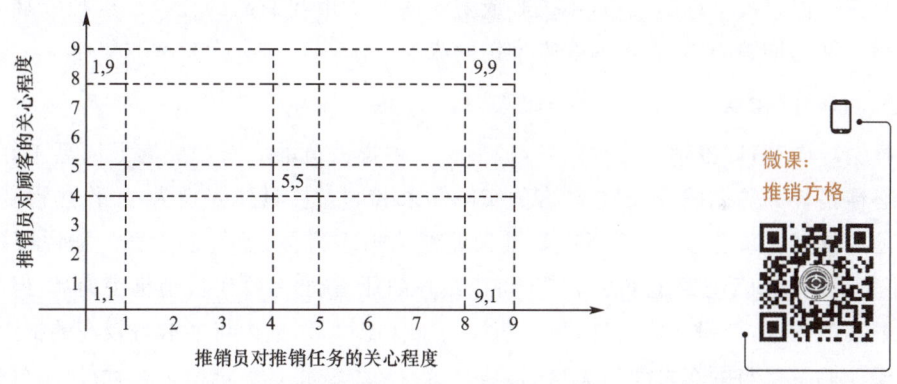

图 2-2　推销方格

在图 2-1 中，纵坐标表示推销员对顾客的关心程度，横坐标表示推销员对推销任务的关心程度。纵、横坐标各分为 9 等份，坐标值越大，表示关心的程度越高。每个方格分别代表各种推销员的不同推销心理活动状态与态度。推销方格形象地描绘出推销员对顾客的关心程度和对推销任务的关心程度的 81 种有机组合，为有效地协调推销活动中推销员与顾客既相互联系又相互制约的关系提供了一个形象而又明晰的框架。

推销方格可以帮助推销员更清楚地认识自己的推销心态，看到自己在推销工作中所存在的问题，进一步提高自己的推销能力；推销方格还有助于推销员更深入地了解自己的顾客，掌握顾客的心理活动规律，有针对性地开展推销工作。推销员只有深刻地认识自己和顾客的心理态度，才能正确地把握推销工作的分寸，恰当地处理与顾客之间的关系，争取推销工作的主动权，提高推销效率。

(二)推销方格与推销心态的类型

1. 无所谓型

无所谓型,即推销方格中的(1,1)型,表明推销员既不关心顾客,也不关心推销任务的心态。具体表现是:没有明确的工作目的,工作态度冷漠,缺乏必要的责任心和成就感;他们对顾客缺乏热情,顾客是否购买产品都与他们无关,从不做推销调研和总结工作。具有这种心态的推销员不是合格的推销员,这样的推销员推销成效也是最差的。他们抱着"要买就卖,不买就拉倒"的无所谓心态,毫无事业心。要改变这种推销心态就必须对适合做推销工作的人员进行鼓励,调动其积极性;撤换不称职的推销员,提高推销工作的效率。

2. 顾客导向型

顾客导向型,即推销方格中的(1,9)型。处于这种推销心态的推销员只关心顾客,不关心推销任务。具体表现是:忽视了推销活动是由商品交换与人际关系沟通两方面内容结合而成的事实,单纯重视并强调人际关系,对顾客以诚相待,可能成为顾客的良好参谋甚至好朋友,恪守"宁可做不成生意,也决不得罪顾客"的信条。这类推销员重视"生意不成仁义在",但忽视了推销技巧,不关心或羞于谈起货币与商品的交换。这种极端的心态也不是良好的推销心态,它不易取得推销的成功。

3. 推销导向型

推销导向型,即推销方格中的(9,1)型。这种推销员的心态与顾客导向型正好相反,只关心推销任务的完成,不关心顾客的实际需求和利益。具体表现为:工作热情高,具有强烈的成就感与事业心,以不断提高推销业绩为追求目标;他们千方百计地说服顾客购买,不惜采用一切手段强行推销,甚至可以败坏职业道德,不择手段地推销商品,但却很少了解顾客的需求,分析顾客心理;虽有积极的工作态度,短期内可能取得较高的推销业绩,但由于他们忽略与顾客之间的关系,只是想尽一切办法将产品推销出去,所以不可能与顾客建立一种长期的合作关系,严重时还会损害公司及产品的形象,也不是理想的推销员。

4. 推销技巧导向型

推销技巧导向型,即推销方格中的(5,5)型,也称干练型。这种心态较为折中,既关心推销任务的完成,又不是很重视推销;既关心顾客的满意程度,与顾客进行沟通,但不求完全为顾客服务,他们注意两者在一定条件下的充分结合。具体表现是:推销心态平衡,工作踏实;对推销环境充分了解,充满信心;注意研究顾客心理和积累推销经验,讲究运用推销技巧和艺术;在推销中一旦与顾客意见不一致,一般采取妥协,避免矛盾冲突。他们能够非常巧妙地说服一些顾客购买。从现代推销理论分析,这种心态对推销不求甚解,可能成为一位业绩卓著的推销员,但却难以创新,不易成为推销专家或取得突破性进展。因此这类推销员也不是理想的推销员。

5. 解决问题型

解决问题型,即推销方格中的(9,9)型,也称满足需求型。这种心态是理想的推销心

项目二　推销理论知识及其应用

态,推销员将投入全力研究推销技巧,关心推销效果,又重视最大限度地解决顾客困难,注意开拓潜在需求和满足顾客需求,保持良好的人际关系,使产品交换关系与人际关系有机地融为一体。其具体表现是:有强烈的事业心和责任感,真诚关心和帮助顾客,工作积极主动;他们对自己、顾客、推销品、推销环境和顾客的需求有充分的了解,积极寻求使顾客和推销员的需求都能得到满足的最佳途径;他们注意研究整个推销过程,追求在最大限度满足顾客各种需求的同时取得最佳的推销效果。这种类型的推销员能在帮助顾客解决问题的同时完成自己的推销任务。满足顾客的真正需求是他们的中心,辉煌的推销业绩是他们的目标。这种推销心态才是最佳的推销心态,有这种心态的推销员才是最佳的推销员。

二、顾客方格

(一)顾客方格的含义

推销过程是推销员与顾客双向心理作用的过程。在推销活动中,推销员的推销心态和顾客的购买心态都会对对方的心理活动产生一定的影响,从而影响其交易行为。因此,推销员还必须要深入研究分析顾客的购买心理,有针对性地开展推销活动。

顾客在与推销员接触和购买的过程中会有两个具体的目标:一是希望通过与推销员进行谈判,讨价还价,力争以较少的投入获取尽可能大的收益,购买到称心如意的产品;二是希望得到推销员诚恳热情而又周到的服务,与推销员建立良好的人际关系。在这两个目标中,前者注重"购买任务",后者注重"关系"。但是不同的顾客对这两方面的重视程度是不同的。有的顾客可能更注重购买任务本身,而另一些顾客则可能更注重推销员的态度和服务质量。布莱克与蒙顿教授依据顾客对这两方面问题的关心程度不同,建立了"顾客方格",如图 2-3 所示。

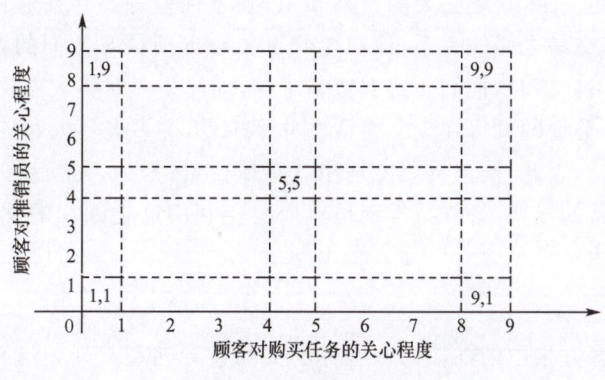

图 2-3　顾客方格

在图 2-3 中,横坐标表示顾客对购买任务的关心程度,纵坐标表示顾客对推销员的关心程度。纵、横坐标划分为 9 等份,其坐标值都是从 1 到 9 逐渐增大,坐标值越大,表示顾客对推销员或购买的关心程度越高。顾客方格中的每个方格分别表示顾客各种不同类型的购买心态。顾客方格形象地描绘出顾客对推销员及购买任务的关心程度的 81 种有机组合,它作为研究顾客购买行为和心态的理论,对推销员了解顾客态度,与顾客实现最佳的配合,学会应付各种不同类型的顾客,争取推销工作的主动权,提高推销工作的效率具有重要意义。

(二)顾客方格与顾客心态的类型

在众多的顾客心态中,其中具有代表性的有以下五种类型,即漠不关心型、软心肠型、防卫型、干练型、寻求答案型。

1. 漠不关心型

漠不关心型,即顾客方格中的(1,1)型。处于这种购买心态的顾客对上述两个目标的关心程度都非常低,既不关心自己与推销员的关系,也不关心自己的购买行为和结果。他们当中有些人的购买活动有时是被动和不情愿的,购买决策权并不在自己手中。具体表现是:多数情况下是受人之托购买,自身利益与购买行为无关,而且不愿意承担责任,往往把购买决策权推给别人,而自己愿意做些询问价格、了解情况的事务性工作。对待推销员的态度是尽量躲避或是敷衍了事。这种心态的顾客把购买活动视为麻烦,往往是例行公事,对能否成交、成交的条件、推销员及其所推销的产品等问题都漠不关心。向这类顾客推销产品是非常困难的,推销成功率也是相当低的。对待这种类型的顾客,推销员应先从情感角度主动与顾客接触,了解顾客的情况,再用丰富的产品知识,结合顾客的切身利益引导其产生购买欲望和购买行为。

2. 软心肠型

软心肠型,即顾客方格中的(1,9)型,也称情感型。处于这种购买心态的顾客非常同情推销员,对于自己的购买行为与目的则不太关心。具体表现是:该类顾客往往感情重于理智,对推销的产品本身考虑不多,容易产生冲动,易被说服和打动;重视与推销员的关系,重视交易现场的气氛,缺乏必要的产品知识,独立性差等。存在这种心态的顾客不能有效地处理人情与交易之间的关系,他们更侧重关心推销员对他们的态度。只要推销员对他们热情,表示出好感时,他们便感到盛情难却,即便是一时不太需要或不合算的产品,也可能购买。这种类型的顾客在现实生活中并不少见,许多老年人和性格柔弱、羞怯的顾客都属于此类顾客。因此,推销员要特别注意感情投资,努力营造良好的交易气氛,以情感人,顺利实现交易的成功。同时,推销员也应避免利用这类顾客的软心肠,损害顾客的基本利益。

3. 防卫型

防卫型,即顾客方格中的(9,1)型,也称购买利益导向型。处于这种购买心态的顾客与软心肠型的购买心态恰好相反,他们只关注自己的购买行为和个人利益,不关心推销员,甚至对推销员抱有敌视态度。他们不信任推销员,怕吃亏,担心上当受骗,本能地防卫。具体表现是:对推销员心存戒心,态度冷漠敌对,处处小心谨慎,精打细算,讨价还价,事事提防,绝不让推销员得到什么好处。这种顾客一般比较固执,不易被说服。这类顾客的生意也比较难做,即使最终成交,企业的盈利也微乎其微。他们拒绝推销员,并不是对推销品没有需求,完全是出于某种心理原因。对这类顾客,推销员不能操之过急,应首先推销自己,赢得顾客对自己的信任,消除顾客的偏见,然后再转向推荐推销品。

4. 干练型

干练型,即顾客方格中的(5,5)型,也称公正型。处于这种购买心态的顾客既关心自己的购买行为,也关心与推销员的人际关系。具体表现是:乐于听取推销员的意见,自主做出购买决策,购买决策客观而慎重。这是一种比较合理的购买心态,具有该种心态的顾客一般都很自信,甚至具有较强的虚荣心。他们有自己的主见,不愿意轻信别人,更不会受别人左右。对此,推销员应设法用客观的事实进行说服,让顾客去做出判断和决策。

5. 寻求答案型

寻求答案型,即顾客方格中的(9,9)型,也称专家型。处于这类购买心态的顾客既高度关心自己的购买行为,又高度关心与推销员的人际关系。这类顾客通常有较高的购买技术,他们在购买产品之前,对市场进行广泛的调查分析,既了解产品的质量、规格、性能,又熟知产品的行情,他们的购买行为非常理智,根据自己的实际需求来决定是否购买。具体表现是:购买时不会轻易受别人左右,十分愿意听取推销员的观点和建议,并对这些观点和建议进行分析判断,善决策又不独断专行。这种购买心态的顾客是最成熟、最值得称道的顾客。他们充分尊重和理解推销员的工作,不给推销员出难题或提出无理要求,把推销员看成是自己的合作伙伴,最终达到买卖双方都满意的目的。对这类顾客,推销员应了解顾客的需求所在,设法成为顾客的参谋,主动为顾客提供各种服务,尽最大努力帮助他们解决问题,实现互惠互利,买卖双赢。

三、推销方格与顾客方格的关系

推销的成功与失败,不仅取决于推销员的工作态度,布莱克教授总结出了推销方格与顾客方格的关系。从前面介绍的推销方格和顾客方格可以知道,推销员与顾客的心态是多种多样的,在实际推销活动中,任何一种心态的推销员都可能接触到各种不同心态的顾客。表2-1反映了推销方格与顾客方格之间的内在联系。表2-1中"+"表示成功,"-"表示失败,"0"表示推销成败的概率相等。

表2-1　　　　　　　　推销方格与顾客方格的内在联系

推销类型 \ 顾客类型	1,1	1,9	5,5	9,1	9,9
9,9	+	+	+	+	+
9,1	0	+	+	0	0
5,5	0	+	+	−	0
1,9	−	+	0	−	−
1,1	−	−	−	−	−

从表 2-1 中可以看出,(9,9)型心态的推销员无论与哪种心态类型的顾客相遇,都会取得推销成功。因此,企业要想赢得广阔的市场,就应积极培养(9,9)型心态的推销员。推销员能否协调好与顾客的关系,事关推销的成功与失败,推销员的销售心态和顾客的购买心态共同决定了推销的成败。

从现代推销学的角度看,趋向于(9,9)型的推销心态和购买心态比较成熟和理想,推销活动的成功率较高。但这并不是说其他类型的推销心态和购买心态的搭配就不能取得理想的效果。在错综复杂、千变万化的推销活动中,没有哪一种推销心态对所有顾客都是有效的,同样,不同的购买心态对推销员也有不同的要求。因此,成功推销的关键取决于推销心态与购买心态是否吻合。由此可见,推销员的推销活动能否成功,除了自身的努力以外,还要看顾客是否愿意配合、推销员能否准确地把握顾客购买的心态等。如果推销专家遇到一位无论如何也不愿意购买推销品的顾客,即使他有再高明的推销技巧,也很难成功。相反,如果一位迁就顾客的推销员遇到一位软心肠型的顾客,双方都特别关心对方,尽管推销员不算是一个优秀者,但他依然能够取得推销的成功。

从推销员的角度来看,推销员越是趋向于问题解决型,其推销的能力就越高,达成销售的可能性就越大。因此,要成为一位出色的现代推销员,健康的销售心态是不可缺少的。所以,推销员应树立正确的推销态度,要加强培训与锻炼,调整与改善自我销售的心态,努力使自己成为一个能够帮助顾客解决问题的推销员。

第三步　应用推销模式理论

推销模式一般包括爱达模式、迪伯达模式、爱德帕模式、费比模式和吉姆模式。

一、爱达模式

爱达模式是国际推销专家海因兹·姆·戈得曼总结的推销模式,是西方推销学中的一个重要模式,它的具体含义是指一个成功的推销员必须把顾客的注意力吸引或转移到产品上,使顾客对推销员所推销的产品产生兴趣,刺激顾客产生购买欲望,然后再促使顾客采取购买行为,达成交易。爱达模式的具体推销步骤如下:

(一)引起顾客的注意(Attention)

通常人们的购买行动都是从注意开始的,因此,开展推销活动首先要引起顾客对推销品的注意。引起顾客的注意是指推销员通过推销活动刺激顾客的感觉器官,把顾客的心理活动、精力、注意力等吸引到推销员和推销品上来,促使顾客对推销品产生良好的印象,形成正确的认识和有利于推销的正确态度。引起顾客注意常受到空间、时间和推销现场特殊环境的限制。因此,推销员必须在较短的时间内,因人而异地采取不同的方法,用最有效的手段达到吸引顾客注意的目的。常用的方法有:产品吸引法、语言吸引法、形象吸引法、动作吸引法、气氛吸引法等。在引起顾客注意的过程中应注意以下几个问题:

1.说好开场白

洽谈中的顾客在开始十秒钟所获得的注意刺激一般要比以后十秒钟里所获得的刺激深刻得多,因此推销员要开动脑筋,积极探索那些不同于以往的新方法和新思路,用新颖、出其不意的开场白迅速抓住顾客的注意力。

2.用肯定的语气说话

一般人们只会把注意力放在那些与自己切身利益密切相关的最重要、最需要解决的问题上,因此推销员的推销内容要与顾客心中的需求和欲望相一致,站在顾客的立场向顾客提供产品的相关资料,用肯定自信的语气感染顾客,吸引顾客的注意力。

3.防止干扰

在推销活动中,来自顾客自身、他人、推销现场环境等各方面的干扰常分散顾客的注意力,因此推销员必须学会并掌握排除各种干扰的办法,确保顾客的注意力集中于推销活动。

微课:爱达模式

(二)唤起顾客的兴趣(Interest)

唤起顾客的兴趣是指推销员通过推销活动使顾客了解产品所拥有的全部优点,认识到产品能够满足自身的需求,从而使顾客对推销活动有意识地积极接近。唤起兴趣是推销活动的真正开始。在购买过程中,顾客的兴趣与注意有着密切的联系,兴趣在注意的基础上发展起来,反过来又强化注意。

在推销活动中,针对顾客的不同需求和动机,唤起顾客购买兴趣的方法主要有示范表演法和情感沟通法。示范表演法常用的手段有对比法、展示参观法、道具表演法和亲身体验法;情感沟通法常用的手段有坦诚相见法、投其所好法和情系顾客法。唤起顾客兴趣需注意以下几个问题:

1.重视购买兴趣的变化性

推销员要及时了解顾客需求的变化,发现顾客需求变化的规律和顾客的潜在需求,以便用不同的推销手段,从不同的推销角度和推销重点,提供不同的推销品来满足顾客不断变化的需求,维持顾客对推销活动长久、稳定的兴趣。

2.不断强化顾客的购买兴趣

顾客会在某些因素的长期影响下保持对某种产品长期优先购买的兴趣倾向,推销员应充分利用这个特点,与现有顾客保持密切的联系,不断强化他们对所购买产品的兴趣,维持并壮大自己长期稳定的顾客群。

3.注意回避消极情感

兴趣是一种积极的心理倾向,对产品所涉及的一些不可避免的消极、悲观的内容应尽量从乐观的角度去体现,调动顾客的积极情感,唤起他们的购买兴趣。

(三)激发顾客的购买欲望(Desire)

激发顾客的购买欲望是指推销员通过推销活动唤起顾客的购买兴趣后,努力使顾客的心理活动产生不平衡,把对产品的需求和欲望放在重要位置,从而产生购买欲望。

激发顾客购买欲望的方法主要有共同语言法、以情感人法、多方诱导法、充分说理法、突出优势法等。激发顾客购买欲望需要注意以下问题:

(1)掌握顾客的购买心理,针对顾客的需求和产品的特点进行产品提示和说明,突出介绍最能引起顾客购买欲望的产品的特性,激发和强化顾客的购买欲望。

(2)介绍产品应生动形象、具体合理,配合动作表演和顾客参与操作,以提高顾客的想象力,激发其购买欲望。

(3)善于运用例证。可以利用顾客的从众心理,运用例证来激发顾客的购买欲望。

(4)巧妙地运用感情因素,用自信和热情去感染顾客,激发顾客对产品的强烈反应,并通过建立信任巩固和进一步激发顾客的购买欲望。

(四)促成顾客的购买行动(Action)

促成顾客的购买行动是指推销员要不失时机地促进顾客关于购买产品的实质性思考,强化顾客的购买意识,培养顾客购买意志倾向,促使顾客产生实际购买行动。促成顾客的购买行动是爱达模式的最后一个步骤,它是全部推销过程和推销努力的目的,也是对前三个步骤的总结和收获。促成顾客购买行动要求推销员在推销活动中必须抓住机会,不失时机地拍板,坚定顾客的购买信心和行动,否则容易失去成交机会,使前面的努力功亏一篑。促成顾客购买行动时应注意以下几个方面的问题:

(1)认真观察顾客心态的变化,把握成交的信号和时机。

(2)神情自然,以平稳的心态从容迎接成交的到来。

(3)坚定顾客的购买信心,打消顾客的疑虑,使顾客采取购买行动。

> **小 案 例**
>
> ### 王老吉凉茶的现场推销
>
> 超市内王老吉凉茶摆放在过道显眼处正在做促销,促销员头戴耳麦进行宣传。顾客被吸引,纷纷上前。
>
> 促销员:"王老吉凉茶,止渴消火,欢迎了解!"
>
> 顾客:"这个凉茶听说味道不太好。"
>
> 促销员:"我们的凉茶味道清凉恬淡,由于饮料中含中药成分,所以有少许药材的味道,但是并没有影响它的口感,是非常清淡的一款饮品。夏天天气干燥,容易上火中暑,这款凉茶正好可以清热降火。"
>
> 顾客:"哦,还不错,它真的能下火么?"
>
> 促销员:"我们的凉茶中含有仙草、布渣叶、菊花、金银花、夏枯草、甘草等中药成分,王老吉凉茶早在清道光年间就被发明,被公认为凉茶始祖,有'凉茶王'之称。"
>
> 顾客:"那赶紧给我来一盒,解渴下火两不误啊。"

二、迪伯达模式

迪伯达模式即 DIPADA 模式，它是海因兹·姆·戈得曼根据自身的推销经验总结出来的新模式，DIPADA 是 Definition、Identification、Proof、Acceptance、Desire、Action 首字母的组合。这六个单词代表迪伯达模式的六个推销步骤：

1. 准确发现顾客有哪些需求和愿望（Definition）

顾客只有产生需求才会产生购买动机并导致购买行为，因此推销员要善于了解顾客的需求，利用多种方法寻找与发现顾客现实和潜在的需求和愿望，通过说服启发，刺激与引导顾客认识需求，为推销创造成交的机会。

2. 把推销品与顾客的需求和愿望结合起来（Identification）

这一步骤是由探讨需求的过程向开展实质性推销过程的转移，是迪伯达模式的关键环节。它要求推销员在探讨顾客需求后，及时对顾客的需求和愿望进行总结和提示，使话题自然转向把推销品和顾客的需求与愿望结合起来。推销员一定要注意结合，必须从顾客的利益出发，用事实说明两者之间存在的内在联系，善于从不同角度寻找两者的结合点。

3. 证实推销品符合顾客的需求和愿望（Proof）

证实不是简单的重复，而是推销员使顾客认识到推销品是符合他的需求的过程。要达到这个目的，推销员必须做好证据的收集和应用等准备工作，熟练掌握展示证据和证实推销的各种技巧。

4. 促使顾客接受产品（Acceptance）

顾客只有接受产品才有可能采取购买行动，因此推销的主要目的是促使顾客接受产品，对产品产生积极的心理影响。这一步骤是对前段推销进展的总结，常与第二步骤的证实有机结合成一体，体现了迪伯达模式的创造力。

5. 刺激顾客的购买欲望（Desire）

当顾客接受了产品后，推销员应及时激发顾客的购买欲望，利用各种诱因和外界刺激使顾客对产品产生强烈的满足个人需求的愿望和情感，为顾客的购买行动打下基础。这一步骤与爱达模式的"激发顾客购买欲望"相同。

6. 促使顾客采取购买行动（Action）

推销员在前面工作的基础上，不失时机地巧妙劝说顾客做出购买决定，圆满地结束推销。这一步骤与爱达模式的"促成顾客购买行动"相同。

迪伯达模式较适用于：生产资料市场产品、老顾客及熟悉顾客、无形产品及开展无形交易（如保险、技术服务、咨询服务、信息情报、劳务市场等）、顾客属于有组织购买即单位购买者等产品或服务的推销。它被认为是一种创造性的推销方法，被誉为现代推销法则。它的特点是紧紧抓住了顾客的需求。虽然该模式比爱达模式复杂，但针对性强、推销效果较好,因而受到推销员的重视。

> **小案例**

宝洁洗发水的推销

销售员:"女士,需要洗发水吗?"

顾客:"是的。"

销售员:"看您的发质干燥枯黄,分叉也多,这是头发缺乏营养所致,您需要一款营养护发型的产品。"

顾客:"是的,我头发一直都很干,最近去把头发染了一下,变得跟一堆枯草一样,所以想选一款修复营养型的洗发水。"

销售员:"那么我推荐您使用新一代潘婷乳液修复系列。潘婷一直致力于秀发营养修复领域,并且知名度和效果有口皆碑。"

顾客:"效果怎么样?"

销售员:"潘婷乳液修复洗发水蕴含2倍维他命原,可以给秀发提供更多的营养,精准修护秀发损伤。滋养干枯受损秀发,从发根至发梢,帮助预防分叉。"

顾客:"那对我开叉的头发没有用么?"

销售员:"干枯的头发可以利用洗发水来滋养,分叉的头发只能修剪,在平日的护发过程中不要倒梳头发,这会伤害头发毛鳞片,引起开叉。洗发后也要用护发素来护理头发,补充头发的营养。"

顾客:"嗯,听起来还不错。"

销售员:"现在购买潘婷这款新品,可以送您一个护发素小样搭配洗发水使用,您可以看看它的效果,不会让您失望的。"

顾客:"好,那我就要这个!"

三、爱德帕模式

爱德帕模式又称 IDEPA 模式,它是海因兹·姆·戈德曼根据自己的推销经验总结出来的迪伯达模式的简化形式。IDEPA 由 Identification、Demonstration、Elimination、Proof、Acceptance 首字母组成,这五个单词概括了爱德帕模式的五个阶段:

1. 把产品与顾客的愿望结合起来(Identification)

主动上门购买的顾客都是带着明确需求而来的,因此推销员在热情接待的同时,应按照顾客的要求尽量多提供顾客选择的产品,并注意发现顾客的潜在需求和愿望,揣摩顾客的心理,把产品与顾客的愿望结合起来。

2. 向顾客示范产品(Demonstration)

向顾客示范产品既可以使顾客更好地了解产品,同时也有助于推销员了解顾客的购买需求,使推销工作更有目的性。因此,按照顾客的需求进行产品示范,不仅能够吸引顾客的注意力,而且能使顾客清晰地看到购买好处而激发出购买愿望。

3. 淘汰不宜推销的产品(Elimination)

在前两个阶段中,由于推销员向顾客提供的产品较多,其中一部分可能与顾客的需求标准距离较大,因此需要把这部分不合适的产品淘汰,把推销的重点放在适合顾客需要的产品上。在决定是否要淘汰某种产品时,推销员应认真了解和分析顾客需求的真实原因,不轻易淘汰产品。

4. 证实顾客的选择是正确的(Proof)

证实有助于坚定顾客的购买信心,因此推销员应注意针对顾客需求的不同类型,用具有说服力的例证去证明顾客的选择是正确的,并及时对顾客的正确选择予以赞扬。

5. 促使顾客接受产品(Acceptance)

这一步骤的主要工作是针对顾客的具体特点促使顾客接受产品,做出购买决定。此时影响顾客购买的主要因素不是产品本身,而是购买后的一系列问题,如结算、运输、手续办理、货物退赔等,推销员若能对上述问题尽力予以解决,就会坚定顾客的购买信心,使其迅速做出购买决定。

> **小 案 例**
>
> ## 爱德帕模式的具体应用
>
> 推销员弗兰克已约好去见印刷公司的生产部经理波恩。
>
> 弗兰克:"早安!波恩,今天早上承蒙接见,倍感荣幸。我在报纸上看到有关贵公司的业绩超越了前五年,这一定是缘于您的经营方向正确,领导有方。"
>
> 波恩:"是的,我们对公司的业绩感到很欣慰,那不是轻易得来的。"
>
> 弗兰克:"贵公司有哪些问题呢?"
>
> 波恩:"最主要的问题是印刷时机器停顿的时间太长。"
>
> 弗兰克:"原因是什么呢?"
>
> 波恩:"原因之一是滚筒都不耐用,接缝处有撕裂的痕迹,绒布上沾有油墨,有谁知道还有其他原因没有?"
>
> 弗兰克:"我了解您的感受,很高兴您能告诉我。这也是我今天来拜访您的原因之一。本公司一种崭新且现代化的3-Plate湿滚筒就好多了。您听说过吗?"
>
> 波恩:"尚未听说过。"
>
> 弗兰克:"您认为Paragon印刷公司的Fred Filbert的作业方式和贵公司一样吗?"
>
> 波恩:"是的,大部分都相同。"
>
> 弗兰克:"Fred告诉我滚筒纸潮湿表面的平均寿命才16小时,机器被迫停顿了。像您遇到的问题吗?"
>
> 波恩:"是的,正是如此。"

弗兰克:"四周前,Fred 决定试用 3-Plate 湿滚筒,现在第一个湿滚筒仍然在使用。因为无须更换表面,所以减少了机器停顿的时间,节省的费用就足够支付 3-Plate 湿滚筒的费用了。"

波恩:"不错,这种新产品一定很贵吧。"

弗兰克:"坦白说,3-Plate 湿滚筒是一种革命性的新产品,一个完整的圆柱形含有坚固的纤维管,完全没有接缝,可消除您所遭遇到的问题。它确实要比干燥滚筒更坚固,您曾经使用过纸套筒吗?"

波恩:"当然用过,纸质比布质便宜多了。"

弗兰克:"纸质的单价可能比较便宜,但就长期而言,比布质更昂贵。新产品不会像您所使用的纸质套筒那样有裂缝、会伸张、会收缩。"

波恩:"安装又如何呢?"

弗兰克:"让我们到您的机器上去试试。"

四、费比模式

费比模式又称 FABE 模式,它是由美国俄克拉荷马大学企业管理博士郭昆漠总结并推荐的推销模式。FABE 由 Feature、Advantage、Benefit、Evidence 的首字母组成,这四个单词概括了费比模式的四个步骤:

1.把产品的特征详细介绍给顾客(Feature)

推销员在见到顾客后,要以准确的语言向顾客介绍产品特征。特征的内容有产品的性能、构造、作用、使用的简易及方便程度、耐久性、经济性、外观优点及价格等。如果是新产品则应更详细地介绍;如果产品在用料或加工工艺方面有所改进的话,也应介绍清楚。如果上述内容多而难记,推销员应事先打印成广告式的宣传材料或卡片,以便在向顾客介绍时将其交给顾客。因此,制作好广告材料或卡片便成为费比模式的重要特色。

2.充分分析产品的优点(Advantage)

推销员应针对在第一步骤中所介绍的特征,寻找出其特殊的作用或者是某项特征在该产品中扮演的特殊角色、具有的特殊功能等。如果是新产品,务必说明该产品开发的背景、目的、必要性以及设计时的主导思想、相对于老产品的差别优势等。对有较好专业知识的顾客,则应以专业术语进行介绍,并力求用词精确简练。

3.尽量列举产品给顾客带来的利益(Benefit)

作为费比模式最重要的步骤,推销员应在了解顾客需求的基础上,把产品能给顾客带来的利益,尽量多地列举给顾客。不仅讲产品外表的、实体上的利益,更要讲产品给顾客带来的内在的、实质上的利益;从经济利益讲到社会利益,从工作利益讲到社交利益。在

项目二　推销理论知识及其应用

对顾客需求了解不多的情况下,应边讲解、边观察顾客的专注程度与表情变化;在顾客表现关注的主要需求方面更要多讲多举。

4. 以证据说服顾客购买(Evidence)

在推销中要避免用"最便宜""最合算""最耐用"等语句,易导致顾客反感而显得无力。因此,推销员应以真实的数字、案例、实物等证据,让证据说话,解决顾客的各种异议与顾虑,促成顾客购买。费比模式的突出特点是:事先把产品特征、优点及能带给顾客的利益等列出来印在卡片上,这样就能使顾客更好地了解有关内容,节省顾客产生疑问的时间,减少顾客异议的内容。

> **小案例**
>
> ### 海尔冰箱的推销
>
> 一对夫妇在商场挑选电冰箱。
> 销售员:"您好,您是想要选购一款冰箱是吗?"
> 夫妇:"嗯。"
> 销售员:"那么您是想选购一款什么样的冰箱呢?"
> 女:"没什么具体打算,随便看看了解一下。"
> 销售员:"那我来给二位推荐一款冰箱吧。"
> 男:"好的。"
> 推销员:"请看这款冰箱,它采用的是精控温技术。首先,它采用直流全变频技术,静、鲜共享;其次它的冷藏、冷冻采用立体风,制冷快、保鲜好;第三,它装有全球首创可拆式全自动制冰机,不占空间。整个冰箱的制作材料采用的是纳米宇航绝热材料,节能保鲜,更环保。"
> 女:"它还可以拆卸?"
> 销售员:"对,这是它的一大优点,在您平日使用冰箱的时候,可以根据您放置物品的需求随意组装冰箱内冷藏冷冻的格局,给您带来使用上的便捷。同时,它的独立制冷机在不用时也是可以拆下来的,这样,根据您的使用情况,大大避免了能源的浪费。"
> 男:"这个倒是想的很周全。"
> 销售员:"对,它不仅在使用上能让人觉得便捷方便,而且在节能上也是非常下功夫。除了独立安装的制冷机,它还采用了最新的纳米宇航绝热材料,在保证了冷藏冷冻效果的同时节能降耗。这是一款使用方便且节能环保的出色产品。"
> 女:"它的节能效果真如你所说?"
> 销售人员:"您看这份研究报告,它给出的是纳米宇航绝热材料与普通冰箱材料耗能量的比较。在这份报告中我们可以看到,纳米宇航绝热材料的节能效果遥遥领先同类产品,这充分地说明了它的节能效果。它所带来的是真正的节能低耗的体验。"
> 夫妇:"嗯,确实让人信服,那就它吧!"

五、吉姆模式

吉姆模式又称 GEM 模式,该模式旨在帮助培养推销员的自信心,提高说服能力。GEM 是 Goods、Enterprise、Man 首字母的组合,吉姆模式要求推销员在推销活动中必须做到三个相信:

1. 相信产品(Goods)

推销员应对产品有全面、深刻的了解,同时要把产品与竞争产品相比较,知道产品的长处,对其充满信心。而推销员对产品的信心会感染顾客。

2. 相信自己的企业(Enterprise)

要使推销员相信自己的企业,企业的信誉是基础。而信誉是依靠推销员与企业的全体职工共同创造的。企业的良好信誉,能激发推销员的自信和顾客的购买动机。

3. 相信自己(Man)

推销员要有自信。推销员应正确认识推销职业的重要性和自己的工作意义,以及未来的发展前景,使自己充满信心,这是推销成功的基础。

总之,推销员在推销过程中应深入研究顾客对推销的心理认识过程,同时要十分注重自己的态度与表现,才能成功地进行推销。

工作实施

推销 E100 分学习机

运用费比模式推销 E100 分学习机。

(1)向顾客介绍 E100 分学习机的真人发音功能。E100 分学习机的发音是语言学家的真人发音,而不同于市场上其他产品的电子发音。

(2)向顾客介绍真人发音的优点。E100 分学习机由于使用语言学家(著名播音员)的标准发音,语音准确、清晰。

(3)向顾客说明真人发音的好处。便于使用者跟读、模仿以及矫正自己不正确的发音。

(4)让顾客亲自操作,感受真人发音的效果,从而说服顾客购买。推销员点击发音较长的句型,让顾客试听真人发音的效果。

【目的】

通过上述案例实施该项目,学生能根据企业产品的特征、消费者的需求和其他相关信息,从各种推销模式中,灵活选取恰当的推销模式向顾客介绍产品,促进销售成功。

项目二　推销理论知识及其应用

【要求】

1. 选择适合推销的企业产品。
2. 每个人制订一份该推销模式的产品介绍方案。
3. 组内讨论,汇总评出最优方案,小组按最优方案参与班级陈述。

【步骤】

1. 将班内学生分成若干小组,每组 6~8 人,由组长负责。
2. 小组内选择不同的推销模式。
3. 个人制订该推销模式的产品介绍方案。
4. 组内讨论,汇总评出一个最优方案。
 (1)组长负责组织汇总评选过程。
 (2)小组成员轮流陈述自己的推销模式的产品介绍方案。
 (3)个人陈述完毕后,其他人负责打分,取平均数为个人方案成绩。
 (4)每个小组内评选分值最高的方案,融入其他学生的优势,汇总形成本小组的方案。
5. 组长携最优方案参与班级陈述。
6. 学生填写项目实施手册(见附录)。

【评价】

教师对各小组的推销员组建方案进行点评,并选出全班最优方案,评价标准见表2-2。

表 2-2　　　　　　　　　产品介绍方案评价标准

评价项目	评价要求	分值	得分	评语
产品描述	定位准确,产品效用好	20		
消费者需求	关注、满足消费者需求心理	50		
文字表达	流畅,用词准确	20		
运用	符合场景设计	10		

职业加油站

推销工作准则

1. 建立自信心。自信心是成功的首要条件,没有信心就会一事无成。推销是要把产品、服务或构想推荐给他人,因此,必须对自己,对自己所服务的公司,对自己所推销的产品、服务或构想都具有信心。

2. 不要承诺自己做不到的事。顾客不但会记得推销员所做的承诺,同时也会期待他实现诺言。所以不可承诺自己做不到的事。

3. 抱定奉献的决心。推销工作是一种奉献的工作,必须抱定奉献的决心,全心投入,才能引起顾客的兴趣。

4.己所不欲,勿施于人。要经常站在购买者的立场设想,才容易赢得顾客的"芳心"。连自己都不愿意用的产品,不要推销给别人。

5.保持顾客的信心。在进行推销时,赢得顾客的信任是很重要的,促成交易之后,仍然要继续保持顾客的信心。这不仅是一种工作道德的表现,也是一种负责任的做法。

6.要有服务的热忱。推销员的职责就是在提供服务,以热忱的服务赢得顾客的好感,才能创造业绩。

7.追踪顾客的满意度。顾客购买你的产品,尚未获得满意之前,推销工作就尚未完成。所以在促成交易之后,尚须进行追踪工作,以确知顾客是否满意。这样做更能因此衍生更多的准顾客。

8.尊重顾客的抱怨。倾听顾客的抱怨,根据他所说的要点,审慎加以处理。抱怨是让推销员了解、消除顾客不满的线索,继续保住顾客的一个绝佳机会,千万忽视不得。提出合理抱怨的顾客,无疑是再次给你一个服务的机会。

培训游戏

推 销 模 拟

【游戏目的】 提高学生运用推销理论的能力。

【游戏方法】

1.2人一组,其中,甲扮演推销员,乙扮演顾客。

2.时间:20分钟。

3.场地:室内。

4.道具:自备一种有形商品。

5.场景

场景一:甲将某件产品卖给乙,而乙则专挑各种毛病,甲的任务是——回答乙的疑问,即便是一些吹毛求疵的问题也要让乙满意,不能伤害乙的感情。

场景二:乙要求退还已经购买的产品。甲仍帮他解决问题,提高其满意度。

6.角色互换,然后再做一遍。

【讨论】

1.甲对乙的无礼态度有什么感觉?在现实工作中会如何处理?

2.乙对甲的处理满意吗?

任务回顾

本任务完成后,熟悉推销基本原理和推销理论的知识,完成具备推销理论素质的工作任务。

任务二　制订推销计划

任务导入

有计划的推销

罗伯特年方23岁,从事推销工作每年能挣50万美元,他在销售行业登上了成功的顶峰,原因之一是,他在介绍产品之前就计划好了要说的每一句话和将采取的每一个步骤。罗伯特说服顾客汤姆在一项房地产经营中投资就是一个最生动的例子,说明事先有计划的推销介绍有很大的威力。有一天罗伯特来找汤姆,那时汤姆还从没想到过要对房地产投资,可是在几小时之后,他们成交了一笔24万美元的生意。可见,事先计划好再做产品介绍真是效果惊人。罗伯特对这种方法的运用达到了尽善尽美的地步。

【任务描述】
根据实际情况,制订推销计划。

第一步　了解制订推销计划的原则

推销计划是实现推销目标的具体实施方案,是企业整体计划的重要组成部分,它是指导推销活动的依据,也是销售管理的重要内容。制订推销计划对推销工作具有重要的意义,它不仅是公司考核推销员工作的依据,也是推销员取得良好推销业绩的前提和基础。

推销计划成功与否,不仅取决于科学地确定推销计划的内容,更重要的是遵循计划制订的原则。一般来说,推销计划的制订应遵循以下原则:

1. 具体化原则

推销员在推销前应详细地做出计划。这样可以做到心中有数,印象深刻,而且还便于在赴约之前迅速地复习一遍各项要点。

2. 务实性原则

推销员制订计划时应以团队计划为中心,而后根据个人的实际情况拟订,计划不要订得太高或太低。计划太高了,完不成计划将会打击推销员的信心和自尊心;计划太低了,便不能感受到自我价值的体现。计划一定要适情而订,才能有效地提升销售业绩。

3. 动态性原则

由于推销环境的不断变化,推销员应经常对推销计划进行改进,根据形势的发展调整自己的行动方案,使推销计划始终与推销环境相适应。

4. 顺序性原则

突出重点，重要的事项和亟待处理的事项要优先列入计划。此外，还要考虑到类似的事情可以放在一起，以便提高工作的效率。

第二步　制订推销日计划

推销计划可以分为年计划、月计划和日计划。公司管理部门常要求推销员汇报年计划或月计划，并对计划的制订提出指导思想和修改意见，而日计划则由推销员自己制订。日计划是年、月计划制订的基础，它的完成是年、月计划完成的保证，所以日计划的制订至关重要。有效的推销日计划包括拜访顾客前和拜访顾客后两方面的内容。

1. 拜访顾客前的内容

(1) 了解掌握顾客的基本情况。具体包括：
① 顾客的姓名和职务。
② 顾客的性格、爱好和固有观念。
③ 顾客家庭情况（成员、工作单位、生日）。
④ 顾客的权限。
(2) 了解顾客购买的行为特征。具体包括：
① 对推销员的态度。
② 推销过程会遇到哪些阻力？
③ 顾客会有哪些反对意见？
④ 顾客主要的购买动机是什么？
⑤ 顾客的购买政策。
(3) 明确自己能为顾客提供什么。具体包括：
① 产品。
② 其他服务。
③ 洽谈要点是什么？
(4) 设计自己该如何进行推销。具体包括：
① 如何吸引顾客注意力？
② 如何引起顾客的购买兴趣？
③ 如何刺激顾客的购买欲望？
④ 如何促成顾客的购买行动？
⑤ 顾客有哪些特殊之处可能影响（有利于或不利于）自己的推销？
(5) 此次拜访所要达到的目的是什么？具体包括：
① 了解顾客需求。
② 影响顾客的购买行为。
③ 向顾客介绍有关情况。

④促使顾客做出购买决定。

2.拜访顾客后的内容

(1)取得了哪些成绩？具体包括：
①洽谈结果。
②所获得的启示。
(2)下一步如何行动？具体包括：
①再次拜访的时间、方式和途径。
②再次拜访的洽谈内容。

3.计划表的制订

当定好一个约会之后，为避免遗忘重要的细节，在赴约的前夕，推销员应学会制订和应用以下表格帮助自己做出推销计划。

(1)向个人及家庭推销零售产品用的表格。包括父母、子女的姓名；父母及子女的职业及职位；经济来源及总收入；他们现在拥有的、与将推销的产品相类似的产品有何特点；拥有了多长时间；产品能带给他们什么好处等。

(2)会见各种组织机构的决策者用的表格。包括公司名称、决策者姓名、公司类型、公司产品、总销售额估计；对该公司推销的最大困难是什么；你的推销对他们有什么好处。

(3)推销步骤计划表。包括为电话定约会而准备的理由；为判断顾客的购买条件而准备的问题；产品介绍和示范表演的计划；预计会遇到哪些来自顾客的障碍；过去类似推销的情况；产品能为他们带来什么好处等。

工作实施

小李的推销业务

小李是某冷冻食品厂的一位推销员。虽然他从事推销工作的时间并不长，但由于他善于学习和吸收书本上的知识及其推销前辈的经验教训，自己平时又注意钻研，因此进步很快，在推销中取得了较为明显的成绩。一次，小李受命推销一批冻鸡。当时市场上这种产品供应量大，积压较多，各供货单位之间竞争十分激烈。小李按常规的推销方法，登门拜访了几家客户，结果都碰了钉子，未能达成交易。面对这一现实，小李没有沮丧，而是积极地开动脑筋，努力寻找推销突破口。终于一个新的推销方案在小李的脑海中形成了，于是在下一次的推销中，小李做出了精彩的表演。

这一次推销时，小李不再是直奔客户的办公室，以一个推销员的身份与客户打交道了。他选择了在一个顾客较少的时机进入了一个零售商场，并径直走到出售冻鸡的柜台前，非常仔细、认真地察看柜台内陈列的商品。售货员看到这幅情景，以为他在寻找什么产品，忙走过来问："请问您要点什么？"这时，小李站直身体，微笑着说："我不买，只是想看看您这儿的品种是否齐全。"对这样的回答，售货员感到有点奇怪，就问了句："您看这干什么?"小李又微微一笑说:"对不起,这是我的职业病。""您的职业病?"售货员更是好奇了,"那您是干什么的?"抓住这一时机,小李亮出了自己的身份,回答道:"我们是同行,我也是卖鸡的,我是专门负责向你们提供某公司的鸡产品的。"听到这样的介绍,售货员来了兴致,对小李也产生了更大的兴趣,于是又问道:"那您看我们这儿的货怎么样呢?还齐全吗?"这时,小李重新俯下身体,故作仔细地又看了一下,才抬起头答道:"不错,品种真不少,不过还有点欠缺,如××品种您这儿好像还没有。"顺着这一话题,他俩就聊了起来。在这一过程中,小李一方面借机把自己推销的产品向这位售货员做了详细介绍,同时也探明了对方以前接受别人供货的条件,并穿插地说了一些售货员爱听的趣闻轶事,因此,当聊天结束时,他们俨然已成了老朋友。快要离开时,小李好像不经意地顺便问了一下售货员是否进一点他的货,售货员稍稍犹豫了一下说:"这要组长同意才行。"但是,她马上又热心地补充道:"不过,您别急,我进去和组长说说。"于是,她进去找了组长,把情况简单介绍了一下,并在组长面前尽力推荐小李。因此,当组长来到了小李面前后,只简单地与小李谈了一下供货的条件,就同意先进一点货。这样,小李终于在这家商场打开了推销的局面,且也因此与那位售货员成了朋友,于是,小李在这方面的业务大大地拓展了。

【目的】

通过上述案例实施该项目,学生能根据企业产品特点、目标顾客的需求心理和消费特征,分组设计拟订有效的推销计划,并进行模拟演示。

【要求】

1. 根据上述案例的背景,熟悉推销产品。
2. 分组制订一份推销计划方案(初案)。
3. 组员之间进行模拟演示。

【步骤】

1. 将班内学生分成若干小组,每组4人,由组长负责。
2. 分组制订推销计划方案(初案)。
 (1)简要分析顾客的需求。
 (2)提出推销计划。
3. 组内模拟演示,汇总形成一个最优方案。
 (1)小组长负责组织汇总。
 (2)小组成员轮流扮演推销员和客户进行模拟演示。
 (3)其他人负责打分,取平均分数为个人方案成绩。
 (4)每个小组内汇总形成本小组的方案。
4. 学生填写项目实施手册(见附录)。

【评价】

教师对各小组的推销员推销计划方案进行点评,并选出全班最优方案,评价标准见表2-3。

表 2-3　　　　　　　　　　推销员推销计划方案评价标准

评价项目	评价要求	分　值	得　分	评　语
销售目标描述	定位准确	20		
客户需求分析	准确合理,叙述到位	20		
推销计划	具有较强的操作性	30		
文字表达	流畅,用词准确	20		
实践运用	符合案例场景	10		

职业加油站

制订推销计划

推销计划制订得合理与否,关系到企业推销业务的活动进程和实际效果。因此,作为推销员,应该懂得如何制订推销计划。一份完整的推销计划内容一般包括:

1.推销目标

推销洽谈是个复杂的过程,这一过程的最终目标是推销成功,达成交易。但这一目标的实现往往是经过若干次推销访问才完成的。推销员必须了解顾客购买决策的过程,清楚顾客在不同购买阶段需要解决的主要问题,确定每次访问应采取的对策和行动方案。

2.拜访顾客的路线

推销员可将拜访的顾客进行适当的分类,如重点拜访的顾客和一般拜访的顾客,拜访某一地区的顾客和拜访某一行业的顾客。还可按顾客对产品的反应态度分为:反应热烈的顾客、反应温和的顾客、无反应的顾客和反应冷淡的顾客。在此基础上,推销员可根据短期推销目标,采取重点拜访的方式,专门与反应热烈的顾客进行商谈。如果考虑到长远的推销目标,则可采用平均拜访的方式,建立和发展与所有潜在顾客的关系。考虑到与某个行业或地区保持比较良好的关系,就可以进行有针对性的拜访和推销。设计出最有效的推销行动日程表及顾客拜访路线,争取以最少的时间、最高的效率完成推销目标。

3.推销洽谈要点

确定洽谈要点的过程,即是针对洽谈对象的具体情况和推销产品的特殊性,提出在推销洽谈中需要重点介绍说明的,用来刺激顾客产生购买欲望的产品特征、交易条件、服务保证等内容。确定推销洽谈要点的作用就是用来说服顾客、引导顾客、刺激顾客完成购买。如果推销员能把推销洽谈的要点与顾客的实际需求和利益结合起来,推销成功的可能性就大大增强了。

4.推销策略和技巧

在推销洽谈过程中,顾客可能会提出各种问题,推销员应事先估计洽谈中顾客可能提出哪些问题,应如何应付和解决这些问题。推销员应从实际出发,巧妙地解决这些问题。

这些问题包括：应该用什么样的方法接近顾客？怎样在最短的时间内吸引顾客的注意力？如何激发顾客的购买欲望？怎样使顾客相信和接受产品？如何促使顾客最终做出购买决定等。

5.推销访问日程安排

根据洽谈双方的时间安排，拟定好访谈日程，掌握好谈判进度，也是取得推销成功的必要条件之一。

培训游戏

泰坦尼克号

【游戏目的】

在遇到意外困难时，如何做计划，如何合作，如何有效地利用有限资源。

【游戏规则和程序】

1.先讲故事："泰坦尼克号即将沉没，船上的乘客（学生）要在《泰坦尼克号》的音乐结束之前利用仅有的求生工具——七块浮砖，逃离到一个小岛上。"

2.布置游戏场景：将一根25米的长绳在空地上摆成一个岛屿形状，在另一边，摆四个长凳，用另外的绳子作为起点。

3.用5分钟时间讨论和试验。

4.开始时，在逃离过程中，每个人必须从长凳的背上跨过（就如同从船上的船舷栏杆上跨过），任何身体部分都不能与"海面"——地面接触；每块浮砖都要被踩住，否则老师会将此浮砖去掉。

5.游戏结束时，全部人和所有浮砖都上小岛。

【讨论】

1.小组有何方法来达到目标？

2.小组如何确定出领导者？撤离方案的形成是领导的决定还是小组讨论的结果？

3.撤离方案的贯彻过程是什么？

4.撤离方案是否可行？有更好的方案吗？为什么当时没有想到或没有提出来？

任务回顾

本任务完成后，了解推销计划，能够完成制订推销计划的工作任务。

职业操作模块

项目三　推销接近

任务一　寻找与识别顾客

任务二　约见顾客

任务三　接近顾客

项目四　推销洽谈

任务一　了解推销洽谈

任务二　处理顾客异议

任务三　促成交易

任务四　拟订买卖合同

项目三　推销接近

项目任务

1. 寻找与识别顾客。
2. 约见顾客。
3. 接近顾客。

任务一　寻找与识别顾客

任务导入

糯米酒的微信推销之旅

"糯米酒先生"来自厦门,其酒坊坐落在福建永定县下洋镇廖陂村东兴楼,销售采用传统纯手工工艺酿造的客家土楼糯米酒。他申请了一个名称是"客家土楼糯米酒"的微信公众号,在半年多的时间里,已有近22 500名粉丝,每月有近5万元的销售额,糯米酒定价60元/斤,多数客户一次性会购买5~10斤,因此每单价格在300~600元不等。

短短数月取得如此好的绩,他是怎么做到的呢?"糯米酒先生"酿造的糯米酒,无论是品质还是价值,同市场上20~30元/斤的米酒有很大差异,因此知道自己的客户是谁、在哪里非常重要。

为了锁定目标群体,并让他们成为粉丝,"糯米酒先生"首先调查了厦门当地的高端橱柜企业及其店铺信息,最终锁定了10个大品牌和20个中端品牌。确定目标范围之后,他精挑细选了一些店铺,和同事用了近半年的时间深入到每家门店现场互动"拉粉"。

我们都知道,购买高端橱柜的人多数是有点经济实力的小夫妻,他们要么将要结婚、要么准备换新房,更重要的是这个场合(门店现场)适合搭讪,如果在超市里,人多、环境嘈杂,顾客是没耐心停下来"听故事"的。

接下来,他们根据自己的判断,主动搭讪顾客,并递上印有二维码的名片,邀请对方关注,微信公众号的私密性较强,一般不用担心泄露隐私,因此多数人不会拒绝。

然后,"糯米酒先生"便施展"攻心术",要求免费邮寄一瓶糯米酒给客户试喝,同时获得了客户的第一手信息。几日后他们会根据实际情况适度开展电话回访,进一步获得顾客的认可,取得信任。

他们最终获得了400多位忠实客户,并在公众号上建立了互动关系。

但如何达成粉丝的量变呢?"糯米酒先生"不放过任何一个"曝光"自己的机会,当客户来电咨询时,其会直接告知公众号,邀请客户关注,当然还有"利诱"的引导,诸如折扣、抽奖或线下体验等。同时,所有产品的标签上都有二维码,一样是"利诱"客户关注。

除了线上营销,他们还不定期组织线下体验活动,召集大家到客家土楼的酿造基地考察,这也是调动粉丝参与的一种方式。试想,在一个天气晴朗的周末,小夫妻带着孩子去体验客家土楼文化,了解传统酿酒工艺,也是不错的亲子体验。在活动结束后,客户都或多或少买些产品带回家,真是一举两得。

【任务描述】

采取有效方法,寻找、识别顾客。

第一步 筛选确认目标顾客

一、顾客及目标顾客的含义

(一)顾客

顾客是一个广义的概念,它是指购买产品以及可能购买产品的组织和个人。顾客既可能是一个机构、一家公司,也可能是个人,但无论是机构、公司,还是个人,只能称之为潜在顾客。对于推销员来说,从潜在顾客中准确而迅速地找出目标顾客,不仅能够节约推销的时间,而且能使推销工作顺利地进行下去。

(二)目标顾客

目标顾客是指真正有可能购买产品的顾客。目标顾客是潜在顾客的组成部分,但二者有所区别。潜在顾客的范围比较广,是指有可能购买推销员提供的产品或服务的任何人;而目标顾客是在潜在顾客之中,有足够的权力或者财力来做出购买决策的个人和组织。

二、寻找目标顾客

目标顾客的寻找很少是在大范围内进行的,而是由推销员各自展开寻找的。因此,在寻找目标顾客时,首先要对目标顾客群进行分析,其次要对目标顾客群进行筛选,从中找出最有可能购买产品的目标顾客。

(一)目标顾客群分析

选择目标顾客是一种有意识的行动,只有仔细分析整个市场,研究顾客的需求层次和需求特点,才能确定哪些顾客能使推销量达到最大。确定目标顾客时可以考虑以下几个因素:

(1)顾客对产品需求和渴望的程度如何?

(2)利用不同的推销方法对顾客影响的效果如何?

(3)利用什么样的分销渠道和中间渠道?

(4)对于推销员来说,顾客是否容易接近?

微课:
筛选目标顾客

所选择的目标顾客应当是成功机会最大的顾客,因为目标顾客的数目与公司的总销售量密切相关。选择目标顾客可以使公司将主要精力集中于公司最擅长的地方。当推销员集中精力于一个或几个目标顾客时,有关顾客需求的信息便易于获得,这些信息可用于提高推销技巧与增加销售量。

(二)对目标顾客群进行筛选

从潜在顾客中分析出目标顾客群以后,推销员还需要将目标顾客群(组织或个人)的名字列成一个名单,然后将他们按购买产品的可能性大小排列起来,从中分析出很重要、比较重要和不太重要的目标顾客,从而筛选出最有可能及购买量最大的目标顾客。

1.有利于推销工作的顺利进行

推销员的推销工作总是在一定的区域内进行的,而在推销区域内,由于竞争的存在、人事的变动等原因,顾客也会变动。因此,在推销区域内,商业情况不可能一成不变,经常会发生非常复杂的变动,销售量也会随着商业情况的变动而变动。如果不寻求新的顾客,那么客户就会变得越来越少,推销工作也就举步维艰了。

2.有利于推销员谋求更好的利益和位置

由于职业的原因,推销员必须完成一定的销售额,否则将被公司解雇,失去这个职业。而推销员如果能拥有更多的顾客,推销更多的产品,那么,推销员在获得更多的物质利益的同时,也能得到更多的晋升机会。

> **小案例**
>
> ### "情侣苹果"卖得快
>
> 元旦,某高校俱乐部前,一老妇守着两筐大苹果叫卖,因为天冷,买的人很少。一教授见此情形,上前与老妇商量了几句,然后走到附近商店买来节日织花用的红彩带,并与老妇一起将苹果两两一扎,接着高叫道:"情侣苹果哟!两元一对!"经过的情侣们倍感新奇,用红彩带扎在一起的一对对苹果看起来很有情趣,因而买者甚多,不一会儿就卖光了。老妇感激不尽,所得颇丰。

第二步 熟练运用寻找顾客的方法

推销员寻找目标顾客的方法和手段是多种多样的,它往往是由推销员所推销的产品或他们所提供服务的性质决定的,不同的领域采取不同的推销方法。这里介绍几种较常用的方法:

一、传统寻找法

(一)普访寻找法

1. 普访寻找法的含义

普访寻找法又称地毯式访问法、逐户寻访法,是指推销员在任务范围内或选定地区内,用上门探访的形式,对预期可能成为顾客的单位、组织、家庭乃至个人无一遗漏地进行寻找并确定顾客的方法。

2. 普访寻找法的优缺点

普访寻找法是一种古老而比较可靠的方法,它可以使推销员在寻找顾客的同时,了解市场、顾客和其他公众对企业及产品的看法,也可以锻炼推销员的意志和对市场的观察判断力。但普访寻找法比较费时费力,有时还带有较大的盲目性。

3. 运用普访寻找法的注意事项

(1)要减少盲目性

推销员在上门推销前,应根据自己所推销的产品特性与使用范围等,进行必要的调查研究,从而确定一个比较可行的对象范围和地区范围。

(2)不断总结经验,制订多种方案与策略

要在总结以前经验的基础上,多搞几种访问谈话的方案与策略,尤其是要斟酌好第一句话的说法和第一个动作的表现,以减少被拒之门外的可能性。

项目三　推销接近　　TUIXIAO SHIWU

普访寻找法在国外被广泛应用于对生活资料挨家挨户的推销中,而在我国目前主要用于工矿企业对中间商及生产资料用户的推销。

> **小案例**
>
> ### 上门推销食品搅拌器
>
> 门铃响了,推销员站在大门外的台阶上。当主人把门打开时,小王问道:"家里有高级的食品搅拌器吗?"主人愣住了,这突然的一问使主人不知怎样回答才好。他转过脸来和夫人商量,夫人有点窘迫但又好奇地回答说:"我们家有一个食品搅拌器,不过不是特别高级的。"小王回答说:"我这里有一个高级的。"说着,小王从提包里掏出一个高级食品搅拌器。如果顾客承认他缺少某种产品,推销是可以借题发挥的。

(二)介绍寻找法

1. 介绍寻找法的含义

介绍寻找法又称连锁介绍法或无限介绍法,是指推销员请求现有顾客介绍他认为有可能购买产品的潜在顾客的方法。介绍的内容一般为推销员提供潜在顾客的名单及简单情况。介绍方法有口头介绍、写信介绍、电话介绍、名牌介绍等。

2. 介绍寻找法的优缺点

介绍寻找法是一种比较有效的寻找顾客的方法。它可以大大避免推销员的盲目性,也可以较好地赢得未来新顾客的信任。由于老顾客介绍的新顾客大多是现有顾客较为熟悉的单位、组织与个人,他们之间存在着某种相关程度较高的联系,有时甚至是共同的利益,彼此又都比较了解,所提供的信息准确,内容详细。因而介绍寻找法几乎被推销界认为是最好的寻觅顾客的方法,或者说是最根本的方法。但介绍寻找法的一切必须依靠现有顾客是否愿意介绍及是否全力介绍,推销员处于被动地位。由于无法预料现有顾客介绍的情况,往往会使原订的推销计划被打破而流于形式。

微课:
寻找顾客的方法

3. 运用介绍寻找法的注意事项

(1)取信于现有顾客。推销员只有通过诚恳的推销态度与热情的服务精神才能赢得现有顾客的信服、敬重与工作上的配合,从而才能获得现有顾客的介绍与帮助。

(2)对现有顾客介绍的未来顾客,推销员也应进行可行性研究与必要的准备工作。

(3)推销员应尽可能多地从现有顾客处了解关于新顾客的情况。

(4)在推销员访问过介绍的顾客后,应及时向现有顾客(介绍人)汇报情况。这样做一方面是对现有顾客的介绍表示感谢,另一方面是可以继续争取现有顾客的合作与支持。介绍寻找法比较适用于有特定用途的产品、专业性强的产品、服务技术性强的产品的推销。

(三)委托助手寻找法

1. 委托助手寻找法的含义

委托助手寻找法又称推销信息员法。在国外,这种方法是指推销员自己出钱聘请一些有关人士做助手寻找与推荐顾客的方法。给助手的佣金数目由推销员自己确定。在我国,大多数由推销员所在的单位出面,采用聘请信息员与兼职推销员的形式实施。推销助手的佣金由企业确定并支付。

2. 委托助手寻找法的优缺点

委托助手寻找法可以使推销员节省大量的时间、精力与费用,提高推销工作效益;可以使推销员掌握更多及时而适用的信息,有利于推销员开拓新的推销市场;还可以利用推销助手的社会影响力推动产品的推销。但推销助手难于寻觅,推销业绩往往取决于推销员和推销助手的合作与沟通,使推销员失去主动权。如果推销员与助手合作不好,沟通不畅,或者是推销助手同时兼任几家同类产品制造厂家或经销商家的信息员,就可能泄露商业机密,还可能使企业与推销员陷于不公平的市场竞争中。

3. 运用委托助手寻找法的注意事项

(1)应注意对推销助手的挑选与聘用。挑选时可以从推销助手所从事的行业特点、职务权限与业务范围、本人的知识范围、业务能力、社交范围及工作态度等方面进行判定。

(2)要为推销助手开办必要的培训课程,以增加他们的知识和提高搜集传递分析信息的能力。

(3)推销员应与助手建立良好的人际关系,并通过效益与酬劳挂钩的方法来调动推销助手的积极性。

(四)广告拉引法

1. 广告拉引法的含义

广告拉引法是指推销员利用广告等促销手段,直接向广大消费者或产品的最终购买者告知有关产品推销的信息,刺激与诱导消费者的购买动机。然后,推销员再由广告吸引拉近的顾客进行推销活动。由于广告的手段与媒介不同,广告拉引法又分为声像广告,如广播广告、电视广告等;印刷广告,如书报杂志广告、说明书广告、信函广告等。

2. 广告拉引法的优缺点

用广告拉引法来找顾客能较快地把关于推销产品的消息向更多的潜在购买者传达,费用少,效果好,符合产品推销法则。但由于竞争的原因,广告费用越来越多,高质量的广告制作更趋困难,加上广告属于单位的沟通与推销手段,目前仍缺乏令人信服的广告效果测定方法。

3. 运用广告拉引法的注意事项

(1)由于广告已成为一门专业性很强的学科与职业,所以对于如何确定广告主题,如何选择广告媒体,如何确定与实现广告占位策略,广告费用的提取与分配等,最好聘请专业人士咨询与管理,或者委托广告公司全权代理。

(2)推销员可以利用物品广告来招徕顾客。物品广告是指印刷在各种日用物品上的广告,常用的物品有手提袋、购物袋、衣服、雨披、雨伞、手表等,这些物品广告都能使企业的产品信息在目标顾客心中留下印象,从而起到招徕顾客的作用。

(五)资料查阅寻找法

1.资料查阅寻找法的含义

资料查阅寻找法又称间接市场调查法,即通过查阅各种现有资料来寻觅顾客的办法。

2.可查阅的主要资料

(1)工商企业名录。
(2)企业领导人名片集。
(3)产品目录书。
(4)电话号码簿及其插页。
(5)各省、市、县的统计资料。尤其是城市调查资料,往往是采用固定样本格式追踪调查的,故资料齐全及时,可信度高,适用性强。
(6)各种大众传播媒介公布的财经消息。
(7)年鉴及定期公布的经济资料。
(8)各种专业性团体的成员名册。
(9)商标公告、专利公告。
(10)政府及各主管部门可供查阅的资料。

3.资料查阅寻找法的优缺点

资料查阅寻找法往往可以较少的代价获得较准确的资料。但因为可供查阅的资料多为公开发布的消息,故时效性较差。如果对查阅资料工作不熟悉,也有少、慢、差、费的感觉。

4.资料查阅寻找法的注意事项

(1)要对资料的来源与资料的提供者进行资信分析,以确认资料与信息的可靠性。
(2)注意资料的时效性及因为时间关系而出现的错漏等。

二、网络寻找法

(一)互联网寻找法

利用互联网工具来寻找顾客,比如企业黄页、微博、论坛、贴吧等。

1.网络黄页寻找法

(1)网络黄页寻找法的含义

网络黄页是一种具有权威性、高认同率的信息库,是纸上黄页在互联网的延伸和发展。在信息化大背景下,电子商务日渐普及,人们上网查阅企业信息已经相当便利,这构成了网络黄页强大的市场基础。互联网对日常生活的影响越来越大,是网络黄页发展的必要因素。

网络黄页寻找法就是利用网络提供给我们的各类企业黄页网站,比如中国网库、网络

114、中国行业信息网、中国黄页网等网站,进行一站式企业信息的查询,筛选出符合要求的企业客户信息。

(2)网络黄页寻找法的优缺点

通过网络黄页寻找企业顾客,优点包括:覆盖空间广、查询方便快捷;可实时通过电话、短信、电子邮件等多种方式与企业顾客沟通。缺点就是网络信息更新速度稍显滞后。

2.微博寻找法

(1)微博寻找法的含义

微博是一种基于用户分享、传播以及获取的,通过关注机制传播简短实时信息的社交媒体、网络平台,用户可以通过PC、手机等多种移动终端接入,以文字、图片、视频等形式,实现信息的即时分享、传播互动。

推销人员可以通过微博搜索话题,寻找参与这个话题的人群,然后找到一些跟目标客户相关的话题;也可以通过标签寻找客户,微博的标签反映了用户的特点和喜好,然后根据标签对年龄、职业、爱好等进行归类,寻找自己的目标群体。

(2)微博寻找法的优缺点

通过微博寻找顾客,优点是能通过微博所发表的内容分析顾客;缺点是寻找顾客、分析顾客所需要的时间较长,对推销员也有较高的要求。

3.论坛寻找法

(1)论坛寻找法的含义

论坛是在线商业服务中的团体组织,有实体参与型和网络交流型两种形式。实体参与型具有一定的时间、地点、参与人员的要求,如大型峰会论坛、专业学术论坛;网络交流型是以网络为媒介的交流平台,具有范围广、参与人群广等特点,是一个开放的交流互动社区,如各种网站论坛(BBS)、百度贴吧、天涯论坛、豆瓣社区等。推销人员可以根据推销对象的特点,选择有针对性的论坛参与讨论,在和网友交流、互动的过程中寻找到合适的推销对象。

(2)论坛寻找法的优缺点

通过论坛寻找顾客,优点是能找到对某一类产品或某一类话题比较感兴趣的顾客;缺点和微博寻找法一样,是需要的周期较长,对推销员也有较高的要求。

(二)微信寻找法

1.微信寻找法的含义

微信已经成为我们现在使用频率非常高的社交工具之一,基本可以覆盖具有购买力的用户。推销人员可以通过亲戚、朋友、客户增加人脉关系,储备更多的客户资料。

(1)通过目标圈子找客户

俗话说物以类聚、人以群分,一般来说,有相同的爱好的人会聚在一起。如果找对了圈子,就能够找到一大批的目标客户。利用微信寻找顾客需要推销员从线下到线上的圈子全部打通,然后形成一个数据库。

(2)利用朋友圈

推销人员要利用好微信朋友圈,不妨把你的产品宣传页图片和一些介绍,图文并茂地发到朋友圈。

(3)通过共同话题寻找客户

推销人员可以通过微信群和客户聊一些共同的话题,然后通过这些话题寻找到目标客户。如果讨论的话题和产品相关,那么这些参与者都是你的潜在客户。

2. 微信寻找法的优缺点

微信寻找顾客有很明显的优点:

(1)点对点精准推销

微信拥有庞大的用户群,借助移动终端、社交和定位等优势,能够让每个客户都有机会接收到产品信息,继而实现点对点精准化推销。

(2)形式灵活多样

扫一扫、微信公众号、朋友圈等,这些都是微信寻找顾客、开展推销的有效形式。

(3)微信用户更真实和有价值

微信能够通过互动的形式将普通关系发展成朋友关系,从而产生更大的价值。

微信寻找法的缺点表现在如果不顾用户的感受,强行推送各种不吸引人的广告信息,会引来用户的反感。

第三步 鉴定顾客资格

推销活动的第二个程序是进行顾客资格鉴定。通过对购买者的寻找,推销员获得了一些用户及个人的名单,但这些名单中的用户及个人是否都值得花费时间与精力进行接触与拜访,还需要经过对顾客资格鉴定这一关。

> **小案例**
>
> 推销设备的新手小王,与设备科的刘科长联系了六个月,顾客还是没有下订单。最后弄清楚,与他洽谈的刘科长,并不负责采购,采购大权掌握在公司副总手中。
>
> 小王犯的错误,属于典型的没有做好事先调查,没有做好顾客资格鉴定工作。这是没有经验的推销人员常常爱犯的错误。
>
> 美国推销专家希尔进行的调查结果显示:在工业品推销中,65%的访问搞错了对象。如果事先对潜在顾客进行选择,可以使推销活动的效果增加70%。

一、顾客资格鉴定的含义

所谓顾客资格鉴定,是指推销员对可能成为顾客的某个具体对象进行调查、了解和判断,以确定对象成为准顾客的可能性的业务活动过程。顾客资格鉴定的实质是顾客的购买资格审查。

二、顾客资格鉴定的内容

推销员只有去拜访那些有较大可能性成为产品买主的准顾客,才能提高准顾客的购买概率,并增加订货量,从而提高整个推销工作的效率。因此,在开始实际的推销约见与洽谈前,推销员必须对顾客的购买资格进行审查,主要包括以下几个方面:

(一)顾客购买需求鉴定

1.顾客购买需求鉴定的内容

需求是客户基于解决某一问题而对产品要求的描述,它不是简单地需要或不需要某产品。对顾客购买需求的准确把握必须明确下列五个事项:

(1)要什么。我们首先要弄清楚顾客到底需要的是什么。比如顾客希望购买一套商场的信息化系统,那么他是仅仅买一套系统,还是需要一套商场的信息化解决方案,又或者是刚好有这样一笔预算?弄清楚顾客所需,才能更有针对性地进行推荐。

(2)品牌倾向。很多顾客对购买的产品都有品牌倾向,他(她)不购买的原因也许是这个品牌不符合他(她)的心意,而不是他(她)不需要这个商品。了解顾客的品牌倾向,有利于我们更有效地消除顾客疑虑。

(3)期望价格。客户购买产品或服务时一般都有一个期望价格,当市场价格高于期望价格时,客户可能放弃购买这个产品或减少购买量。

(4)要多少。顾客的需求数量往往和产品价格、购买途径、购买方式、支付方式等有直接关系。这也是我们研究顾客需求时必须研究的内容。

(5)何时要。顾客需求的迫切程度也决定了推销的难易程度。

2.顾客购买需求鉴定的方法

(1)需求层次分析法

结合马斯洛的需求层次理论,分析推销品的消费水平是否与准顾客的需求层次相符合。

(2)需求差异分析法

分析准顾客的需求差异:一是鉴定产品的功能特点与准顾客的需求重点是否一致;二是鉴定产品的品牌是否在准顾客喜欢的范围之内。不同的顾客对同类产品的需求重点是不一样的,有的注重功能齐全,有的则注重式样新颖。

(3)边际效用分析法

了解准顾客对产品的持有状况,分析产品能够给准顾客带来的边际效用。一般来说,准顾客没有使用过的产品,其购买后的边际效用最大。

(二)顾客支付能力鉴定

1.顾客支付能力鉴定的内容

顾客的购买需求只有在具备了货币支付能力之后才能成为现实的需求,才能构成实际的购买行为。对顾客支付能力的鉴定主要是对顾客是否具有现时货币支付能力的鉴定,即主要是对顾客的财务状况进行审查。在我国,目前由于个人消费信贷仍不流行,大多数购买属于现场钱货交易,所以,几乎不用进行支付能力的审查。支付能力的审查主要是指对组织或企业而言的。

对组织或企业的支付能力审查要从不同的角度进行:

(1)要了解企业经营的整体状况及企业产品的市场销售状况。

(2)了解不同的时间里企业的支付能力。

(3)了解组织与企业的现行规章制度,掌握支付的可行性,如有的企业可以买汽车,却不能买摩托车和自行车。

(4)了解组织与企业的潜在支付能力与延期支付能力,以决定是否给予延期付款、分期付款等商业信用。

微课:鉴定顾客资格

2.顾客支付能力鉴定的方法

在我国,推销员可以通过许多合法途径了解顾客的资信状况:

(1)从主管部门与司法部门了解

推销员可以从工商管理部门、税务部门、财政与审计部门了解到推销对象的经营状态、财务盈亏,从司法部门了解其有无经济方面的纠纷等。这些部门提供的资料对于推销对象的支付能力审查具有决定性的意义。

(2)从推销对象的内部了解

推销员可以通过各种关系与途径从内部摸清推销对象的支付能力,还可以关注顾客财务状况的变化,这是西方推销员常用的方法。

(3)间接资料了解

推销员可以通过大众传播媒介所提供的消息进行分析判断,如银行的信用公告,也可以通过他人或咨询机构进行了解。

(4)推销员自己观察判断

根据推销对象的生产经营规模、从业人员数量、技术设备条件、产品花色品种及其销路等外在特征,加上推销员的个人经验进行推断,从而审查推销对象的支付能力。

(三)顾客可靠性鉴定

顾客可靠性鉴定可从家庭、企业(或组织)两种不同顾客类型的角度来展开。

1.家庭购买可靠性鉴定

对于家庭购买的可靠性鉴定可以从决策权力结构和决策程序两个方面考虑。决策权力鉴定比较容易,一般是现场审查。这里的关键是要了解在家庭决策权力类型中,顾客属于哪一类,以及家庭的决策程序。家庭决策权力类型包括:丈夫做主型、妻子做主型、协商做主型、各自做主型、孩子做主型等。一般通过询问与观察可以确定。

2.企业(或组织)购买可靠性鉴定

企业(或组织)的购买可靠性鉴定,首先要审查推销对象的决策程序,通过对推销对象的所有制性质、决策运行机制、规章制度、企业自主经营的权限等方面来了解其决策程序,从而确定企业的购买资格。其次是审查具体人物在企业购买决策过程中的角色资格。推销员应该根据推销对象在组织机构内的职务、权限、可能担任的购买行为角色等,审查他的购买决策资格,再根据产品的用途、性质联系有决定性意义的关键人物进行推销洽谈。例如,推销设备、原材料等产品,要找企业采购部经理或主管生产的副厂长;推销月饼、水果等福利性消费品,要找主管福利的工会主席。第三就是要审查推销对象的信用度,这是回款的关键影响因素。

顾客购买资格的鉴定应该贯穿于推销的全过程,若发现推销活动缺乏上述要素中的一个,应及时中止推销活动。为了防止商业诈骗,还应根据法律规范,与真正的法人或法人委托人签订合同。

第四步 建立顾客档案

一、建立顾客档案的重要性

顾客档案是指有关目标顾客的名单、地址,有关目标顾客的购买需求、购买愿望、购买嗜好、推销员拜访顾客的日期等方面的信息。建立顾客档案对推销员来说是非常重要的,它关系到推销员的推销成功率和推销业绩。

(一)顾客档案有助于推销员牢牢抓住顾客

推销员寻找目标顾客的途径、方法多种多样,有许多顾客是在不经意中得到信息后找到的。如果没有将随时得到的信息资料记录下来,并建立起相应的顾客档案,有时候会失去顾客。因此,有经验的推销员经常把目标顾客的名字,按拜访的先后顺序排列,制成一份名单,这样做可以有效地防止遗忘。

(二)有助于推销员制订严密的访谈计划,提高推销成功率

一名优秀的推销员在与顾客进行推销洽谈之前,需要制订一份严密的推销洽谈计划。在制订计划时一般要考虑这样一些问题:关于洽谈的主题,能够说些什么?必须说些什么?应该采取怎样的洽谈策略?以什么样的方式、方法来接近目标顾客?等等。然后把这些问题的答案从顾客档案里找出来,从而能提高推销工作的成功率。

(三)有助于推销员安排好拜访日程,提高推销工作效率

对推销员来说,目标顾客都是重要的。然而,在众多的目标顾客中,还是可以区分出很重要、比较重要和不太重要的目标顾客。具有创造性的推销员,对于目标顾客是经常评估的。在拜访顾客之前,根据预先寻找顾客中得到的信息资料所建立起的顾客档案,就可以对目标顾客进行大体的评估,使推销员工作的先后次序比较清晰。当对目标顾客进行第一次拜访之后,把在洽谈中获得的信息补充到顾客档案中,并再次对顾客进行评估,分出他们的重要性次序。这样做可以大大提高推销工作的效率。

(四)能促使顾客重复购买,增加购买次数

推销工作并不是一帆风顺的,可能会遇到许多的困难与挫折,尤其在与顾客的接触过程中,遇到的困难就更多,有的顾客对产品没有兴趣,因而表现得相当冷淡,而另外一些顾客虽然对产品感兴趣,但态度却相当粗暴。因此,推销员要谈成一笔业务,必须克服许多困难。正因为如此,推销员应该对已购买的顾客适时寄一些小礼物、贺卡或感谢信,以感谢顾客对自己工作的支持。这样做可以使推销员在以往的顾客心目中留下良好的印象，促使他们重复购买，增加购买次数。而这一切都离不开顾客档案。

二、制作准顾客档案资料表

微课：建立顾客档案

推销员要寻找源源不断的准顾客，就应制作准顾客档案资料表。

（一）准顾客档案资料表的内容与格式

1. 准顾客档案资料表的内容

（1）准顾客资料方面

包括：姓名、出生年月、家庭住址、工作单位、工作地点、工作种类、职业特点、个人收入、兴趣爱好、特别突出点、性格特征、配偶的姓名及工作情况，若有子女则含子女的情况等。

（2）推销员工作方面

包括：预定拜访的时间、地点、次数，拜访的对象，洽谈的主要内容与方法，预备推销的产品，实际需要的产品，激励顾客购买的办法，不能会面的原因等。

2. 准顾客档案资料表的格式

准顾客档案资料表没有固定的格式，它可以依据推销员个人情况的不同或制作在硬纸卡上，或输入个人电脑中，其形式也因人而异，只要便于记录和使用就行了（见表3-1）。

表 3-1　　　　　　　　　　准顾客档案资料表

准顾客资料方面			
姓　名		出生年月	家庭住址
工作单位		单位地址	职　务
配偶姓名及工作情况		子女姓名及有关情况	
以前是否购买过本企业的产品			
目前所需产品			
兴趣爱好			
个人的性格特点			
生活习惯			
推销员工作方面			
预定拜访的时间、地点			
拜访内容			
拜访后的印象			
实际所需要的产品			
成交的原因			
失败的原因			

(二)准顾客档案资料表的使用

在实际推销过程中,每个推销员的操作程序各有不同,在使用准顾客档案资料表时也同样有所区别。但大致可以从这样几个方面来操作:

(1)每晚将当天获得的准顾客的姓名和有关资料填入准顾客档案资料表中。

(2)把第二天准备拜访的准顾客档案资料表取出,按顺序排好,取出的数量要比实际访问的人数多2~3倍,以防有的被访者外出。

(3)当天取出的准顾客档案资料表没有被访问到的,应当留到第二天再进行。

(4)对已经接触过但没有约见的人,应将他们的资料表放回原处,记下日期及简要的讨论情况。

(5)对具有"名人效应"的中心人物资料及时记录后,应放到准顾客档案资料表中较为显著的地方。

(6)第二天拜访要用的具有"名人效应"的中心人物资料应抽出来,既可以再定一次约会的时间,也可以按以前约定的时间拜访。

(7)为新的有可能成为"名人效应"的中心人物做详细的资料表,并存入准顾客档案系统中。

(三)准顾客档案资料的评估

1. 分级、归类与调整

根据已有的准顾客资料,对准顾客档案资料表进行分级、归类与调整,将有助于推销员开展实际的推销工作,也有助于顾客档案的管理。

(1)分级

A级:即将购买产品的准顾客。

B级:因某种原因暂时不能购买产品的准顾客。

C级:从目前情况看不大可能购买产品的准顾客。

(2)归类

有了上述分析,推销员就可以做出相应的标识,如以红、绿、白来区分,把不同的准顾客档案资料表进行归类,以便查找。

(3)调整

随着推销工作的实际展开,推销员对准顾客的认识也会随之变化,从资料评估得出的结论,与面谈或经过更深入调查后的结论并不一致,这就需要对原先的分类做出适当的调整。

2. 淘汰不合格的准顾客

(1)基于现有顾客资料淘汰

对那些明显不符合购买产品条件的顾客,目前不可能发展成为准顾客的顾客,推销员可以将其删除淘汰。

(2)拜访以后淘汰

推销员通过拜访获得资料后,认为该顾客因其他重大原因不能购买产品,如目前确实不需要,或没有货币支付能力等,推销员可以在拜访以后将其删除淘汰。

(3)放弃一些看似合格的准顾客

有些准顾客在各方面都符合购买产品的条件,但因对公司或推销员的成见太深,拜访了三五次后仍没有结果。对这种顾客,推销员可以毫不犹豫地将其删除淘汰。

(四)准顾客性格类型表

推销员在推销生涯中,会接触到许多顾客,这些顾客包括了不同年龄、不同职业、不同性格的人。为了提高拜访的成功率,每个推销员必须把握不同类型顾客的性格特点和购买心理,把握具体顾客的性格爱好。推销员根据顾客的性格特点,可以把顾客分为几种类型,并制作成表格,方便拜访前查看参考,从而制定相应的拜访对策(见表3-2)。

表 3-2 准顾客性格类型表

顾客类型	性格特征
精明严肃型	1.比较精明,有一定的知识水平 2.冷静思考,通过观察推销员的言谈举止,从中发现问题 3.讨厌虚伪,希望别人了解他们 4.冷漠、严肃,对推销员抱有一种怀疑态度 5.对自己的判断比较自信,一旦确定推销员的可信度后,也就确定了交易的成败
孩子气性格型	1.很怕见陌生人,特别怕见推销员,怕回答问题 2.有小孩子的好动心理,推销员和他一接触,他就表现出坐立不安的样子 3.一旦推销员与他混熟,胆子就增大,把推销员当成朋友看待,信任也就产生了
沉默寡言型	1.不爱说话,但颇有心计,做事非常细心,并且有主见 2.表面看来冷淡,似乎很难接近,其实内心是火热的,只要能与他交朋友,他有可能会把生命的一切都给你
外向干练型	1.办事干练、细心,并且性格开朗 2.容易接近,容易取得交谈成功 3.很坦率地把自己不购买的理由和想法说出来
对事物有特殊兴趣型	1.对待任何新事物都异常兴奋 2.态度认真大方,有礼貌,主动询问有关产品的问题 3.比较单纯,只要推销员真诚、热情、主动,容易成交
拘泥热心型	1.对任何人都很礼貌、热心,没有偏见,不存在怀疑的问题 2.对待强硬态度或逼迫态度则比较反感 3.不喜欢别人拍马屁,奉承他 4.对彬彬有礼的知识分子及勤学、诚恳的人特别尊重
狡诈多疑型	1.生性多疑,怀疑推销员,怀疑产品,担心受人欺骗 2.生活和工作中比较忧郁、烦恼,并且令人讨厌,很少有朋友 3.不信任别人,很狡诈

顾客的类型除了按照性格类型来划分外,还可以按年龄和职业等来划分,对此,推销员也应做相应的了解。

三、拜访记录整理与推销程序表

每日拜访记录是推销员推销工作的有机组成部分,它的作用在于帮助推销员回顾工作,对顾客和自己做出分析评估,使推销工作更有计划性,免于疏忽和遗忘。

(一)每日拜访记录的内容

(1)一般顾客资料包括姓名、年龄、工作单位、地址。

(2)顾客介绍的资料包括被介绍用的顾客资料、顾客的需求说明、准备拜访的时间。

(3)顾客的态度。顾客的态度多种多样,一般有热情、冷漠、爽快、犹豫、接纳、拒绝。

(4)顾客的性格类型。

(5)购买意向一般有对产品基本满意,近期有购买意向;对产品不满意,根本不打算购买。有时有些顾客提出的购买要求超出了推销员的销售范围,这时要做具体的分析:有时仅仅是借口,有时可能是实际的需求,若是实际需求,则应想办法加以解决。

(二)拜访记录整理与准顾客档案资料回填

(1)每日的拜访记录是一本流水账,除了顾客资料外,还有许多内容。因此,推销员要把每日的拜访记录重新整理归类。

(2)每日的拜访记录中的一些顾客的重要资料,应该迅速及时地回填到准顾客档案资料表中去,以补充原档案表中顾客资料的不足或不全。

(3)对已成交的顾客,除记录一般顾客的资料外,还要记录一下成交日期、金额、交货的日期及地点、付款的时间、付款方式等,并建立已成交顾客档案资料表。

(三)编制推销程序表

编制推销程序表的目的是使推销员在进入推销实战之前,对产品推销的整个过程做一个全面的了解。这样,在推销过程中,不至于迷失方向。可以清楚地知道自己所处的位置,自己面临的问题和解决的办法;可以在了解推销对象的实际状况时,对自己的推销工作时时做检查,看看会不会在某个环节失去客户及该如何采取相应的弥补措施(见表3-3)。

表 3-3　　　　　　　　　　　　推销程序表

推销重点	推销过程		要　点
事前计划	准备	推销前的准备工作	1.用资料卡分析顾客的具体需求 2.根据需要,事先设计推销方案 3.准备好推销资料、演示工具、用品 4.可以进行事先模拟
推销自己	接触	访问与面谈	1.接触目的:争取面谈 2.访问要领:信心、胆量、不怕拒绝、不生气 3.面谈要领:主动,建立好印象
		促成亲密感	1.消除顾客的不信任感、戒备心理、拒绝心理 2.使顾客认为自己是诚实、不强迫别人的人

续表

推销重点	推销过程		要　点
推销产品的效用	说明	建立共同问题	1.从事先准备的话题切入，唤醒顾客的需求 2.提醒一般人可能会面临的普通问题
		建立个别问题	1.把共同问题的结论与顾客的问题比较一下 2.对顾客的实际问题，与其讨论如何解决
		提出解决方案	1.提出事先准备好的方案，让顾客了解 2.建议要简洁、有魄力、有主动性
		顾客异议处理	对准顾客的各种拒绝、反对意见、犹豫，必须一一去克服，使其心态接近于下决心购买
推销产品	结束	激励与促成交易	1.用故事、比喻、展示名单激起顾客的购买欲望 2.签订成交协议，办妥成交手续
扩充销路	告辞	时机	1.以爽朗、坚定、明快的姿态与顾客告辞 2.不要太浪费顾客的时间
	事后服务	方法	1.经常与顾客保持联系，了解顾客的满意度和使用情况，并为其提供服务 2.把企业新产品及时介绍给顾客

工作实施

接近顾客的方式不同，效果截然不同

【接近顾客范例1】

推销员："喂，有人在吗？我是××公司的业务代表××，在百忙中打扰您，想要向您请教有关贵店目前使用收银机的事情。"

店经理："店里的收银机有什么毛病呀？"

推销员："并不是有什么毛病，我是想了解是否已经到了需要换新收银机的时候了。"

店经理："没有这回事，不想考虑换新的。"

推销员："并不是这样的，对面那间店已更换了新的收银机，我想你们也应该考虑更换一下。"

店经理："不好意思，目前还不想更换，以后再说吧！"

【接近顾客范例2】

推销员："请问是郑经理吗？很抱歉，在百忙之中打扰您！我是××公司在本地区的业务代表××，经常经过贵店，看到贵店生意一直兴隆，实在不简单！"

店经理："您过奖了，生意并不是那么好做的。"

推销员："贵店对客户的态度非常亲切，郑经理对贵店员工的培训一定非常用心，我也常常到别的店，但像贵店服务态度这么好的实属少数。对街张经理对您的经营管理也相当钦佩。"

店经理："张经理是这样说的吗？张经理经营的店也非常好，事实上他也一直是我的学习对象。"

推销员:"郑经理果然不同凡响,张经理也是以您为模仿的对象,不瞒您说,张经理昨天刚换了一台新功能的收银机,非常高兴,才提及郑经理的事情,因此,今天我才来打扰您。"

店经理:"喔!他换了一台新的收银机!"

推销员:"郑经理是否也考虑更换新的收银机呢?目前您店里的收银机虽然也不错,使用情况也还正常,但新的收银机有更多的功能,速度更快,既能让您的顾客减少等候的时间,还可以为贵店的经营管理提供许多有用的信息。请郑经理一定要考虑一下这台新的收银机。"

【目的】

通过上述案例实施该项目,学生能根据企业推销目标的需求和推销对象的具体情况,采取灵活有效的接近方法,完成交易准备,促成交易。

【要求】

1. 根据【接近顾客范例1】分析推销员林海的失误。
2. 每个人演示【接近顾客范例2】。
3. 组内演示,评出最优人员参与班级演示。

【步骤】

1. 将班内学生分成若干小组,每组6~8人,由组长负责。
2. 小组内进行推销员林海失误的分析。
3. 个人演示。
4. 组内讨论,评出一个最优人员。
(1)小组长负责组织汇总评选过程。
(2)小组成员轮流演示。
(3)个人演示完毕后,其他人负责打分,取平均数为个人方案成绩。
(4)每个小组内评出最优人员。
5. 最优人员参与班级演示。
6. 学生填写项目实施手册(见附录)。

【评价】

教师对各小组的最优人员演示进行点评,评价标准见表3-4。

表3-4　　　　　　　　推销员演示评价标准

评价项目	评价要求	分值	得分	评语
推销员失误	准确,并有解决的办法	20		
推销任务描述	定位准确	20		
演示	成功流畅,用词准确	50		
运用	符合场景设计	10		

项目三　推销接近

职业加油站

推销接近准备工作内容

一、个体顾客接近准备

1. 一般内容

（1）姓名。一要写好，二要读准。推销员在称呼或书面书写时，务必小心，不得有误。

（2）年龄。了解顾客的真实年龄利于推销预测，但推销员切勿当面打探冒犯，尤其对女士。

（3）性别及职业。不同的性别和职业体现了不同的身份、地位和购买意向。

（4）籍贯。人们对乡土都有浓厚的情感，外地遇同乡有一种归属感，因此在拜访中可利用同乡攀情交友，建立人际关系。

（5）文化程度。推销员根据顾客的文化程度决定谈话的内容和方法，还可作为一个话题。

（6）居住地点。它可能反映出目标顾客的社会地位、朋友群，甚至家世。

（7）民族及宗教信仰。掌握目标顾客这方面的情况，可使推销员在进行推销洽谈时，避免卷入不必要的争论，减少推销洽谈的阻力。

（8）其他。包括顾客的电话号码、邮政编码等。

2. 家庭及其成员情况

分析家庭生命周期阶段及配偶子女在购物活动中各自的作用，如价值观、特殊偏好等。

3. 需求内容

需求内容包括购买的主要动机，需求的详细内容和需求特点，需求的排列顺序，购买决策权限范围，购买行为在时间、地点、方式上的规律等。

二、团体顾客接近准备

1. 一般情况

包括：单位全称及简称；所属产业；所有制形式；经营管理体制；隶属关系；所在地点；交通情况；等等。

2. 生产经营情况

包括：企业的生产经营规模；企业成立的时间；企业演变的经历；企业目前的法人代表；企业主要决策人物的姓名与电话号码、传真号码；等等。

3. 组织情况

包括：近期及远期的组织目标；组织规章制度；组织办事程序；组织主要领导人的作风特点；组织机构及职权范围的划分；组织人事状态及人际关系；等等。

4. 经营及财务情况

包括：企业生产的具体产品类型、品种与项目数量；生产能力及发挥的水平；产品主要销售地点及市场反馈情况；市场占有率与销售增长率；管理风格与水平；企业的发展；竞争定价策略；等等。

5. 购买行为情况

深入了解推销对象是由哪些部门发现需求或提出购买申请的，由哪些部门与机构对需求进行核准。他们选择供应厂家的标准是什么？目前正在向哪几个供应者进行购买？供求双方的关系及其发展前景如何？等等。

6. 关键部门与关键人物情况

了解在组织购买行为决策中起关键作用的部门与人物，并重点了解其详细情况，以便投其所好，设计出最佳的推销方案。

三、接近现有顾客准备

现有顾客包括熟客、常客、老顾客。

1. 基本情况及其补充

对原有关于顾客的基本情况，如有错、漏、不清楚、不确切的，推销员应及时修正与补充。

2. 情况变化

目前，各行各业都处在一种动态的，甚至是突变的状态下，在拜访前，推销员应对原来掌握的情况进行核对落实。如发现有变化，应及时更正，尤其是企业的性质、经营机制、管理机制、人事机构的变化。

顾客资格审查——MAN 法则

MAN 法则认为，顾客是由金钱（Money）、权力（Authority）和需要（Need）三个要素构成的。

M 是指该潜在顾客是否有购买资金（Money），即顾客是否具有消费此产品或服务的经济能力，也就是顾客有没有购买力或筹措资金的能力。

A 是指该潜在顾客是否有购买决策权（Authority），即顾客是否有购买决定权，在成功的销售过程中，能否准确地了解真正的购买决策人是销售的关键。

N 是指潜在顾客是否有购买需求（Need），即顾客内心是否存在对某种产品或服务的渴求或欲望。

只有同时具备购买力、购买决策权和购买需求这三个要素，才是合格的顾客。

培训游戏

寻找客户

【游戏目的】

在这个游戏中，学生通过自己设计寻找顾客的情景，掌握寻找顾客的方法和技巧。

【游戏内容】

1. 将全班学生划分成五个小组，每个小组通过抽签的方式从普访寻找法、介绍寻找

项目三　推销接近

法、委托助手寻找法、广告拉引法、资料查阅寻找法中任意抽取一种方法,编写情景小品。

2.每个小组推选两名代表,分别扮演顾客和推销员,将本组所编写的剧情表演出来。

3.其他小组的成员对剧情进行评价,并评选出最佳创意剧情及最佳表演者。

任务回顾

本任务完成后,认知了寻找准顾客、鉴定顾客资格和建立顾客档案的基本内容,能够完成好寻找与识别顾客的推销工作任务。

任务二　约见顾客

任务导入

一次为获得座椅订单的约见

美国柯达公司老板伊斯曼曾捐款在罗切斯特市建造一座音乐厅、一座纪念馆和一座戏院。为了承接这批建筑物内的座椅,家具制造厂商展开了激烈的竞争,结果都以失败告终。在此情形下,"优美座位公司"经理亚当森亲自出马,前去拜访伊斯曼,希望拿下这笔价值9万美元的生意。

伊斯曼的秘书在引见前就对亚当森说:"我知道你想得到这个订单,但我可以告诉你,如果你占用了伊斯曼先生5分钟以上的时间,你就完了。他是一个很严厉的大忙人,所以你进去后要赶快讲完,马上出来。"亚当森微笑着点了点头。亚当森被引进伊斯曼的办公室后,看见伊斯曼正埋头于桌上的一堆文件,于是静静地站在那里仔细地打量起这间办公室来。"先生有何见教?"过了一会儿,伊斯曼抬起头来,发现了亚当森。秘书介绍了亚当森后,便退了出去。这时,亚当森没有谈生意,而是说:"伊斯曼先生,在我等您的时候,我仔细地观察了您的这间办公室。我本人长期从事室内木工装修,但从没见过装修得这么精致的办公室。"伊斯曼回答说:"哎呀!您提醒了我差不多已经忘记了的事情。这间办公室是我亲自设计的,当初刚建好的时候,我喜欢极了,但后来一忙,就没有机会仔细欣赏一下这间办公室!"伊斯曼心绪极好,带着亚当森仔细地参观起办公室来,把办公室内的所有装饰一一地介绍给亚当森,亚当森微笑着聆听,饶有兴趣。亚当森看到伊斯曼的谈兴正浓,便好奇地询问起他的经历来。伊斯曼便向他讲述了自己苦难的青少年时代……结果,亚当森和伊斯曼一直谈到中午,两人谈得非常投机。最后,伊斯曼对亚当森说:"上次我在日本做了几把椅子,放在我家中的走廊里,由于日晒,都脱了漆。我昨天到街上买了油漆,打算由我自己把它们重新漆好,您有兴趣看我的油漆表演吗?好了,到我家里一起吃午饭,再看看我的手艺。"不言而喻,最后亚当森拿到了9万美元的订单。

【任务描述】

约见顾客。

第一步　做好约见顾客的准备

一、约见的含义与重要性

（一）约见的含义

约见又称商业约会，是指推销员事先征得顾客同意进行推销访问的行为过程。当推销员做了必要的准备后，便可以约见顾客。约见是推销接近的前导，是推销接近的开始，也是推销能否成功的一个先决条件。

（二）约见的重要性

1. 约见有利于推销员成功地接近顾客

事先约好顾客，获得当面推销的机会，本身就是成功推销的开始。事实上，约见本身就是推销员推销自己、推销产品、推销观念、推销购买建议的开始。约见可以使顾客接受推销员的初步推销。

2. 约见有利于推销员顺利地开展推销面谈

经过一个约见的过程，推销员获得顾客的同意，就可以初步赢得顾客的信任与支持。约见又是接见的准备阶段，通过约见，初步接触顾客，可以对顾客有一个感性的认识，使推销准备工作更充分，也使顾客有了初步准备，为后面的推销面谈铺平道路。

3. 约见有利于推销员客观地进行推销预测

推销员可以根据约见时的情况及顾客的初步反应，对顾客的个性进行印证，从而能对推销面谈及顾客异议做出接近实际的预测。

4. 约见有利于推销员合理地利用时间，提高推销的计划性

推销员只有与顾客约好见面时间后，所制订的推销计划才有落实的可能性。

总之，推销员不可轻视约见工作。它是推销工作中不可缺少的环节，能把推销前的准备工作与直接的面谈推销联成一体。

二、确定约见对象、事由、时间与地点

约见作为接见的前奏，内容主要取决于面谈的需要与顾客的具体情况，取决于访问活动的客观要求。推销员应该根据实际情况，提前确定好约见对象、事由、时间与地点。

(一)确定约见对象

约见首先要确定具体的对象,确定约见对象时应注意以下三个方面的内容:

1. 尽量约见购买决策人

应尽量设法直接约见产品的购买决策人,或者是对购买决策具有重大影响的重要人物,避免在无权人与无关人身上浪费时间。

2. 应尊重接待人员

为了能顺利地约见主要人物,推销员应尊重有关接待人员,应在言行中把他们当作同等重要的"要人",从而取得他们的合作与支持。因为,有时是他们把守着推销员与约见对象约见的大门。要取得接待人员的合作,就必须使有关接待人员感到,他们的权威在于使推销员能顺利地约见其上级领导,而不在于难为与阻挠推销员。

3. 应做好准备

推销员要想见到与推销有关的人,就要在约见前做好各项准备,以便"过五关、斩六将"。例如,应事先准备好必要的介绍信、引见信、名片、身份证、通行证,并刻意打扮自己,甚至还要准备好态度与"微笑"。

(二)确定约见事由

约见的第二项内容是确定与说明访问的事由和目的。当然,任何推销访问都是为了推销产品。但每次访问的目的都可以不同,应视推销活动的不同进展与具体情况而有所区别。同时,每次访问的事由不宜过多。一般可以从以下几个方面来确定事由:

(1)认识、问路。和从未谋面的顾客的第一次见面,可以把"认识"、"投石问路"与约定谈话时间等作为目的。

(2)留下印象。对于认为将来有可能对推销有用的人,推销员可以把第一次见面的目的确定为"给对方留下一个好印象",便于以后联系。

(3)市场调查。有时为进一步做好市场调查与继续做好约见前的准备工作,可以与顾客进行"火力侦察"式的接触,目的只是"了解"。日本的推销员就习惯于使用这种策略。

(4)正式推销。直接向约见对象推销产品。

(5)签订合同。如各方面条件具备,可以把某次约见确定为正式签订合同。

(6)提供服务。由推销员当面向顾客了解产品的使用情况,解答顾客在产品使用中的疑问,提供咨询及技术业务方面的服务。

(7)收取货款。了解货款回缴情况,上门约见顾客,当面催讨顾客拖欠的货款,这也是推销员约见顾客的一项主要目的。

(8)联络感情。逢推销对象的重要日期(如生日、结婚纪念日)或者传统节假日,推销员可以各种形式约见顾客,甚至约见顾客的家属亲朋,借以表达合作愉快的心得体会,承蒙关照的感谢之意,等等。把增进与顾客的情感交流和建立良好人际关系作为约见的目的。

(三)确定约见时间

大多数约见的主要内容都是与顾客约定一个见面的时间,选择好一个对推销员和顾

客都合适的时间很重要。因此,在与顾客确定约见时间时,推销员应注意以下几个方面:

(1)尽量替顾客着想。最好由顾客确定或由顾客主动安排时间。当顾客的时间与推销员的时间安排有矛盾时,应尽量迁就与尊重顾客的时间。如推销员因与另外的顾客有约在先而发生时间上的冲突时,应如实向约见对象说清楚。

(2)应根据访问对象的特点确定见面时间,避免在顾客最忙碌的时间约见顾客。应注意顾客的生活作息时间与上下班活动规律,从中寻找顾客较为轻松与愉快的时间为见面时间。如美国一个保险业推销员总是比别人早起两个钟头,从而在顾客吃早餐时或早餐前的活动与晨练中约见顾客。

(3)应视推销产品与服务内容的特点确定约见与洽谈生意的时间。时间应更能衬托出产品的优势与服务内容的重要性。

(4)讲究推销信用。确定约见时要考虑到一些意外情况。约见时间一旦明确,推销员应立即用笔记录在案,并且应严守信用,克服困难,准时到达约见地点。

(5)合理利用访问时间,提高推销访问效率。推销业绩的好坏高低与推销员是否合理地安排时间有直接关系。在时间安排上,推销员应尽量减少各种等待的时间,而尽量增加开展推销的时间。

(四)确定约见地点

在什么地方见面也是约见时要确定的主要内容之一,确定约见地点时应注意以下几个方面:

(1)应尽量考虑约见对象的要求。

(2)最经常使用的,也是最主要的约见地点是办公室。

(3)如顾客愿意的话,也可以在顾客的居住地约见顾客。

(4)一些推销的公共场所,如展览厅、订货会、货栈、洽谈室,等等。按约见目的也可以把公共娱乐场所作为约见的地点,如咖啡厅、舞厅、音乐茶座、茶楼酒店等。但太嘈杂与来往人太多的地方只能作为礼节性拜访、初次认识、联络感情的场所,而绝不能作为实质性谈判的地方。

第二步 约见顾客

为了实现推销目标,完成推销计划,推销员必须认真研究约见顾客的方法,以便在约见不同顾客时,做出适当的选择。

一、当面约见

当面约见是指推销员与顾客当面约定访问事宜。当面约见是一种理想的约见方式。

项目三　推销接近

1.优点

推销员可以在当面约见时观察到顾客的态度、性格等,对约见有所准备;可以有机会交流感情、表达思想,给顾客留下良好印象,使顾客乐意接受约见。

2.缺点

当面约见也有不利的一面,如不可能对所有的顾客使用这种方法,而且当面约见一旦遭到顾客拒绝,推销员就处于被动局面使约见难以实现。

小案例

约见效果迥异

第一种约见中推销员:"董先生,我现在可以来看您吗?"

第二种约见中推销员:"董先生,我是下星期三下午4点来拜访您呢?还是下星期四上午9点来呢?"

显然,在第一种约见中,推销员自己的问话使推销员完全处于被动的地位,易遭到顾客的推辞;第二种问话则相反,推销员对于会面时间已主动安排好,顾客对推销员提出的"选择题"若是一时反应不过来,便只好随推销员的意志,做"二选其一"的决定,而没法推托了。

二、电信约见

电信约见是指推销员利用电话、传真、互联网等电信手段约见顾客的方法。现代通信业的高速发展使这类快速的约见通信工具得到越来越广泛的使用。

(一)电话约见

1.优点

首先,它有利于推销员迅速约见推销对象,因此电话约见常常适用于紧急约见;其次,灵活方便,可以随时通话,反复约见;再次,可以引起顾客的重视;此外,电话约见可以及时反馈信息。

2.缺点

电话约见虽然方便,却可能打扰顾客的正常工作,容易遭到顾客的冷遇或拒绝。此外,电话里的三言两语,有时还会造成误会。尽管具有上述种种局限性,但电话约见仍是比较理想的约见工具。

微课:
电话约见

> **小案例**

电话约见

推销员:"约翰先生,您好。我是××公司的推销员肖恩。我听说您太太的手部皮肤过敏了,好一些了吗?"

客户:"没有多大的改变,你应该知道,这种病是很难痊愈的。"

推销员:"那她的正常生活是不是也受到影响了呢?"

客户:"是的。她不能使用洗手液洗手,洗碗的家务活也不得不由我来承担,因为她的手一碰到洗洁精就疼痛难忍。"

推销员:"真是不幸。不过不要着急,我这里有一些不会对您太太的手造成伤害的清洗用品。您认为什么时间面谈方便呢?是这个星期三上午10点还是星期四?"

客户:"你星期四下午3点到我家来吧。"

推销员:"那好,约翰先生,请记住您星期四下午3点要接待××公司的推销员肖恩。没问题吧?"

客户:"没问题。"

推销员:"好,那我们星期四见。"

(二)微信约见

微信已经成为推销人员与顾客沟通的常见工具之一。推销人员利用微信与顾客沟通时要注意经营好自己的朋友圈,多发一些能体现自己个性,与自己生活相关的信息,这样比较不会让顾客反感。另一方面关注顾客的朋友圈。多与顾客互动,顾客才能记住你。做好这两点后,推销人员再跟顾客进一步联系时就会没那么突兀,为接下来的预约工作做好了铺垫。

1. 优点

首先,微信是一种纯粹的沟通工具,推销人员与用户之间的对话是私密的,亲密度明显更高,可以推送一些真正满足用户需求的个性化内容。其次,用户获取信息不受时间、地点的限制,随时随地获取,极大地方便了信息的传递。最后,微信约见针对性强,精准度高,用户更容易理解信息内容。

2. 缺点

如果推销人员刷屏发送邀约信息给客户,或者约见信息只从自身方便的角度考虑,很容易招致客户反感。

三、信函约见

信函约见是通过约见信函的寄出及反馈达到约见的目的,这类信函包括个别约见信和集体约见信,如个人书信、会议通知等。

1. 优点

函件可以不受当面约见顾客时可能遇到的人为障碍阻挠,畅通无阻地进入目标顾客的办公地点和居住地,只要言辞得当,就容易被顾客所接受;信函的体裁比较自由,既可以用恳切的言辞强调顾客能够获得的利益,又可以委婉地写出产品的上乘品质和优惠的价格,还可用实例证明企业的实力和产品的效用,要表达的意思都能表达详尽。

2. 缺点

它所花费的时间是最多的,而且反馈率比较低。许多顾客对推销约见信毫无兴趣,甚至不去拆看,使推销员苦心推敲而付出的辛劳变得毫无意义。信函中如果用词不当,还会引起顾客反感而拒绝约见。

因此,信函约见必须从内容和形式两个方面加以注意。信函的内容要尽力做到真实与适度的修辞相结合,书写工整,文笔流畅。信函的形式要求尽可能自己动手书写,尤其是个人书信,避免使用印刷信件,邮票也应自己动手贴上,而不要加盖"邮资已付"的标志,还要及时用电话联系,以弥补反馈率低的缺陷。具体来说,应注意以下几个方面的问题:

(1)措辞委婉恳切

写信约见顾客,对方能否接受,既要看顾客的需要与购买力,也要看推销员是否诚恳待人。一封措辞委婉恳切的信函往往能博得顾客的信任与好感,也使对方同意会面。

(2)内容简单明了

书信应尽可能言简意赅,只要把约见的时间、地点、事由写清即可,切不可长篇大论,不着边际。

(3)传递的信息要投其所好

约见信函应该以说服顾客为中心,投其所好,以顾客的利益为主线劝说或建议其接受约见要求。

(4)信函形式要亲切

约见信函要尽可能自己动手书写,而不使用冷冰冰的印刷品,信封上最好不要盖"邮资已付"的标志,要动手贴邮票。

(5)电话追踪

在信函发出一段时间后要打电话联系,询问顾客的想法与意见,把电话约见与信函约见结合起来使用,可大大提高约见效果。

四、委托约见

委托约见是指推销员委托第三者约见顾客的方法。委托约见包括留函代转、信件传递、他人代约等。受推销员之托的第三者是与推销对象本人有一定社会联系和社会交往的人士,包括对顾客本人有一定社会影响的有关人员,如接待人员、秘书、同事、邻居、亲友等。

优点:能够克服某些顾客对推销员的戒备心理,获得推销对象的真实信息。
缺点:推销员处于被动地位,容易引起误约,贻误推销时机。

五、广告约见

广告约见是指推销员利用各种广告媒介,如报纸、杂志、广播、电视、直接邮寄、张贴或散发印刷广告等约见顾客。它可以在约见对象不明或太多的情况下,进行广泛约见或无特定对象约见,也可在约见对象十分明确的情况下,进行集体约见。

优点:覆盖面广,效率高。
缺点:针对性差,费用高。

此外,还有其他许多约见的方法,推销员可具体选用一种或综合使用几种方法。

小案例

成功的约见模式

电话响起……
顾客:"喂,您好!"
推销员:"您好,麻烦您,能请尤根·克拉莫布先生亲自接电话吗?"
顾客:"我就是!您有什么事吗?"
推销员:"您好,克拉莫布先生!我叫海尔曼·格拉索!是'宝卡'公司的专业咨询师,我们的公司位于富里达,是专门从事办公室以及仓库资源合理化业务的。克拉莫布先生,有关您扩大卡塞尔仓库面积的计划,我们'宝卡'公司早有耳闻了。所以我想给您看一些东西,这也许能够帮助您在新仓库里节省空间和人力消耗!您觉得咱们的这次见面安排在什么时候最合适?是下周二上午10点好,还是周三下午好?"
顾客:"那好吧,您星期二上午过来吧!"
推销员:"好,我记一下时间,克拉莫布先生。您记住我的名字了吗?我叫格拉索(Glasow)!拼写是G,L,A,S,O,W!那咱们下星期二上午10点见,克拉莫布先生!真高兴能有机会和您见面!"

项目三　推销接近

工作实施

信函约见

亲爱的××女士：

　　最近一期《××××××》赞扬了在德凡洛曼维尔地区房地产销售的快速增长。该区最新纪录表明洛特·科特是那个地区最成功、发展最快的房地产公司之一。这样的销售环境和您公司的发展记录可能是从我提供的独特的销售培训课程中获益的两点理由。如果您将雇佣新的推销员来满足您增长的市场，将是第三点理由。

　　我将很高兴与您约定一个时间来证明我的课程会帮助您的新雇员在学习上少走弯路，使他们更快地创造销售机会。当市场发展很快时，您也需要以同样快的速度发展推销员队伍。没有人愿意把时间花在训练新的人员上，一般从雇佣到完成第一笔交易的平均时间超过四个星期。我能够告诉您如何使您的职员在不到两周的时间内就达成交易并使您的销售额提高10%。

　　我将在9月7日早晨打电话来安排一个方便的时间见面。我将乐意为您和您的职员服务，盼望着我们早日见面。

真诚的××博士
2013年9月5日

要求约见信函

××先生：您好！

　　《××××》在本地拥有最多读者，今年读者人数又创新高，较去年增长20%，达到了40多万人。试想在本报刊登广告的效用有多大。

　　现在刊登广告比以前更容易，我们的设计组可为您设计广告。您只需提供一些概念，我们就会一手包办。

　　我可否约见您，并向您提供提高生意额的方法？

　　如有问题，请致电81348678。

　　顺致商祺！

广告部　××
2013年11月23日

【目的】

　　通过以上两个案例实施该项目，学生能根据某企业的推销目标需求和推销对象的具体情况，拟定约见信函。

【要求】

1. 参照小案例,自己假设企业背景与推销对象。

2. 每人撰写并提交约见信函。

3. 每两人一起做见面演示。

4. 组内演示,评出最优的两名人员参与班级演示。

【步骤】

1. 将班内学生分成若干小组,每组6~8人,由组长负责。

2. 撰写提交约见信函。

3. 两人一起互相做见面演示。

4. 组内讨论,评出一对最优人员。

(1) 小组长负责组织汇总评选过程。

(2) 小组成员轮流演示。

(3) 个人演示完毕后,其他人负责打分,取平均数为个人方案成绩。

(4) 每个小组内评出一对最优人员。

5. 最优人员参与班级演示。

6. 学生填写项目实施手册(见附录)。

【评价】

教师对各小组的最优人员演示进行点评,评价标准见表3-5。

表3-5　　　　　　　　约见演示方案评价标准

评价项目	评价要求	分值	得分	评语
约见信函	格式规范,内容合理	50		
演示	成功流畅,用词准确	30		
技巧运用	符合场景设计	20		

职业加油站

电话约见的方法

1. 问题解决法

"李先生,我是××公司的推销员,想向您介绍新上市的打卡机,它的特点是准确、精巧、结实,尤其价格比一般同类打卡机都便宜,很适合工厂使用。我打算在星期三上午10点半或星期四下午2点半来拜访您,好吗?"这个电话约见,除了符合约见的基本要点外,也符合了时间上"二选其一"的约定技巧。它的目的在于以打卡机所发挥的功能,解决顾客规范员工上下班时间的问题,是一种典型的约见方法。

2. 提供服务法

"李先生,您好,我想向您提供一种办公室定期清洁维护办法。我们人手多,经验丰富,而且价格公道,详细情形和优惠办法需要向您当面解说。所以,我希望在星期二下午3点,到您那儿去,您看合适吗?"

这种约见方法最大的优点是理由充足,推销员为顾客着想。帮顾客打扫整理办公室,提供清洁舒服的工作环境,进而使员工身心愉快,工作效率提高。

3. 预先邮寄法

"王太太,您好,上星期一份××牌三用电锅的广告资料,您收到了吗?对这一新产品您有兴趣了解一下吗?"

这种约见方法,是以预先邮寄的商品资料为引子,让顾客在见到推销员之前,对商品先有一个概略的了解。他如果有意购买,必然对邮寄资料有所研究。

4. 心怀感谢法

"张先生,我是××公司推销员××,您寄来的订单我们已经收到,谢谢您对我们产品的支持。目前我们公司新出了一系列电子组件,品质和效果都比以往同类产品好,所以想尽早介绍给您试用。"

如果推销员与顾客认识,并有相当交往,那么推销员可以直接在电话中报上姓名。推销员借着向顾客表达感谢的机会,向顾客介绍新产品,希望他能尽早试用。这份为顾客着想的心意,会赢得顾客的欣赏,而愿意接受约见。

5. 贺人喜事法

"您早,张董事长,我是××汽车公司的业务代表××,听说令爱不久就有喜事了,恭喜!恭喜!我想利用这个机会,向您推荐我们最近进口的一种敞篷跑车,设计新颖,款式别致,装备齐全,适合新婚夫妇蜜月、郊游和上下班使用。所以,我想在今早7点半到府上,或明天中午到您办公室去,亲自向您说明细节如何?"

推销员利用此法约见,必须保证消息来源的可靠性,有十分的把握,包括:顾客家确有嫁女的喜事;有增添一份别开生面的礼物作为嫁妆的意愿;确信顾客具有购置一辆贵重汽车的财力。

6. 社交应对法

"屈太太,您早,我是××乐器公司的业务员××,昨天下午您曾带着令爱到我公司展示中心选购钢琴。现在刚巧有个机会,从今天起,××牌钢琴特价一周,不论何种琴号,每台减价500元。我想您一定不想错过这个难得的机会。明天下午3点,我在公司展示中心恭候您的光临,早买早用,又享减价优待,何乐不为呢!"

微信约见技巧

一、优先约见人群

1. 经常在自己朋友圈点赞或回复的人；
2. 在群内发言比较活跃的人；
3. 咨询过产品的人。

二、约见方法

1. 产品讲解邀约法

例如，"王总，这次给您介绍的产品组合在微信上很难解释清楚，您明天还是后天下午有空，咱们面个见，我给您详细讲解。"

2. 微信群事务邀约法

例如，"李姐，上次看您在关注××产品，现在我们公司刚好就到了一批这样的产品，您周六还是周日有空，我送您家里去？"

3. 公司客养活动邀约法

例如，"王姐，您上次说过喜欢旅游，正好我们公司现在有××活动，要不咱一起去玩一玩？"

三、约见地点

对于有过线下约见经历的客户，可以把约见地点选择在客户家里，也可以邀约一起喝茶或者吃饭。

对于只有线上聊天经历的客户，可以把约见地点选择在客户办公地点附近肯德基、麦当劳或者咖啡厅，有利于节省成本，也可以获得优质的沟通环境，客户面见压力较小。

面见小提示：可以根据客户喜好准备一些小礼物。

培训游戏

你像哪种动物

【游戏目的】

提高与人交往的能力。每个人都有自己独特的性格，动物也是一样，有些时候，你会惊奇地发现你的性格跟某种动物在某种程度上很像。

【游戏规则和程序】

1. 将各种各样的动物漫画给大家看，可以做成图片贴在教室的墙上，可以做成幻灯片展示给大家，让大家分别描述不同动物的性格，主要描述当这些动物遇到危险时的反应，例如，乌龟遇到危险以后，就会缩到壳里。

2. 让学生回想一下，当他们面对矛盾的时候，第一反应是什么？这一点和图中的哪种

项目三　推销接近

动物最像？如果图里没有,也可以找其他的,最主要的是要言之有理。

3.让每个学生描述一下他所选择的动物性格,说出理由。例如,"我像刺猬,看上去浑身长满刺,很难靠近的样子,其实我很温驯。"

【参与人数】　集体参与。

【时间】　每人3分钟。

【场地】　不限。

【道具】　写有动物名字的动物肖像画。

【讨论】

1.大家所选的动物之间有什么区别？看看自己强调动物的哪一部分性格,别人注意到了吗？

2.当不同动物性格的人碰到一起的时候,应该如何相处？

任务回顾

本任务完成后,掌握约见顾客的内容和方法,能够完成约见顾客的推销工作任务。

任务三　接近顾客

任务导入

小钱换大钱

在五花八门的行业中,恐怕要数招揽保险生意是比较难做的一行了。然而,美国布兰希保险公司却知难而上,想出了一个怪招。首先,该公司寄出各种保险说明书和简单的调查表给顾客,还附上一张优待券,上面写着：请您把调查表的空白填好,同时撕下优待券寄给我们,即可获得两枚罗马、希腊或中国等的仿古硬币。同时还申明：这是答谢您的协助,并不一定要您加入我们的保险行列。信寄出了三万多封,回信是两万多封。该公司立即让业务员带上各色交辉的仿古硬币,按回信者的地址一一登门拜访。"我特地给您带来了稀奇而不多见的古代硬币,请您任挑两枚吧。"业务员说。顾客自然以热情的接待回报。待双方交谈得很融洽的时候,业务员便发起了招揽生意的进攻。这样,收获自然可观：六千多人新加入了布兰希公司的保险行列。

【任务描述】

想方设法接近顾客。

第一步　了解接近

接近的成功是推销成功的第一步,推销员接近不了推销对象,便无法开展推销;接近失败就会导致整个推销工作的失败。

一、接近的含义与目的

(一)接近的含义

所谓接近,是指推销员正式接触顾客的一个步骤,是推销面谈的前奏,是推销过程的必要环节。

接近不是接洽,接洽包括了接近和面谈两个阶段,而接近只是接洽的一个环节而已。

(二)接近的目的

推销员在接近顾客时,应做到心平气和、循序渐进、简明扼要地介绍自己和所在公司的背景、概况以及推销品的特点,使用各种巧妙的方法,引起顾客的注意和兴趣;随时察言观色,分析了解顾客的需要或问题,帮助顾客确定其真实的购买动机,捕捉时机顺利转入面谈,提出适当的购买建议,满足顾客的需要。

一句话,接近的主要目的就在于引起顾客的注意和兴趣,成功地进入面谈阶段。

二、接近圈

所谓接近圈,是指一定范围和一定内容相互接近的社会关系,共性是接近的媒介,需求是接近的动机。推销接近圈是买卖关系的表现,供求关系是推销员与顾客相互接近的动力。在现实生活中,存在着许许多多不同内容、不同形式、不同范围、不同性质、不同层次、不同类型的接近圈,同一接近圈的人,都会以满足各自的需求为出发点。因此,在推销实践中,推销员应掌握、运用接近圈的理论,大胆使用各种接近方法,参加顾客的各种社交活动,找出彼此在性格、习惯、服饰、谈吐等方面的共同点,有效进入与顾客相关联的接近圈,有序组织各种接近圈,才能够成功地接近各类顾客,源源不断地开拓顾客群,卓有成效地推销出产品或服务。例如,登山器材推销员,除自己爱好运动外,还要努力成为户外俱乐部或其他健身组织的一员。

项目三　推销接近　　TUIXIAO SHIWU

> **小案例**
>
> ### 推销鼓风机
>
> 某鼓风机推销员,几次约见沈阳一家工厂的厂长都未果,始终没有机会和厂长接触。后来侧面了解到该厂长喜欢钓鱼,推销员便买来渔具学习钓鱼,还努力成了该厂长所在钓鱼圈的一员。天长日久,彼此熟悉后,成交了近50万元。

第二步　接近顾客

一、接近顾客的方法

(一) 介绍接近法

介绍接近法是指推销员自行介绍或经由第三者介绍而去接近推销对象的一种方法。在推销中,接近的对象不同,介绍的方式也有所区别。

1. 自我介绍法

推销员按时在约定地点拜见顾客,通过口头自我介绍的方式让顾客了解推销员的身份、姓名、背景及目的。同时,推销员应通过展示身份证、名片、单位介绍等有关的证件来证明口头介绍的准确性。目前,很多推销员用名片做自我介绍。推销员的名片正面通常写明了其姓名、工作单位、职务、职称、联络方法等,反面则介绍了公司主要产品目录、服务项目、开户银行等内容。接近时适时递上一张名片,可以让顾客尽快了解推销员和所推销产品的概貌,迅速缩短与顾客的距离。

自我介绍是最常用的方法,但在接近顾客之初,推销员不一定需要详细地进行自我介绍,同时,注意和其他方法配合使用。

2. 他人引荐法

在可能的情况下,推销员可以通过顾客社交圈里的人介绍而接近顾客。在推销员接近顾客时,只需要把第三者开具的介绍信、便条、名片、介绍卡给顾客,就能轻松地接近顾客,如能由介绍人亲自引见则效果更好。推销员所找的介绍人是熟悉顾客、与顾客往来密切和对顾客能产生直接或间接影响的人。介绍人所起作用的大小,要看推销员、顾客与介绍人员关系的密切程度。这种方法也有限制性,有时顾客碍于情面勉强接待推销员,却不一定有购买诚意,只是虚于应付,而在有些情况下,顾客还忌讳熟人的引荐。

推销员应努力扩大自己的交往面,争取有关人士的协助和引荐,但应注意尊重介绍人的意愿,不可勉为其难。

(二)产品接近法

产品接近法是指推销员直接利用所推销的产品引起顾客的注意和兴趣,从而顺利进入推销面谈的接近方法。由于这种方法是以推销品本身作为接近媒介的,因而也称为实物接近法。

推销员采用产品接近法,直接把产品、样本、模型摆在顾客面前,让产品做自我推销,给顾客一个亲自接触产品的机会,以产品自身的魅力引起顾客的注意和兴趣,既给了顾客多种多样的感官刺激,又满足了顾客深入了解产品的要求,这是产品接近法的最大优点。

这种方法最适合于具有特色的产品,或颜色鲜艳、雅致,或功能齐全,或造型别致等,因为这类产品很容易吸引顾客的注意力,诱发顾客的询问。但是,采用产品接近法也存在一定的局限性。首先,推销员本身必须具有一定的知名度或吸引力,要能够刺激顾客的使用欲望,才能引起顾客的注意和兴趣,使推销员达到接近顾客的目的。其次,推销品应精美轻巧,便于携带。再次,推销品必须是看得见、摸得着的有形实体,无形产品或服务(如各种保险、旅游、服务等)无法利用产品接近法。最后,推销品必须品质优良,不容易损坏或者变质,操作简便,使用效果显而易见,这样才经得起顾客的反复摆弄,并使顾客从触摸、检验和操作中感受到产品所能带来的利益。

小案例

推销验钞笔

小于进了一批验钞笔,最初几天,一支验钞笔也没卖出去,又累又委屈。不想干了!

后来,小于又来到了一个烟酒小卖部。老板是一位四十来岁的中年男人,热情地招呼她,问小于买啥,她说是来请老板帮忙鉴别两张10元中哪一张是假的,老板接过钞票后,左看看,右看看,无奈地摇了摇头。小于连说带问:"真假人民币不易分辨,如果您收到假人民币怎么办?"老板说:"我也没办法。"小于说:"这里有一种验钞笔,可以分辨出真假人民币。"她说着,拿出准备好的验钞笔,在两张人民币上各划一下,一张人民币上出现了淡黄色,另一张出现了黑色。小于趁机递给老板说明书,微笑着说:"出现淡黄色的人民币是真的,出现黑色的人民币是假的。"老板听后流露出浓厚的兴趣,问:"多少钱一支?""两元一支。""好,我要20支。"小于简直不敢相信自己的耳朵,有多少次的拒绝才换回这一次肯定的接受呀!

(三)利益接近法

利益接近法是指推销员抓住顾客追求利益的心理,利用所推销的产品或服务能给顾客带来的利益、实惠、好处,引起顾客的注意和兴趣,进而转入面谈的接近方法。从现代推销原理来讲,这是一种最有效、最省力的接近顾客的方法。因为这不仅符合顾客求利的心理,而且符合商业交易互利互惠的基本原则。

推销员采用利益接近法时，如果能够用精练的语言把推销品的优势与顾客当时最关心的利益和问题挂上钩的话，那么，接近与洽谈就很有可能成功。但应注意的是产品优势以及推销能带给顾客的利益是实实在在的，而不是夸大其词的，否则就会失去顾客的信任或导致推销本身没有实际效益。

> **小案例**
>
> ### 利益接近法
>
> 客户："这种型号的设备多少钱？不会比同类型××品牌的贵吧？"
>
> 推销员："这个您放心，我们这个型号的产品性价比很高，比同类型的××品牌要多出两个功能，而且价格要低约5％。这是因为在我公司品质控制体系建立之后，我们产品的成本普遍降低，而调低了价格。"
>
> 客户："这个仪表的误差率如何？我需要它控制在万分之一以内。"
>
> 推销员："结果肯定会让您满意，这种仪表的误差率在十万分之一以内，精度绝对标准。这里还有省工业部门质量检验证明，您可以看一看。"
>
> 客户："这种饮料的保质期有多长？低于9个月的，我们超市不要。"
>
> 推销员："这种饮料密闭包装，无菌灌装，保质期12个月。肯定可以在保质期内一销而光的。"
>
> 客户："可是，这么长的时间，能够保证口味地道、口感纯正吗？"
>
> 推销员："本饮料不含防腐剂、不含人工色素和香精，是由纯天然果实、植物提炼加工而成，外加上无菌利乐包装，绝对保证在保质期内口味如一、香醇味美。"

（四）好奇接近法

好奇接近法是指推销员利用顾客的好奇心理而接近顾客的方法。一般人都有不同程度和定向的好奇心。因此，好奇接近法如利用得当，往往会收到神奇效果。例如，某推销员对顾客说："我这里有一份资料说明了贵公司上个月销售量下降20％的原因。"顾客的态度立即从冷淡转为积极关注。

运用好奇接近法应注意，推销员无论采用语言、动作、实物或其他方式唤起顾客的好奇心，都应该与推销活动相关，否则将难以转入推销洽谈。唤起顾客好奇心的事物应当符合客观规律，合情合理，奇妙而不荒诞。还应考虑到顾客的文化素养和生活环境，要避免推销员自以为奇特而顾客却觉得平淡无奇，弄巧成拙反而妨碍了接近顾客。

（五）表演接近法

表演接近法是指推销员利用各种戏剧性的表演手法来展示产品的特点，从而引起顾客注意和兴趣的接近方法。这是一种古老的推销术，也被称为马戏接近法或戏剧化接近法。在现代推销中，这种方法仍有重要的利用价值。例如，一位消防用品推销员见到顾客后尚未开口，就先从提包里拿出一件防火衣，然后将它放进一个大纸袋子里，用打火机点燃纸袋,当纸袋烧完后露出了仍然完好无损的防火衣。这一戏剧性的表演使推销员不费口舌就拿到了订单。

表演接近法实际上只是把产品示范过程戏剧化,迎合某些顾客求新、求奇的心理,从而把顾客自然地带入购买的情景之中。在具体应用这种方法时应当注意:表演所用的道具应当是推销品或者其他与推销活动有关的物品,表演的内容应与推销密切相关;应当尽量使表演产生戏剧效果,既出人意料,又合乎情理,既能打动顾客,又不露表演的痕迹;应当尽量让顾客参与其中,使之成为重要角色,以激发顾客的兴趣,并增加真实感。

(六)问题接近法

问题接近法又称问答接近法或讨论接近法,它是指推销员利用提问方式或与顾客讨论问题的方式接近顾客的方法。在实际推销工作中,问题接近法可以单独使用,也可以和其他各种方法配合起来使用。例如,好奇接近法、利益接近法等都可以用提问作为引人入胜的开头。推销员可以首先提出一个问题,然后根据顾客的回答再提出其他一些问题,或提出事先设计好的一组问题,引起顾客的注意和兴趣,引导顾客去思考,环环相扣,一步步达到接近顾客的目的。推销员在具体运用问题接近法时,应当注意以下几点:

(1)问题必须突出重点,有的放矢。推销员必须在接近准备的基础上设计所提问题,要能一针见血,切中要害。

(2)问题表述必须简明扼要,抓住顾客的关注点,最好能形象化、量化、直观生动。

(3)问题应当具有针对性、耐人寻味,应当是顾客乐意回答和容易回答的,要避免有争议、伤感情和顾客不愿意回答的问题,以免引起顾客的反感。

(七)直陈接近法

直陈接近法又称报告接近法、陈述接近法或说明接近法,它是指推销员利用直接陈述来引起顾客的注意和兴趣,进而转入面谈的接近方法。推销员直陈的内容可以是产品的新特点,可以是价格、服务等方面的优惠条件,也可以是有关企业情况的介绍。但是,所陈述的内容必须与顾客有密切的利害关系,才能引起顾客的注意和兴趣。例如,"这种产品比同类产品价格便宜20%"。

(八)馈赠接近法

馈赠接近法是指推销员利用赠品来引起顾客的注意,进而和顾客认识与接近,并由此转入推销面谈的方法。一些小而有意义的礼品符合顾客求小利、求雅趣的心理,极易形成融洽的气氛,因此,在实际推销中经常被推销员用作接近顾客的"跳板"。然而,推销员在选择什么礼品作为馈赠时,应注意以下几点:

(1)慎重选择馈赠礼品。在进行接近准备时应做好调查,摸清情况。首先应确定的是顾客会不会把赠送礼品看成不正当的行为,会不会把送礼的推销员看成骗子。其次是了解顾客对礼品的价值观念,以确定送礼的方式。再次是了解顾客的嗜好和需求,尽量赠其所爱,送其所用。

(2)作为接近的礼品只能当作接近顾客的见面礼与媒介,而绝不能当作恩赐顾客的

项目三　推销接近

手段。

(3)礼品的内容与金额的大小必须符合国家有关规定,不可把馈赠变成贿赂。

(4)礼品尽量与所推销的产品有某种联系。

(九)赞美接近法

赞美接近法是指推销员利用顾客的虚荣心理,通过赞美顾客而接近顾客的方法。喜欢听人说好话是人的共性,说好话的人总比说坏话的人更受欢迎。因此,赞美接近法是一种较方便的接近顾客的好方法。使用时应注意以下几点:

(1)赞美应该是非清楚,爱憎分明。

(2)赞美应尽量切合实际。应细心观察与了解顾客,对值得赞美的地方加以赞美。

(3)赞美时态度诚恳,语气真挚,使顾客感到心情舒畅。

(4)要克服推销的自卑与嫉妒心理,尽量赞美顾客,不要吝惜语言。应注意赞美顾客本人,如不应只赞美顾客的衣服好看,应赞美顾客会选择衣服与懂得颜色搭配。

> **小案例**
>
> ### 赞美接近法的应用
>
> 有一次,一个推销员向一位对保险不感兴趣的年轻律师推销保险,失败后离开时的一句话却引起了年轻律师的兴趣。
>
> 推销员说:"安德森先生,如果允许的话,我愿继续与您保持联络,我深信您前程远大。"
>
> "前程远大,何以见得?"听口气,好像是怀疑推销员在讨好他。
>
> "几周前,我听了您在州长会议上的演讲,那是我听过的最精彩的演讲。这不是我一个人的意见,很多人都这么说。"
>
> 听了这番话,他竟有点喜形于色了。推销员请教他如何学会当众演讲的,他的话匣子就打开了,说得眉飞色舞。临别时他说:"欢迎您随时来访。"
>
> 没过几年,他就成为当地非常成功的一位律师。推销员和他一直保持联系,最后成了好朋友,保险生意自然也越来越多。

(十)求教接近法

求教接近法是指推销员利用向顾客请教问题与知识的机会接近顾客的方法。一些生产资料市场中的购买者往往是一些专业水平较高的人士,尤其是在购买行为模式中担任决策角色或重要影响者的人,大多认为自己是该行业的专家。因此,用讨教的态度与方法去接近顾客,由于它满足了顾客的自尊心理需求,容易受到欢迎。尤其是对一些年轻资历浅的推销员而言,求教接近法是一个较好的方法。在具体应用时应注意以下几点:

(1)求教时态度要诚恳,语言要谦虚。尽量让顾客多说多讲,推销员应毕恭毕敬,洗耳恭听，多听多记。

（2）赞美在先，求教在后。如要请教，首先应对顾客的专长特点有一定了解，并尽力加以肯定与赞美。然后，再提出与所推销的产品有关的问题进行请教。

（3）求教在前，推销在后。如果求教的问题提得恰当，顾客自然会注意到推销产品。如果顾客一时没有联想到所推销的产品，推销员应再就推销产品的有关问题求教于顾客。

（4）求教过程中注意分析顾客的讲话内容，从中寻找资料，分析确定下面推销的重点。

> **小案例**
>
> ### 请教接近法的应用
>
> 非常顽固保守的格林先生是一家杂货店的老板，他非常讨厌别人向他推销。这次，香皂推销员彼得来到店铺前，还未开口，他就大声喝道："你来干什么？"但这位推销员并未被吓倒，而是微笑地说："先生，您猜我今天是来干什么的？"
>
> 杂货店老板毫不客气地回敬他："你不说我也知道，还不是向我推销你们那些破玩意儿的！"
>
> 彼得听后不仅没有生气，反而哈哈大笑起来，他微笑地说道："您老人家聪明一世，糊涂一时，我今天可不是向您推销的，而是求您老向我推销的啊！"
>
> 杂货店老板愣住了，"你要我向你推销什么？"
>
> 彼得颇为认真地回答："我听说您是这一地区最会做生意的，香皂的销量最大，我今天是来讨教一下您老的推销方法？"
>
> 杂货店老板活了一辈子，其中大半生的时间都是在这间小杂货店中度过的，还从来没有人登门向他求教过，今天看到眼前这位年轻的推销员对他是如此的崇敬有加，心中不免得意万分。
>
> 于是，杂货店的老板便兴致勃勃地向彼得大谈其生意经，谈他的杂货店，从他小的时候跟随父亲做生意，谈到后来自己接过这间小店，最后一直说到现在："人都已经老了，但我仍然每天守着这个杂货店，舍不得离开它。在这里我可以每天都能见到那些老朋友、老顾客，为他们提供服务，同他们一起聊聊天，我过得非常愉快。"
>
> 老人家与推销员聊了整整一个下午，而且聊得非常开心，直到推销员起身告辞，刚到门口，老头子突然想起什么来了，大声说："喂，请等一等，听说你们公司的香皂很受欢迎，给我订30箱。"

（十一）调查接近法

调查接近法是指推销员假借调查研究的机会接近顾客的方法。推销员在实际应用中，可直接向顾客提出调查要求，并说明调查的目的是了解所推销的产品是否符合顾客的愿望、是否能解决顾客的问题。由于调查接近法使顾客看到推销员认真负责的工作态度，看到推销员热忱为顾客服务的精神，因而较易获得顾客的信任与支持，能成功地接近顾客。调查接近法一般适用于对大型生产资料的推销。在实施调查接近法时应注意：

(1)推销员应以专业性的知识及内行的水平提出具体的调查对象与调查内容。

(2)应尽量消除顾客的戒备心理，使推销员能更多地了解情况并达到接近的目的。

小案例

调查接近法的应用

推销员："张厂长，听说贵厂准备利用电脑进行科学管理，这是企业管理现代化的必然趋势，您可真先进啊！我公司经营各类电脑，品种多，性能好，但不知贵厂适用哪一种型号？您知道，如果不适用，再好的设备也是废物。为了提供最佳服务，我想先做一些实际调查，您看怎样？"

（十二）聊天接近法

聊天接近法是指推销员利用各种机会主动与顾客打招呼进而聊天，并由此转入推销面谈的接近方法。当推销员实在没有其他办法与已经确定为潜在顾客的人员接近时，就可以寻找各种机会主动上前找话搭讪，继而攀谈，待有了一定的了解后再表明自己的推销员身份，并进一步开展实质性的推销活动。实施聊天接近法时应注意以下几点：

(1)找准顾客。聊天接近法不会很快进入推销程序，有时要用很长时间追踪与寻找机会，因此要花费很多精力，所以，一定要选准顾客。

(2)选准时机。与顾客聊天的场合应是顾客独自一人而无他人打扰的地方。最好的时间是顾客有较充裕的自由掌握的时间，如散步、闲坐、观景、晨练等。

(3)积极主动。推销员看准目标与时机，应积极热情地主动出击，充满信心地搭讪。

(4)尽量紧扣主题。在与顾客聊天时，不可漫无边际地闲聊，而应尽快转入推销主题。

除了上述介绍的方法外，还有反复接近法、服务接近法等，推销员应当在推销实践中灵活运用，并根据推销的实际情况创造一些新的行之有效的接近顾客的方法，取得推销的成功。

二、接近顾客的注意事项

推销员为了能有效接近顾客，顺利导入推销面谈，除了运用适当的方法技巧外，还应注意以下三点：

(一)掌握有关的情报

如果一个推销员对顾客提出的问题回答不上来,那么他的推销活动注定要失败;而如果他掌握了有关的知识、情报和资料,顾客有问必答,又能使顾客十分满意,那么他的推销活动会进展得非常顺利。

1.掌握顾客的情况

顾客购买产品通常都不是在购买产品的特征,而是购买可以满足某种需求或解决某个问题的产品或服务。例如,顾客为了解决冬天洗澡的问题,需要购买热水器;女士们为了打扮自己,使自己更年轻漂亮,需要购买时装、化妆品等。

需求是人们希望得到而又未得到满足的感觉。需求未得到满足时,可导致人们心情紧张,产生不舒适的感觉,当它达到迫切的程度时,便驱使人们产生购买行为。只有了解顾客的需求,才能搞好推销工作,做到"有的放矢"。否则,不了解顾客需求什么,盲目去推销,推销成绩肯定不会理想。

2.熟悉本公司的情况

对于顾客来说,推销员就是公司的象征,是公司的代表。既然推销员代表着公司,就应该熟悉公司的现状以及公司的政策。全面了解企业的诞生与发展沿革、经营目标、经营方针以及今后的长期发展规划,企业的职能机构及主要领导人,企业的财务状况及主要设施等。例如,推销员熟悉了本公司有关价格、回扣、信用条件、产品运行程序等情况后,在接近顾客以及促使成交的过程中能及时地利用优惠条件来吸引顾客,引发顾客的购买欲望。当产品和竞争者的产品非常相近时,公司形象常是影响顾客购买决策的关键性因素。

3.熟悉产品的情况

除了要熟悉本公司的基本情况外,推销员还必须掌握所推销产品的相关情况。包括产品的性能、质量、款式(包括花色、品种、规格)、档次与价格、技术情况、用途及使用维修,本企业产品的市场面、市场占有率、目标顾客的不同类型及购买特点和购买动机等。例如,作为一名照相器材的推销员,除了要熟悉公司生产的各类照相机外,还必须了解顾客购买照相机的目的是什么,他们需要照相机做何种用途,是为了个人外出旅游时摄影留念,还是职业上的需要。

4.熟悉竞争对手的情况

对于一个推销员来说,熟悉自己所推销的产品,这是最基本的条件。此外,推销员还必须了解竞争者的产品与活动。掌握了竞争者的状况,在推销的过程中会增强推销员的自信心,因为推销员可根据竞争者的弱点,突出自己产品的优点,吸引顾客。同时,也容易给顾客留下深刻的印象。

(二)积极使用推销辅助器材

推销员在接近顾客时,可以积极使用以下推销辅助器材:

1.产品

推销员接近顾客的目的是将产品卖给顾客,因此,将所推销的产品作为推销的辅助器材是最为直接有效的。推销员在接近顾客时,可以直接将产品演示给顾客看,再伴以生动的说明,就能激起顾客的情绪与感受。顾客从中获得的产品认识比推销员的口头说明更有意义、更有效果。因为产品本身就具有强化推销的积极效果,当示范与说明同时进行的时候,就有助于推销员突破推销上的种种困难。例如,有些产品(如汽车、打字机、照相机等)可以让顾客亲自试用或操作,实际演示产品的性能,才能消除顾客对产品说明的怀疑。

2.仿制品

受产品重量、体积等影响,当推销员不可能将产品随身携带,随时向顾客演示时,就可用产品的仿制品来做示范,帮助说服顾客。仿制品一般采用产品的模型。例如,汽车的推销可以通过用缩小了若干倍的汽车模型来展示给顾客,以吸引顾客的注意力和兴趣。若顾客对汽车模型爱不释手,再配以推销员的生动说明,推销成功的可能性就大大提高了。

3.照片与插图

照片与插图可以帮助推销员的推销说明更生动清晰,特别适用于一些预先性的推销工作。例如,我国的房地产开发商,在楼盘开发之前,都要制作精美的楼书,既是广告宣传资料,又是售楼人员向顾客介绍楼盘及户型的有效道具。

(三)选择适当的演示技巧

推销员接近顾客时,时刻都要注意将产品演示给顾客看,而演示的效果如何,不光取决于演示器材,还取决于推销员的演示技巧。

1.掌握不同顾客的心理特点,有针对性地演示

由于顾客的兴趣爱好和性格特点不同,推销员接近顾客时,应该针对性地采用能够吸引顾客的生动演示法,重视顾客的个人兴趣和看法,吸引顾客购买产品。

2.选择无声语言的技巧

推销员选择产品样品、图片资料、录像资料、模型等做演示时,一是要使这些"无声语言"保持最佳状态,以保证演示的最佳效果,防止在演示中出意外;二是尽量让顾客一起参加示范体验;三是演示动作要生动活泼,富有戏剧性。

3.选择有声语言的技巧

良好的口才是推销成功的一半。如果推销员自感口才好,口齿清楚,说话又有一定的幽默感,那么,在接近顾客时,可以自己良好的口才和表演能力,以自己的面部表情去激发顾客的购买欲望。

总之,推销员示范不是目的,让顾客购买产品达成交易才是目的。即使要求顾客一同参与示范,推销员也要保持主导地位,从而正确地引导顾客的积极性,避免出现差错。

工作实施

　　A服装厂推销员小王准备去当地××超市进行推销,试拟订一份推销接近准备方案(接近准备工作目录及其具体内容)。

【目的】

　　通过实施该项目,学生能根据企业销售目标的需求和推销对象个体和团体的需求特征,拟订一份接近准备工作目录。

【要求】

　　1.选择适合推销的服装产品。

　　2.每个人拟订一份接近准备方案。

　　3.必须有接近准备工作目录及其具体内容。

　　4.组内讨论,汇总评出最优方案,小组按最优方案参与班级陈述。

【步骤】

　　1.将班内学生分成若干小组,每组6~8人,由组长负责。

　　2.个人拟订方案。

　　3.个人分别陈述。

　　4.组内讨论,汇总评出一个最优方案。

　　(1)小组长负责组织汇总评选过程。

　　(2)小组成员轮流陈述自己的方案。

　　(3)个人陈述完毕后,其他人负责打分。取平均数为个人方案成绩。

　　(4)每个小组内评选出分值最高的方案,融入其他学生的优势,汇总形成本小组的方案。

　　5.小组长携最优方案参与班级陈述。

　　6.学生填写项目实施手册(见附录)。

【评价】

　　教师对各小组的推销接近准备方案进行点评,并选出全班最优方案,评价标准见表3-6。

表3-6　　　　　　　　推销接近准备方案评价标准

评价项目	评价要求	分　值	得　分	评　语
接近目标描述	定位准确	20		
接近方法	结合双方需求,可实施	50		
文字表达	流畅,用词准确	20		
运　用	符合场景设计	10		

项目三　推销接近

职业加油站

导购员接近客户的六个机会

1. 当客户注视特定的商品时

顾客仔细观察某个商品,就是对商品产生注意和兴趣的证据。说不定顾客已对这个商品做了种种"联想",此时正是自信地去招呼顾客的好时机。

2. 当客户手触商品时

以手接触商品,就是对商品产生兴趣的表现,并且加以确定自己是不是需要这款商品。此时正是接近并询问"感觉如何"的好时机。但若在顾客接触商品的瞬间就询问,会吓到顾客,应隔一段时间之后,再以温和的声音询问。

3. 当客户表现出寻找商品的状态时

遇到这种状况,应尽早以亲切的态度向顾客说"让您久等了"或"欢迎光临"。此时,绝不可有因同事之间互相交谈而忽略顾客的情况出现。

4. 当与客户的视线相遇时

顾客在购买上需要建议时,大多会寻找导购。此时,导购要把握这个机会(与顾客视线相对),面带着微笑说"欢迎光临"并走向顾客。

5. 当客户与同伴交谈时

这种情形正是顾客对商品产生兴趣的表现,此时,导购的说明和建议特别容易产生效果。

6. 当客户将手提袋放下时

这也是对商品产生兴趣的行动之一,导购应自信地对顾客说"欢迎光临"。这种情形,要在顾客放下手提袋一段时间后再接近较好。

培训游戏

肢体语言

【游戏目的】

提高学生的表达能力。没有肢体语言的帮助,一个人说话会变得很拘谨,但是过多或不合适的肢体语言也会令人生厌,自然、自信的肢体语言会使沟通更加自如。

【游戏规则和程序】

1. 将学生们分组,每组2人,让他们进行2~3分钟的交流,交谈的内容不限。

2.当大家停下以后,请学生们彼此说一下对方有什么非语言表现,包括肢体语言或者表情,如有人老爱眨眼,有人会不时地撩一下自己的头发。问这些做出无意识动作的学生是否注意到了自己的这些行为。

3.让大家继续讨论2~3分钟,但这次不要有任何肢体语言,看看与前次有什么不同。

【时间】 10分钟。

【场地】 不限。

【道具】 无。

【讨论】

1.在第一次交谈中,有多少人注意到了自己的肢体语言?

2.对方有没有什么动作或表情让你觉得极不舒服,你是否告诉了对方你的这种情绪?

3.当你不能用动作或表情辅助自己谈话的时候,有什么样的感觉?是否会觉得很不舒服?

任务回顾

本任务完成后,掌握接近顾客的方法和技巧,能够完成好接近顾客的推销工作任务。

项目四 推销洽谈

项目任务

1. 了解推销洽谈。
2. 处理顾客异议。
3. 促成交易。
4. 签订买卖合同。

任务一 了解推销洽谈

任务导入

天价赞助权

美国举办第 23 届奥运会时,组委会主席尤伯罗斯为筹集巨额资金,制订了向饮料行业招标 400 万美元、向媒体行业招标 2 亿美元的方案,世人为之瞠目观望。尤伯罗斯运用自身高超的洽谈技巧与各行业的商业巨头们展开了推销洽谈,最终从可口可乐公司获得了 1 260 万美元赞助费,从美国广播公司获得了 2.25 亿美元赞助费。无疑,"天价赞助权"方案的成功,推销洽谈起到了关键性的作用。

【任务描述】

培育自身的推销洽谈理论素养,灵活应用推销洽谈方法。

第一步　培养推销洽谈理论素养

推销洽谈是推销员的一项重要工作，也是整个推销过程中的一个关键性环节。能否说服顾客，进一步激发顾客的购买欲望，最后达成交易，关键在于推销洽谈是否成功。因此，掌握推销洽谈的原则、技巧与方法，是推销员顺利完成推销任务的重要条件。

一、推销洽谈的理论

（一）推销洽谈的概念

推销洽谈也称推销面谈或交易谈判，是指推销员运用各种策略、方法和手段向客户传递推销信息、协调双方利益、说服客户购买产品的过程。作为现代推销洽谈，既可以当面洽谈，也可以利用现代通信工具跨越时空的阻隔进行洽谈。它是一系列既丰富又复杂的活动过程。

（二）推销洽谈的目标

推销洽谈是一项较为复杂的工程，必须先确定一个可行的目标，弄清努力的方向，才能在洽谈中把握分寸，顺利完成洽谈任务。一般说来，推销洽谈的目标包括以下几个方面：

1.准确把握顾客需求

一种产品通常有多种功能与利益，不同的顾客对同一产品也有不同的需求。购买行为是受购买动机支配的，而动机又源于人的基本需求。为此，推销员在洽谈之初就必须找准顾客的心理需求，善于发现顾客的不同需求，针对顾客的需求传递产品的信息，展示产品为顾客带来的利益，投其所好地展开推销洽谈，激发顾客的购买欲望，最终达成交易。

2.全面传递产品信息

在洽谈之初，推销员必须实事求是地将自己所掌握的有关产品以及生产企业的信息迅速、全面地传递给顾客，帮助客户尽快认识和了解产品的特性及其所能带来的利益，增强其对产品以及生产企业的好感，诱发顾客的购买兴趣，为顾客购买决策提供信息依据。

3.恰当处理顾客异议

顾客异议是指顾客对产品、推销员、推销方式和交易条件提出的怀疑、抱怨或反对意见。顾客异议能否处理好，直接决定着能否达成交易。推销员应掌握尽可能多的与产品相关的知识，圆满解答顾客提出的各种问题，妥善处理顾客异议，赢得顾客信任，达成交易。

项目四　推销洽谈

4.有效促使顾客做出购买决策

推销活动的最终目的是要说服顾客采取购买行动。顾客选择机会越多,越会犹豫不决,出现反复行为,甚至会产生复杂的心理冲突。推销员必须利用各种理智和情感的手段去刺激或强化顾客的购买欲望,强调顾客购买产品所能得到的利益,引导顾客尽快做出购买决策,促成交易。

(三)推销洽谈的内容

1.产品

关于产品洽谈的内容包括产品本身及其规格、性能、款式等,这是顾客最关心的内容。对于个体顾客和生产者顾客来说,购买产品的目的就是要取得一定的使用价值,满足其生活消费和生产消费的需要;对于中间商来说,购买产品的目的是转卖,满足其实现利润的需要。因此,对个体顾客和生产者顾客,推销员介绍应以产品的实用性为重点;对中间商,推销员应着重介绍产品的市场前景。

微课:
推销洽谈的
内容和原则

2.价格

价格涉及买卖双方的利益,是推销洽谈中最敏感的问题。每个顾客对价格都有自己的理解,顾客有时对价格斤斤计较,有时又不十分敏感,这主要取决于顾客需求的迫切程度、需求层次、支付能力和消费心理等。因此,推销员要掌握好价格水平,先谈产品的实用性,后谈价格,让顾客感到报价是合理的。

3.质量

产品质量是影响顾客购买的重要因素,不同顾客对质量有不同的要求。在推销洽谈中,一方面,推销员应向顾客表明产品符合同类产品的质量要求,如国家标准、行业标准、地方标准。另一方面,推销员在介绍产品质量时应具体、细致、通俗,并且要有重点。

4.销售服务

推销员应从企业的实际出发,本着方便顾客的原则,提供包括以下四个方面的服务:
(1)送货方式、送货地点和运输方式等。
(2)交货时间。
(3)提供零配件、工具供应、技术咨询和培训服务等。
(4)安装、维修和退换等方面的服务。

5.结算条件

在洽谈方案中必须先明确结算问题,包括结算的方式和时间。比如在付款方式上,是采用现款还是本票、汇票、支票方式支付;是一次付清、延期一次付清,还是分期付清。还要包括每次付款的时间和数额。在付款时间方面,是提前预付还是货到即付或其他方式。

6.保证性条款

在交易过程中,买卖双方对买进和售出的产品承担某种义务、责任以保证双方利益,

107

从而进一步明确双方在交易中的权利和义务。所以,保证性条款既是一种担保措施,也是一种解决纠纷的方法。

(四)推销洽谈的原则

1. 针对性原则

针对性原则是指推销洽谈应该服从推销目的,具有针对性。具体包括以下三个方面:

(1)针对顾客的购买动机开展洽谈。推销洽谈应该从顾客求实、求廉、求新、求奇等购买动机出发,组织洽谈内容。

(2)针对顾客的个性心理开展洽谈。推销员应针对顾客内向、外向、随和、顽固、慎重、草率等不同的个性心理,采取不同的洽谈策略,取得实效。

(3)针对产品的特点开展洽谈。推销员根据产品的特点设计洽谈方案,突出产品特色,增强产品的竞争力,吸引顾客的注意力。

2. 鼓动性原则

鼓动性原则是指推销员用自己的信心、热心、诚心和丰富的知识去说服和感染顾客,并使其采取购买行为。具体包括以下两个方面:

(1)推销员要用自己的信心和热情去鼓舞与感染顾客,将自己对本职工作、对顾客、对产品的信心与热爱传递给顾客,感染并激发其购买热情。

(2)推销员要以自己丰富的产品知识去说服顾客。推销员既要善于用逻辑语言准确传递理性信息,更要善于用具有感染力和鼓动性的语言生动形象地传递非理性信息,以自己丰富的知识打动顾客,使顾客相信购买产品会获得满意,最终采取购买行动。

3. 倾听性原则

倾听性原则是指推销员在推销洽谈过程中,不要只向顾客传递产品信息,还要注意倾听顾客的意见与要求,使顾客感到推销员对自己的尊重,对自己需求的关心,增强顾客对推销员的信任,这有助于推销洽谈。

4. 参与性原则

参与性原则是指在推销洽谈中,推销员要鼓励顾客积极参与推销洽谈,促进信息的双向沟通,增强洽谈的说服力。具体包括以下两个方面:

(1)尽量与顾客打成一片。推销员要想顾客之所想,急顾客之所急,忧顾客之所忧,使顾客产生认同感和归属感,消除推销阻力,提高推销效率。

(2)设法引导顾客积极参与洽谈过程。例如,引导顾客发言,请顾客提出和回答问题,认真听取顾客的意见,让顾客试用产品等。

5. 诚实性原则

诚实性原则是指推销员在推销洽谈中如实向顾客传递推销信息,真诚地开展洽谈。具体包括以下三个方面:

(1)出示真实可靠的身份证明和产品证明,打消顾客的疑虑,坚定顾客的购买决心。

(2)产品必须货真价实,不能以假充真、以劣充优、以次充好。

(3)实事求是地向顾客传递产品的信息,赢取顾客的信任。

二、推销洽谈的步骤

推销洽谈大致可分为准备阶段、摸底阶段、报价阶段、磋商阶段和成交阶段五个步骤。每个阶段都有不同的基本要求和工作重点。

(一)准备阶段

1. 制订推销洽谈的计划

(1)确定推销洽谈的目标

推销洽谈的目标包括最优目标、最可能实现的目标和最低目标。在推销洽谈时,要根据洽谈进展的情况随时调整自己的目标,力争实现最优目标,确保实现最低目标。

①最优目标。最优目标是通过洽谈要达到的最理想目标,能最大限度地满足谈判双方的利益与需求,如最优价格目标、最优销售目标、长期合作目标等。

②最可能实现的目标。最可能实现的目标是比较实际且最有可能实现的目标,是在特定力量对比下最可能实现己方利益的目标。在推销洽谈中,只要条件允许,一定要力争实现这一目标。

③最低目标。最低目标是推销洽谈中必须达到的最基本目标,是洽谈目标的最低限度,如最低成交价格、分期付款的次数与期限、交货期限等。只有实现最低洽谈目标,谈判方才能获得一定的利益。最低目标是一个下限目标,是宁愿谈判破裂也不能放弃的要求或立场的目标,因此又称"底线"或"底盘"。

(2)确定推销洽谈的时间与地点

对大型的比较复杂的推销洽谈,应事先在洽谈方案中确定洽谈的时间与地点。

①洽谈的时间安排。洽谈时间安排得是否妥当是决定洽谈成败的关键,推销员应根据洽谈双方的日程安排与最后决定期限等来考虑洽谈时间。

②洽谈的地点选择。需要注意洽谈室内外应宽敞、明亮、优雅、舒适;洽谈的地点有休息场所,便于在休会时间休息或私下接触,联络情感,增进共识。

(3)进一步核实顾客的基本情况

顾客的基本情况包括:姓名、年龄、职务、性格、偏好、工作作风、顾客本人及所在部门和公司的状况、愿望、要求等;顾客是否有权购买、是否有支付能力,其购买动机、态度、阻力、需求变化是什么等。

(4)选择推销洽谈的策略和方法

推销洽谈的方法是一门技术,更是一门艺术。它需要推销员在推销洽谈中针对不同的产品、不同的顾客,灵活地运用。

2.做好推销洽谈的心理准备

推销员做好推销洽谈的心理准备,主要是指推销员要充满自信,要诚恳,要有锲而不舍的意志。

(1)自信。推销员对自己的产品要有信心,确信该产品质量优良,能使顾客得到真正的利益,能满足顾客的需求;也要对自己的推销能力有信心。

(2)诚恳。推销员与顾客应坦诚相待,帮助顾客解决问题和困难,只有这样,顾客才会对推销员表示积极的态度。

(3)坚强的意志。推销员在推销过程中往往会遇到很多困难,但不能灰心,不能放弃,要有坚强的意志和锲而不舍的精神,实现推销目标。

3.推销洽谈的工具准备

(1)产品。推销员应随身携带一些产品展示给顾客,激发顾客的购买欲望。

(2)产品模型。推销员可利用推销模型来替代产品,让顾客亲自看一看,试一试,刺激顾客购买,增强顾客购买的信心。

(3)文字资料。配合使用产品种类介绍及说明书、产品价目表、企业简介等文字资料辅助推销,可降低成本,增强说服力且简便易行。

(4)图片资料。图片资料主要有图表、图形、照片等。在产品或推销模型难以携带的情况下,生动、形象的图片资料能对顾客产生较强的说服力和感染力,使顾客通过视觉加深印象,直接激发顾客的购买欲望。

(5)推销证明资料。在推销洽谈之前,推销员应尽量搜集和准备各种有说服力的推销证明资料,以增加产品的可靠性,有利于顾客在心理上产生安全感。

(6)其他物品。包括推销员的名片、介绍信、订购单、合同书、笔记用具等。

(二)摸底阶段

双方洽谈人员从见面入座到洽谈的实质内容开始之前为摸底阶段。旨在建立推销洽谈气氛,交换双方意见,做开场陈述。

(1)努力建立合作、诚挚、轻松愉快的洽谈气氛。推销员应注意言行举止等行为,给人留下热情、诚挚、轻松、美好的印象。

(2)要及时交换意见和看法。双方应就推销目的、计划、人员情况等方面取得一致意见,即使双方早已联系,也应在正式洽谈中重新明确一下。

(3)为了进一步摸清对方的原则、态度,可以从主要问题、期望目标、主要原则、变通措施等方面开始陈述或提出倡议。

(三)报价阶段

报价阶段是指卖方就产品或服务的价格向买方提出意见的过程,是推销洽谈的核心和关键,报价又称发盘。报价时,首先应弄清报价的时机与原则。当顾客对产品有所了解和对方询问价格时是报价的最好时机,报价最好按照产品等级报价。报价的原则要坚持表达清楚、明确,态度坚定、果断,不主动对自身价格做解释,尽量留有余地,便于讨价还价。

(四)磋商阶段

磋商阶段又称"讨价还价"阶段,是指谈判双方为了各自的利益、立场,寻求双方利益的共同点,为减少彼此分歧而对各种具体交易条件进行商讨的过程。实质磋商是交易成败的关键时刻,只有善于运用磋商诀窍,才能获得成效。

1.分析分歧的原因,弄清楚原委

推销洽谈难免会有分歧,原因有以下三点:

(1)想象的分歧,是因为没有很好地理解对方的意图所致,或是因缺乏沟通而造成误解。

(2)人为的分歧,是洽谈人员故意制造障碍所致。

(3)真正的分歧,即由双方经济利益得失而引起的分歧。

2.正确施加压力,善于抵御压力

磋商时,推销员在对顾客施加压力时务必注意分寸,适可而止,防止感情冲动和心理外露。同时,在抵御顾客压力时,可以采取先发制人的策略,主动提出对方可能提出的问题,减弱其锋芒;采取以逸待劳、耐心等待的策略,寻找对方的漏洞,抓住时机进攻;避重就轻,把问题引入自己设想的境地,拖延或请第三者干预。

3.提出要求和适当让步

推销员提出要求的目的在于让对方愿意听下去,并为自己提出更高的目标铺平道路。让步要有原则,如只有需要让步时才让步;要以自己的让步换取对方的让步;让步的次数、速度和程度要适中;一次让步幅度不能过大;较小的问题上先让步,重要的问题上不先让步等。

4.打破僵局

当双方分歧较大,互不相让,可能会出现僵局时,可采取对事不对人的办法,把人与问题分开,尊重对方,避开矛盾,另找出路。实在无法打破僵局时可暂停洽谈。

(五)成交阶段

成交阶段是推销洽谈的最后阶段,也是收获最终成果的阶段。经过彼此的妥协让步,重大分歧基本消除,意见逐步统一,最终双方就有关交易条款达成共识,便可拍板成交,签署购销合同。

1.发出正确成交信号

推销员要阐明立场,就对方提出的条件,表明肯定态度或以特定的方式表明成交意愿。

2.及时总结

明确交易内容是否谈妥,是否有遗留问题,如有遗留问题要提出处理意见。明确是否

达到预期交易目标,明确最后让步项目及让步幅度,安排交易记录事宜。

3. 确定最后报价

推销员应该选择好时机做最后一次报价。最后报价应分两步走,不要一步到位,否则会使自己处于被动局面。让步幅度应因人而异,并成为最后成交的标志。让步应与向对方提出成交要求同时进行。

4. 整理洽谈记录,起草书面协议

在洽谈的最后阶段,应将整理出的洽谈记录,从头到尾检查一遍,双方确定记录无误。起草书面协议应谨慎和全面。推销洽谈的双方必须对所同意的条款认识一致,使协议名副其实。对敏感性问题应特别细致,诸如价格、合同完成、规格要求、索赔处理等方面协议条款要力求明确,不能含糊。

第二步 应用推销洽谈的方法

一、推销洽谈的方法

为了顺利开展推销洽谈,推销员能够运用的方法有很多,通常可概括为提示洽谈法、演示洽谈法和介绍法。

(一)提示洽谈法

提示洽谈法是指推销员在推销洽谈中利用语言的形式启发、诱导顾客购买产品的方法。具体可分为以下六种方法:

1. 直接提示法

直接提示法是指推销员直接向顾客呈现产品的利益,劝说顾客购买产品的洽谈方法。采用直接提示法可以节省洽谈时间,提高推销效率,符合现代人快节奏的工作和生活习惯,它也是最常用的推销洽谈方法。

2. 间接提示法

间接提示法是指推销员间接地劝说顾客购买产品的洽谈方法。采用间接提示法,可以避免一些不便于直接提出的动机与原因,可以使顾客感到轻松、合理,从而更容易接受推销购买建议。

3. 明星提示法

明星提示法又称名人提示法或威望提示法,是指推销员利用顾客对名人的崇拜心理,借助名人的声望来说服顾客购买产品的洽谈方法。明星提示法迎合了人们求名的情感购买动机,它对于消除顾客的疑虑,充分调动顾客的购买情感,诱发顾客的购买欲望,形成最

项目四　推销洽谈

终的购买行为有极大的促进作用。使用明星提示法时,提示的明星必须是众所周知的名人、名物,且能被大众所公认、顾客所接受。同时,提示明星与产品的关系是真实存在的。

4.自我提示法

自我提示法又称自我暗示法或自动提示法,是指推销员利用各种提示刺激物来引起顾客的自我暗示,从而刺激购买欲望的洽谈方法。自我暗示法的效果取决于提示物的影响力,关键在于刺激物能否有效地引起顾客产生自我暗示或自我提示。合理地运用自我提示法可以增强推销洽谈的说服力。

5.联想提示法

联想提示法是指推销员通过提示事实,描述某些情景,使顾客产生某种联想,刺激顾客购买欲望的推销洽谈方法。运用联想提示法应注意以下几个要点:

(1)推销员的举止、表情要有助于引导顾客产生联想。

(2)提示的语言要有感染力,要有助于引导顾客产生联想。

(3)提示的语言必须真实、贴切、可信。

微课:推销洽谈的方法

6.逻辑提示法

逻辑提示法是指推销员使用逻辑推理来劝说顾客购买产品的一种洽谈方法。它通过逻辑推理的力量,促使顾客进行理智思考,从而明确购买的利益与好处,并最终做出理智的购买抉择。逻辑提示法主要是针对顾客的理智动机,而非逻辑提示法则主要是针对顾客的情感动机。使用逻辑提示法应注意以下四点:

(1)逻辑提示法适用于有较强的理智购买动机的顾客。

(2)推销逻辑必须符合顾客逻辑。

(3)掌握逻辑学知识,避免推理错误。

(4)讲究提示艺术,做到情理并重。

(二)演示洽谈法

演示洽谈法又称直观示范法,是推销员运用非语言的形式,通过实际操作产品或辅助物品,让顾客通过视觉、听觉、味觉、嗅觉和触觉直接感受产品信息,最终促使顾客购买产品的洽谈方法。主要包括以下几种方法:

1.产品演示法

产品演示法是指推销员通过直接演示产品来达到劝说顾客购买产品的洽谈方法。以产品本身作为比较有效的刺激物进行演示,既可演示产品的外观、结构,又可演示其性能、效果、使用方法、维修保养等。这样可以使顾客对产品有直观的了解,产生强烈的印象。使用产品演示法应注意以下四点:

(1)根据产品的特点选择演示方式和地点。

(2)操作演示要熟练且具有针对性。

(3)演示速度适当,边演示边讲解,制造良好的推销氛围。

113

(4)鼓励顾客参与演示,让顾客参与到推销活动中。

> **小案例**

拖拉机拔河比赛

郑州柴油机厂为打开该厂"金牛"牌柴油机在内蒙古的市场,举行了一场别开生面的拔河比赛。一台装有"金牛"牌柴油机的拖拉机,与十几台装有相同马力、不同品牌柴油机的拖拉机轮番较量,无不取胜。该厂向顾客展示了"金牛"牌柴油机马力强大的特点。

2. 文字、图片演示法

文字、图片演示法是指推销员通过展示有关产品的文字、图片资料来劝说顾客购买的洽谈方法。在不能或不便直接演示产品的情况下,推销员可以通过这一方法来介绍、推销产品。文字、图片演示法既准确可靠又方便省力,能生动、形象地向顾客介绍产品,传递推销信息。这种图文并茂、生动形象的推销方法,不仅容易被顾客接受,而且会对顾客产生强大的感染力。在使用时应注意以下三点:

(1)根据推销洽谈的实际需要,搜集整理有关的文字、图片资料。
(2)文字、图片相结合演示,做到图文并茂。
(3)坚持洽谈的真实原则,演示真实、可靠的文字资料。

> **小案例**

推销保险

小王是一家人寿保险公司的推销员,在接待顾客时,小王总是首先询问顾客对购买保险的总体想法,了解他们的具体要求,然后,展示给顾客一张单据,这张单据显示终生人寿保险保单的保险费与一张从31岁开始的有限期限保单的保险费的区别,使复杂的图表变得生动易懂。顾客能够比较容易地理解购买此项保险的既得利益,因此他们很容易接受小王的建议,往往在与小王洽谈时就签订了保险协议。

3. 音响、影视演示法

音响、影视演示法是指推销员利用录音、录像、光盘等现代工具进行演示,劝说顾客购买产品的洽谈方法。音响、影视演示法集推销信息、推销情景、推销气氛于一体,易使顾客产生陶醉、迷恋的心理,从而留下深刻的印象,并且此方法具有很强的说服力和感染力。同时,这种方法还有利于消除顾客异议,提高推销的成功率。

4. 证明演示法

证明演示法是指推销员通过演示有关的证明资料或进行破坏性的表演,来劝说顾客

项目四　推销洽谈

购买产品的洽谈方法。推销洽谈既是向顾客传递信息的过程,又是说服顾客采取购买行动的过程。为了有效地说服顾客,推销员必须拿出推销证据来,如生产许可证、质量鉴定书、营业执照、推销证明等相关证据。有时,推销员也可以通过破坏性、戏剧性的表演来证明产品,说服顾客。证明演示法在运用中应注意以下三点:

(1)准备充分的证明资料和证明表演。

(2)演示的推销证明资料必须真实、可靠。

(3)选择恰当的时机和方法进行证明演示,表演自然,令人信服。

(三)介绍法

介绍法是介于提示法和演示法之间的一种方法,是推销员利用生动形象的语言介绍产品,劝说顾客购买产品的洽谈方法。

1.直接介绍法

直接介绍法是推销员直接介绍产品的性能、特点,劝说顾客购买的方法。这种方法的优点是:针对顾客的不同购买心理,抓住推销重点直接向顾客介绍;尊重顾客个性,避免冒犯顾客;抓住易被顾客接受的明显特征向顾客介绍。

2.间接介绍法

间接介绍法往往不直接说明产品的质量、能带来的利益等,而是通过介绍与它密切相关的其他事物来间接介绍产品本身。使用这种介绍法时应注意两点:使用的资料要有助于间接介绍产品,并恰到好处;语言要温和含蓄,委婉曲折,能够间接介绍出重点。

3.逻辑介绍法

逻辑介绍法是推销员利用逻辑推理来劝说顾客购买产品的洽谈方法。它是一种以理服人、顺理成章、说服力很强的方法。在使用逻辑介绍法时,应注意三点:有针对性地使用;避免逻辑错误;应注意表达上的艺术性。

二、推销洽谈的技巧

推销洽谈是一项技巧性、艺术性都很强的工作,随着产品、推销对象、推销环境的变化,每一次推销洽谈都会有不同的特点和要求,推销员应具体情况具体分析,灵活机动地做好工作。

微课:
推销洽谈的
技巧和策略

(一)洽谈中的倾听技巧

倾听技巧就是在推销洽谈的过程中,推销员不要一味地口若悬河、滔滔不绝,不给顾客表达意见的机会,而要善于运用倾听的技巧。

1.倾听的重要性

(1)能够赢得顾客的好感。推销员要成为顾客的忠实听众,顾客就会感到推销员尊重他、重视他,是真诚愿意与他合作的,这样顾客就会视推销员为知己,在后面的洽谈中就会采取友好合作的态度，从而有利于达成协议。

(2)判断顾客的主要意图。推销员可以从顾客的述说中把握顾客的心理，洞察顾客的态度、意图，知道顾客需要什么、关心什么、担心什么。这样才便于在其后的洽谈中，针对这些情况提出自己的对策，从而增加顾客被说服的可能性。

2. 倾听技巧

(1)专心致志地倾听。精力集中、专心致志地听，是倾听艺术最重要、最基本的方面。心理学家的统计表明，一般人说话的速度为每分钟180到200个字，而听话及思维的速度大约要比说话快四倍多。所以，对方的话还没说完，听话者大都理解了，这时，听者可能就容易"溜号"。如果恰好在此时，顾客提出了问题或传递了一个至关重要的信息，而推销员心不在焉，没有及时地反应，就会错失推销良机。

(2)有鉴别地倾听。有鉴别地听，必须建立在专心倾听的基础上。因为不用心听，就无法鉴别顾客传递的信息。如果不能辨别，就会错把顾客的借口当作反对意见加以反驳，从而激怒顾客，无形中增加了推销的阻力。只有在摸清顾客真正意图的基础上，才能更有效地调整谈话策略，有针对性地做好说服顾客的工作。

(3)不因反驳而结束倾听。即使已经明白了顾客的意思，也要坚持听完对方的叙述，不要因为急于纠正顾客的观点而打断顾客的谈话。即使是根本不同意顾客的观点，也要耐心倾听。

(4)倾听要有积极的回应。要使自己的倾听获得良好的效果，不仅要潜心地听，还必须有反馈的表示，如点头、微笑、双眼注视顾客或轻声附和等。这样，顾客会因为推销员的回应而增强对产品的兴趣。

(二)洽谈中的语言技巧

语言是洽谈的基本工具，推销语言的运用在某种意义上影响着洽谈的成功与否。因此，推销员应掌握一定的语言技巧，以保证推销洽谈的顺利进行。

1. 阐述技巧

在洽谈中，阐述是说明自己一方的观点。但有时为了争取主动，不可过早地表明己方的立场、观点、目标。因此往往需要先请对方做阐述，通过倾听了解对方的意图后，再根据对方的立场有针对性地阐明观点。此时需要注意阐述时可以有针对性地叙述说明对方关心的问题，力求做到言语准确、翔实，不可用好像、大概、差不多等模糊词语。涉及机密问题，即便对方刨根问底也要滴水不漏。

2. 提问技巧

推销员在洽谈中，为了摸清对方的意图，表达己方的意愿，往往需要向顾客提出问题。在提问时，要做到以下四个方面：

(1)提出的问题最好是范围界限比较清楚，使顾客的回答能有具体内容。

(2)要提出促进洽谈成功的关键问题。

(3)切忌提出令人难堪、不快、甚至有敌意的问题,以免伤害顾客感情,使洽谈陷入僵局。

(4)提问时,态度要谦和、友好,用词要恰当、委婉,注意提问的时间性,不要随便打断顾客的讲话,要耐心听完对方的讲话后再提问。

3. 回答技巧

对顾客的提问,推销员要给予真实客观的回答,赢得顾客的好感和信任。但是有时顾客为了自己的利益,提出一些刁难问题或者是涉及企业机密的问题,推销员就应使用相应技巧来回答。回答时,要做到以下几点:

(1)要有条理、言简意赅、通俗易懂。

(2)对于一些不便回答的问题,应使用模糊语言,向对方透露一些不太确切的信息或回避问话中的关键问题、转移话题、偷换主题,也可采取反攻法,要求对方先回答自己的问题,也可找些借口或客观理由表示无法或暂时无法回答对方的问题。

(3)倘若对方明确反对己方的观点,甚至言辞激烈,情绪过于激动,为避免直接的冲突,推销员要用幽默的语言委婉地表达,避免出现僵局而使洽谈破裂。

4. 说服技巧

要取得推销洽谈的成功,说服顾客是一门重要的技巧。在推销洽谈中,最重要而难度最大的事情就是说服对方接受己方的观点。这是因为洽谈双方各自的主张存在着利益的冲突。要让一方轻易放弃自己的主张而赞同对方的主张是不可能的。如果双方发生了分歧,而谁也说服不了对方,就会形成僵局,给后续的洽谈带来阴影,导致双方洽谈失败。

三、推销洽谈的策略

在洽谈过程中,采用合适的洽谈策略,可以起到事半功倍的作用,还可以创造和保证良好的洽谈氛围,使洽谈顺利进行。

(一)了解顾客心理策略

在与顾客进行洽谈之前,需要了解顾客的基本情况,具体包括顾客的需要、顾客的工作情况、顾客对推销员的态度、顾客的奋斗目标等。掌握了这些情况,就能做到心中有数,有准备地与顾客进行推销洽谈。

(二)为顾客着想策略

在推销洽谈中,如果推销员能够设身处地为顾客着想,知道顾客心里想什么,就可对症下药,特别是当顾客行为反常或出乎意料时,能知道顾客想什么,想顾客所想,就能使推销洽谈更有效。

(三)寻找共同点策略

推销洽谈几乎都是从寻找共同点开始的。因为无论推销员还是顾客接受不同意见或相反意见的速度都较慢,而从相同部分入手则较快。如洽谈刚开始,推销员可谈一些与推销无关或双方感兴趣的话题,以形成一种轻松和谐的气氛,缩短与顾客之间的距离,为推销洽谈打下良好的感情基础。

(四)察言观色策略

察言观色是指在推销洽谈中,要密切观察顾客的言谈举止、态度和意向。根据顾客的反应来调整自己的推销方案,小心谨慎地进行洽谈。如果推销员在推销洽谈中一味固执地按事先制订好的计划行事,不密切注意顾客的反应,推销洽谈就可能无法进行下去。

(五)事实运用策略

推销员用事实支持自己的观点是取得顾客信任、说服顾客的便捷之道。运用事实时,推销员应尽可能具体地展示事实、运用事实,不言过其实,实事求是地取信于顾客。

(六)参与说服策略

如果推销员把一种意见说成是自己的,可能招来顾客的攻击,而把自己的意见"装扮"成顾客的意见,在自己的意见提出之前,先问顾客如何解决问题,在顾客提出自己能够接受的设想后,尽量承认解决问题的最佳方案是顾客提出来的,这时顾客是不会反对的,因为他们感到自己受到尊重,意识到反对这个建议、方案就是反对自己。运用参与说服策略必须注意以下两点:

(1)让顾客参与的过程开始得越早越好。

(2)让顾客参与的难度越小越好。

(七)妥协让步策略

妥协让步需注意以下五个方面的问题:一是让对方表明成交的要求,自己的让步计划藏而不露;二是让步速度不能太快,晚点让步比较好;三是注意让步幅度,即一次让步幅度不能太大,要与对方的让步幅度同步或相近;四是不做无谓的让步,每次让步应从对方那里获得某些益处,有时也可做出一些对己方没有损失的让步;五是可在小问题上让步,逼对方在重要问题上让步。

工作实施

模拟洽谈

【目的】

在推销实践活动的基础上,针对不同类型的顾客,灵活运用推销洽谈的方法与技巧,促成交易。

【要求】

1.小组内,分角色扮演推销员和顾客,按组内最优方案实施推销洽谈。

项目四　推销洽谈

2.评价指出推销洽谈中的优点与不足。

【步骤】

1.项目组织。将学生分成8组,两两对应,分角色扮演推销员和顾客,实施模拟推销。

2.项目准备

(1)将组内最佳方案再次完善与优化。

(2)根据产品与顾客的特点,选择恰当的推销洽谈方法与技巧。

(3)推销洽谈时,关注个人形象设计及拜访等礼节。

(4)准备录像机,对各小组推销洽谈的过程进行录像。

3.项目执行

(1)各小组由组长抽签,选出项目实施的顺序。

(2)第一组布置项目实施场景。

(3)第一组实施洽谈。要注意结合实际情况,选择最佳的产品介绍方案和最恰当的洽谈方法与技巧。

(4)第一组结束,其他小组与教师根据评分表进行评价和打分。第二组布置该组的项目实施场景。

(5)第二组实施洽谈。洽谈结束,其他小组与教师根据评分表进行评价和打分。

(6)以此类推,洽谈演示全部结束。

4.评分。得出各小组打分的平均成绩。

5.评出最优小组。

6.点评。学生可以点评,学生点评后,老师对每个小组的表现进行全面总结点评。

7.学生填写项目实施手册(见附录)。

【评价】

教师组成评价小组,对学生的模拟洽谈进行评价,评价标准见表4-1。

表4-1　　　　　　　　模拟洽谈演讲方案评价标准

评价项目	评价要求	分　值	得　分	评　语
礼　仪	符合推销员的礼仪要求	20		
语　言	洽谈过程中,语言流畅	20		
方　法	方法运用准确,富有成效	30		
技　巧	技巧应用灵活,效果明显	30		

职业加油站

推销洽谈的类型

按照推销洽谈人员的组织方式划分,推销洽谈可以分为以下四种类型:

1. 一对一

一对一就是单个推销员面对一个顾客进行洽谈的方式。这种洽谈有利于创造洽谈的良好气氛,可以充分发挥推销员的个人才干,但相应来说,若个人缺点暴露或出现疏漏时,补救起来较为困难。这种方式一是适合于有经验的推销员,二是适合于小宗交易,三是适合于大宗交易准备阶段的洽谈。经验不足的新手需要通过业务培训和以老带新的方式提高其推销洽谈的能力。

2. 一对多

一对多就是单个推销员面对一组顾客或一个洽谈小组进行洽谈的方式。例如,参加订货会、展销会等情况,应该将其转化为一对一的方式处理,如分别约定不同的时间、不同的地点与客户洽谈。在面对一个洽谈小组时,应该将对方的不同问题归纳整理成条理化的问题,每次将一个问题作为重点进行洽谈,将该问题解决之后再进行下一个问题。

3. 多对一

多对一就是一个推销小组对一个顾客进行洽谈的方式。这种方式一是出现在新产品的推销中,需要产品开发、生产和其他方面的有关人员共同参与谈判,向客户详细介绍新产品的有关情况和了解用户对新产品的意见。二是出现在所推销的产品出了问题时,需要了解问题的性质,区分彼此的责任,并且找出解决问题的办法,而这是推销员一人所不能胜任的。

4. 多对多

多对多是指多个推销员面对客户的一个采购小组或者一组推销员面对一组顾客进行洽谈的方式。在多对多的洽谈过程中,应该做好小组内的分工,进行对口洽谈,每个推销员必须对自己的问题负责。在一组推销员面对一组顾客进行洽谈时,应该将其转化为一对一的方式,即每个推销员负责一个顾客。

推销洽谈还可以按照洽谈主题的多少分为单一型洽谈和综合型洽谈;按照洽谈的利益分配性质分为输赢式洽谈和互利式洽谈等。

推销洽谈的程序分析

推销洽谈的 4P 理论是英国推销洽谈专家比尔·斯科特提出的在推销洽谈中必须重视的四个问题。

1. 目标(Purpose)

针对某一个具体的顾客,推销员应该有一个总体目标,指导推销员对这位顾客所进行的所有洽谈。但是,对每次洽谈又要制订具体的目标,以便使每次洽谈都向着总体目标逐步接近,同时也使每次洽谈的任务具体化。例如,对甲顾客,这次洽谈的目标可能仅仅是摸摸对方的底;对乙顾客,这次洽谈的目标是为了达成具体的协议。

2. 计划(Plan)

计划是对洽谈的具体议程安排,包括要讨论的议题、参加人员、双方要遵守的规则等。

当然，计划的复杂程度取决于推销洽谈的类型，如果是对一个顾客推销一件或少量产品，内容可以比较简单，甚至没有书面的计划而只有头脑当中的计划；而对于集体用户或中间商，推销数量较多的产品，计划的内容就应比较复杂。但是计划这项工作不论对哪种推销洽谈，都是不可缺少的。

3. 进程（Pace）

进程是推销洽谈的具体时间安排，包括所需的总时间和洽谈节奏的安排。

4. 个性（Personalities）

个性是指双方洽谈人员的具体情况，包括姓名、职务、性别、年龄、性格特点、习惯、爱好、在洽谈中的地位和作用等。

洽谈桌的摆放方式

洽谈桌的摆放有桌角式、合作式、对抗式、独立式四种：

桌角式是指洽谈双方都坐在靠近桌子的同一个桌角，这样，双方有自由的目光接触，介绍资料方便，心情也比较轻松。

合作式是指洽谈双方都坐在桌子的同一边，位置相对靠近，这样有利于增强洽谈的气氛，使双方的合作意识在不知不觉中增强。同时，在介绍第三者加入会谈时，在座位上也可以很好地协调。

对抗式是指洽谈双方隔桌对坐，这种安排会给人一种竞争的气氛，暗示某种对抗情绪，但有时也是表示一种正式、尊重、礼貌和平等。

独立式是指洽谈双方依桌子的对角线而坐。这种方式在洽谈中应用较少，它通常意味着本不想和对方打交道，但又不得不与对方打交道，显示了双方关系的疏远，甚至对立。

培训游戏

囊中失物

【游戏形式】 11～16人为一组比较合适。
【游戏材料】 有规律的一套玩具、眼罩。
【适用对象】 所有人员。
【游戏时间】 30分钟。
【游戏目的】

让学生们体验解决问题的方法，学生之间面对同样一个问题所表现出来的态度，如何达成共识，并互相配合共同解决问题。

【游戏程序】

1. 老师用袋子装着有规律的一套玩具、眼罩，而后公布游戏规则：

现有一套玩具,老师抽出一个,而后给学生一人一个,让学生沟通,猜出老师拿走的物品的颜色和形状。全过程每人只能问一个问题"这是什么颜色?"老师就会回答学生,你手里拿着的玩具是什么颜色,但如果同时很多人问,老师就不会回答。全过程自己只能摸自己的玩具,而不得摸其他人的玩具。

2.现在老师让每位学生都戴上眼罩。

【讨论】
1.你的感觉如何,开始时你是不是认为这完全没有可能,后来又怎样呢?
2.你认为在解决这一问题的过程中,最大的障碍是什么?
3.你对执行过程中大家的沟通表现,评价如何?
4.你还有什么改善的方法?

任务回顾

本任务完成后,能够比较全面地掌握推销洽谈理论素养的知识,会灵活应用多种推销洽谈方法,能够顺利完成企业的推销洽谈工作。

任务二　处理顾客异议

任务导入

预防法处理异议

推销员希望顾客在15天内付款,于是就对顾客说:"先生,您一眼就可以看出我们公司产品的质量是可靠的,而且价格也比较合理,在功能上也很有特点。您也知道,我们公司要维持合理的价格,既凭借可靠的质量、高效率的操作,同时也采用企业界的一般做法,要求顾客在规定期限内付款,这样才能够保证我们资金的回流速度,从而把更多的实惠带给顾客。所以,虽然我们的付款要求比较严格,事实上也是增加了顾客的利益。"

【任务描述】
灵活、妥善地处理好各种顾客异议。

第一步　了解顾客异议

在推销活动中,总是伴随着推销员向顾客不断传递推销信息、顾客向推销员不断反馈信息,大多数顾客都会提出这样或那样的意见、问题甚至相反的看法,并以这些作为拒绝购买的理由。推销员应该明确顾客提出异议是正常现象,它既是成交的障碍,也是成交的信号。正确对待并妥善处理顾客所提出的有关异议,把握好处理时机,采取不同的策略,妥善加以处理,才能最终消除异议。

一、顾客异议的含义

顾客异议也称为推销障碍,是指顾客对推销员或其推销的产品、推销活动所做出的一种形式上表现为怀疑、否定或反面意见的反应。

(一)顾客异议既是成交的障碍,也是成交的信号

对推销员来说,可怕的不是顾客有异议而是顾客没有异议,因为顾客异议既是成交的障碍,也是成交的信号,它是推销活动中不可避免的现象。美国一项调查表明,和气的、好说话的、几乎完全不拒绝的顾客只占上门推销成功率的15%。顾客对推销品越感兴趣,提出的意见就越多,恰如我国的经商格言"褒贬是买主,喝彩是闲人"。因此,推销员应通过顾客异议了解顾客心理,知道顾客为何不买,从而有助于推销员对症下药。

(二)顾客异议的形式和内容多种多样

顾客对产品、推销员及推销活动本身的异议复杂多样。从顾客异议的表现形式看,有口头异议、书面异议、行为异议和表情异议;从顾客异议的表现内容看,有产品异议、价格异议、需求异议、供货异议和服务意义等。同时,顾客异议有真实与虚假之分,还有直接与间接之分。推销员必须注意区别,善于观察和判断顾客的言行举止,把握其心理状态,正确理解并有效处理顾客提出的各种异议。

(三)顾客异议是改进营销工作的催化剂

顾客异议能够让推销员了解到产品、自己的行为及推销活动等方面存在的问题,可以促使推销员不断纠正自己的推销行为,帮助企业改进营销工作中存在的问题,保证推销活动的顺利进行。

二、顾客异议的类型

一般来说,顾客异议主要有以下几种类型:

(一)价格异议

价格异议是指顾客对产品价格与价值是否相称而提出的一种反对意见,这是受顾客自身的购买习惯、购买经验、认识水平及外界因素影响而产生的一种自认为产品价格过高

的异议。它包括价值异议、折扣异议、支付方式异议以及支付能力异议等。当顾客提出价格异议时,表明他对产品有购买意向,只是对产品价格不满意,而进行讨价还价。当然,也不排除以价格高为借口拒绝推销。

(二)需求异议

需求异议是指顾客认为不需要产品而形成的一种反对意见。常见的需求异议有:
(1)顾客确实不需要产品。
(2)顾客的一种托词。
(3)顾客可能对产品缺乏认识。
推销员要分清需求异议属于哪一种,才能正确处理顾客的异议。

(三)产品异议

产品异议是指顾客认为产品本身不能满足自己的需求而形成的一种反对意见。顾客提出这种异议,有可能是产品本身存在缺陷,也有可能是顾客的一种主观看法。为此,推销员一定要充分掌握产品的知识,能准确、详细地向顾客介绍产品的使用价值及利益,从而消除顾客的异议。

(四)货源异议

货源异议是指顾客对产品的来源提出的一种异议。顾客提出货源异议,表明顾客愿意购买产品,只是不愿意向眼下这位推销员及其所代表的公司购买。有些顾客可能是利用货源异议来与推销员讨价还价,甚至利用货源异议来拒绝推销员的接近。因此,推销员应认真分析货源异议的真正原因,利用恰当的方法来处理货源异议。

(五)购买时间异议

由于推销的环境、顾客及推销方法等不同,导致顾客表示异议的时间也不相同。这种异议的提出有两种情况:一是时间确实欠佳;二是拖延或推脱购买的借口。

(六)权力异议

权力异议是指顾客以缺乏购买决策权为理由而提出的一种反对意见。权力异议有真实和虚假之分。真实的权力异议是面对没有购买权力的顾客极力推销产品,是无效的推销。虚假权力异议是决策人以无权作为借口拒绝推销员及其产品时的异议,是无力的推销。推销员必须根据有关情况对权力异议进行认真分析和妥善处理。

(七)财力异议

财力异议是指顾客认为缺乏货币支付能力的异议。它分为真实和虚假两种。一般原因有:顾客已决定购买其他产品;顾客不愿动用存款;推销员没让顾客认识到产品的价值。

(八)推销员异议

推销员异议是指顾客认为不应该向某个推销员购买推销产品的异议。这可能是由于推销员本身的不足造成的。有些顾客不肯购买产品,只是因为对某个推销员有异议。推销员异议属于真实异议。

三、顾客异议的成因

顾客异议产生的原因是多种多样的,大致可分为以下几个方面:

(一)顾客方面的原因

1. 顾客本能的自我保护

当推销员向顾客推销时,顾客会对产品表示出本能的拒绝或提出这样、那样的问题甚至反对意见。大多数顾客提出的异议都是在进行自我利益的保护,他们总是把得到的与付出的相比较。推销员要注意激发顾客的兴趣,提示顾客购买产品所能带来的利益,才能消除顾客的不安,排除障碍,进而达成交易。

微课:顾客异议的成因

2. 顾客对产品不了解

随着新产品层出不穷的涌现,顾客由于对产品知识的了解不多,形成认知障碍,引起顾客异议。推销员应以各种有效的展示与演示向顾客普及产品知识,使顾客对产品产生正确的认识,达到消除顾客异议的目的。

3. 顾客缺乏足够的购买力

顾客的购买能力是顾客满足需求、实现购买的物质基础。如果顾客缺乏购买能力,就会拒绝购买或希望得到一定的优惠,顾客有时会以此为借口,拒绝推销员,有时也会利用其他异议来掩饰缺乏购买能力的真正原因。

4. 顾客已有较稳定的采购渠道

大多数企业常常与某些推销员及所代表的企业形成较固定的购销合作关系,当新的推销员及企业不能使顾客确信可得到更多利益和更可靠的合作时,他们不敢冒险丢掉以往的供货关系,而对陌生的推销员和产品怀有疑惑与排斥心理。

5. 顾客对产品或推销企业等有成见

偏见与成见的形成原因十分复杂,并带有强烈的感情色彩,不是靠单纯的讲道理就能轻易消除的。推销员应尽量避免讨论偏见、成见或习惯问题,而要引导顾客改变落后的生活方式,推动社会进步。

6. 顾客的决策权有限

在推销时,推销员会遇到顾客推说自己权限有限的托词,这可能说明顾客确实决策权力不足,或有权承担而不愿承担或是在找借口。推销员必须在推销实施前了解清楚顾客的有关情况,针对不同的情况,区别对待。

(二)产品方面的原因

1. 产品的质量

产品的质量包括产品的性能、规格、颜色、型号、包装等,如果顾客对产品的质量存在某些疑虑或不满,便会产生异议。推销员要耐心地听取顾客异议,去伪存真,对症下药。

2. 产品的价格

价格异议是推销洽谈中遇到的较常见的问题,推销员应通过掌握丰富的产品知识、市场知识和一定的推销技巧来提高解决价格异议的能力。

3. 产品的品牌及包装

产品的品牌和包装直接影响着顾客对产品的识别及销售功能的实现,顾客如对此有不满,就可能引起异议,推销员要灵活处理,企业也应该重视产品的品牌创建和产品包装。

4. 产品的销售服务

推销员如未向顾客提供足够的信息、服务或售后服务不能让顾客认同,就可能产生服务异议,推销员为减少顾客异议,应尽其所能,为顾客提供一流的、全方位的服务,以赢得顾客,扩大销量。

(三)推销员方面的原因

顾客的异议可能是由于推销员素质低、能力差造成的。所以,推销员要重视自身修养,提高业务能力及水平。

(四)企业方面的原因

在推销洽谈中,有时顾客的异议还会来源于企业。企业应提高经营管理水平,诚实守信,提高企业知名度。

第二步 处理顾客异议

一、处理顾客异议的原则

推销员在处理顾客异议的时候,为了最大限度地消除或转化顾客异议,应树立以顾客为中心的营销理念,并遵循以下原则:

(一)尊重顾客原则

当顾客异议发生时,不论顾客的异议有无道理和事实依据,推销员都应以温和的态度和语言表示欢迎,尊重对方的异议。当顾客提出异议时,要善于倾听,即使顾客的意见是不符合实际的、无理的,甚至是错误的,也不要随便打断顾客的话,应让顾客心平气和地讲完,推销员应该一直认真地听下去。在提出对顾客异议的处理意见之前,可以沉思片刻,让顾客感觉到推销员很重视他的意见并经过了认真考虑,必要时,推销员可以简单概括和重复顾客异议,但要注意不要曲解顾客异议的内容。

(二)准确分析原则

顾客既然提出异议,一定有他的理由。所以,对持有异议的顾客,要尊重、理解、体谅,并找出异议的真正原因,然后帮助他、说服他。另外,推销员还要学会洞察顾客的心理,认真分析顾客的各种异议,把握住到底有哪些是真实的异议,哪些是顾客拒绝购买的托词,并探寻其异议背后的"隐藏动机"。要弄清这一"隐藏动机",需要推销员向顾客提出问题,并细致地观察。只有认真准确地分析各种顾客异议,才能从中了解顾客的真实意图,才能在此基础上有针对性地处理各种异议,从而提高推销的成功率。

(三)永不争辩原则

争辩是推销的第一大忌,不管顾客如何批评我们,推销员永远不要与顾客争辩,争辩并不能有效地说服顾客。可以说,占争论的便宜越多,吃推销的亏越大。与顾客争辩,失败的永远是推销员。因为与顾客发生争辩,很容易使顾客感到他没有受到应有的尊重。推销员取得争辩胜利的同时,他将很可能取得推销的失败,所以,顾客永远是对的。

> **小案例**
>
> #### 推销介绍异议处理
>
> 一位顾客就推销员所介绍的矿泉水提出异议:"听说你们的矿泉水都是灌的自来水。"这显然不是事实。推销员十分生气,立即进行反驳,要求顾客拿出证据来,否则就是凭空捏造。顾客也不示弱,双方为此而发生了激烈的争吵,最终推销员还是占了上风,顾客因为没有依据而不再争辩。但一场交易却因此不欢而散。

(四)正确回答原则

回答顾客的异议应简明扼要,不偏离正题。在回答问题时不要过于集中讨论某一方面的异议,要学会适当地转换话题,分散顾客对某一方面异议的注意力。在回答顾客异议时,要尽量避免用个人的看法去影响顾客,因为顾客并不那么相信推销员或试图征求推销员的意见,这样回答更容易引起顾客的疑虑或反感。要巧妙、正确地回答顾客异议,还必须对产品有全面的了解,特别应熟悉产品的使用说明、顾客的情况和真实感受,强调顾客受益的原则,同时还要注意自己的回答对顾客可能产生的影响,要经常询问顾客是否满意,不搪塞顾客的要求和异议,否则自己的回答将达不到好的效果。

二、处理顾客异议的策略

在推销洽谈中,顾客异议是不能避免的,只有成功处理各类顾客异议,才能有效地促成交易。处理顾客异议的基本策略有很多,主要有以下几种:

(一)处理价格异议的策略

1.先谈价值,后谈价格;多谈价值,少谈价格

从价格谈论入手的推销员是不明智的,推销员可以从产品的使用寿命、使用成本、性能、维修、收益等方面进行对比分析,说明产品在价格与性能、价格与价值、产品价格与竞争产品价格等方面中某一方面或几方面的优势,让顾客充分认识到产品的价值,认识到购买该产品带给他的利益和方便。

推销员必须注意:在推销洽谈中,提出价格问题的最好时机是在会谈的末尾阶段,即在推销员充分说明了产品的好处,顾客已对此产生了浓厚的兴趣和购买欲望后,再谈及价格问题。一般应采取"不问价不报价,问价才报价"的策略,除非顾客迫切问及价格,不及时回答会引起顾客猜疑,阻碍洽谈顺利进行。即使顾客急切地问到价格,也不要单纯地与顾客讨论价格问题,在报价后不附加评议或征询顾客对价格的意见,以免顾客把注意力过多地集中到价格上,使洽谈陷入僵局。

2.强调相对价格

价格代表产品的货币价值,是产品价值的外在表现。除非和产品价值相比较,否则价格本身没有意义。因此,在推销过程中,推销员不能单纯地与顾客讨论价格的高低,而必须把价格与产品的价值联系在一起。从推销学的意义上说,产品的价值就是产品的特性、优点和带给顾客的利益。事实上"便宜"和"昂贵"的含义并不确切,而是带有浓厚的主观色彩,在很大程度上,它是人们内心的一种感觉。所以,推销员不要与顾客单纯讨论价格问题,而应通过介绍产品的特点、优点和带给顾客的利益,使顾客最终认识到,产品实用价值高,而相对价格是低的。

3.心理策略

在向顾客介绍产品价格时,可先发制人地首先说明报价是出厂价或最优惠的价格,暗示顾客这已经是最低价格,不能再讨价还价,以抑制顾客的杀价念头。推销员还可使用尽可能小的计量单位报价,以减少高额价格对顾客的心理冲击。例如,在可能的情况下,改吨为千克,改千克为克,改千米为米,改米为厘米,改大包装单位为小包装单位。这样在价格相同的情况下,顾客会感觉小计量单位产品的价格较低。

4. 让步策略

在推销洽谈中，双方的讨价还价是免不了的。在遇到价格障碍时，推销员首先要注意的是，不可动摇对自己的企业及产品的信心，坚持报价，不轻易让步。只有充满自信，才可能说服顾客。如果只想以降价化解价格异议，很容易被对方牵着鼻子走，不仅影响推销计划的完成，而且有损企业和产品的形象。但是，推销员的职业特性也决定了他不可能永远坚持不让步。在有些情况下，通过适当的让步可以获得大额订单，使顾客接受交货期较长的订货。推销员应当掌握的让步原则是：

（1）不要做无意义的让步，应体现出己方的原则和立场，在让步的同时提出某些附加条件。

（2）不要轻易让步，即使决定让步，也要使对方觉得，得到让步不容易。

（3）让步幅度要恰到好处，以较小的让步换取对方较大的心理满足。

（4）大问题力争让对方让步，小问题我方可考虑让步。

（二）处理货源异议的策略

许多货源异议都是由于顾客的购买经验与购买习惯造成的，处理时推销员可采用以下策略：

1. 锲而不舍

通常顾客在有比较稳定的供货单位或有过接受推销服务不如意甚至上当受骗的经历时，对新推销员怀有较强的戒备心理，容易产生货源异议。推销员应不怕冷遇，多与顾客接触，联络感情，增进相互间的了解。在这种情况下，推销员也就有了对顾客进行针对性劝说的机会。

2. 以礼相待

在某些情况下，货源异议是由于顾客个人偏见所造成的，而这种偏见往往一时不易转化。因此，在业务洽谈过程中，推销员应以礼相待，以诚挚态度消除顾客的心理偏见。

3. 提供例证

在解决货源异议时，推销员为说明产品是名牌产品、质量可靠、制作精良、款式新颖等，可向顾客出示厂家代理授权证书、企业资质证明、产品技术认证证书、获奖证书以及知名企业的订货合同等资料，以消除顾客顾虑，获得其认可。

4. 强调竞争受益

顾客常常会提出已有的供货单位或已习惯的某产品，并对现状表示满意，从而拒绝接受新的推销。此时，推销员应指出，作为一个企业仅把握单一的货源具有很大的风险性。如果供货单位一时失去供货能力，将会导致企业因货源中断而被迫停工、停产。而企业拥有多种货源，采取多渠道进货，会增强采购中的主动性，可以对不同货源的产品质量、价格、服务、交货期等进行多方比较、分析,择优选购,并获得竞争利益。当某个供货渠道发生问题时,也不至于中断货源。

(三)处理购买时间异议的策略

在推销活动中,顾客经常会提出一些购买时间异议。实际上,顾客借故推托的时间异议多于真实的时间异议,具体的处理策略主要有以下几种:

1. 良机激励法

良机激励法是利用对顾客有利的机会来激励顾客,使其不再犹豫不决,抛弃"等一等""看一看"的观望念头,当机立断,拍板成交。例如,"目前我们正在搞促销活动,在此期间购买可以享受10%的优惠价格","存货已经不多,如果您再犹豫的话,就可能被别人买去了"。使用这种方法必须确有其事,千万不可欺骗顾客。

2. 意外受损法

意外受损法与良机激励法正好相反,是利用顾客意想不到但又必将会发生的潜在风险对顾客进行劝说。如利用物价上涨、政策变化、市场竞争格局改变等情况的发生可能会给顾客带来价格损失的劝说,促使顾客尽早做出购买决定。

3. 竞争诱导法

竞争诱导法是指推销员向顾客指出他的同行竞争对手已经购买了同类产品,如不尽快购买产品,将会在竞争中处于劣势,以此诱导顾客注意竞争态势,从而做出购买决定。

4. 货币时间价值法

一般说来,物价会随着时间的推移而上扬。推销员可以结合产品的具体情况告诉顾客,由于供求关系变化,如果拖延购买时间将意味着花费更多的钱来购买同等数量的产品,而且拖延购买不仅浪费金钱,还要劳心费力,耗费时间,不符合现代社会"时间就是金钱,效率就是生命"的观念。

三、处理顾客异议的方法

(一)预防处理法

预防处理法是指推销员在推销拜访中,确信顾客会提出某种异议,在顾客尚未提出异议时,自己先把问题说出来,继而适当地解释说明,予以回答。预防处理法可以先发制人,有效防止顾客提出异议或更多异议,使顾客把隐藏在心里的异议虚拟出来进行化解,避免暗中的异议阻碍,节约推销劝说的时间。但是运用不当,也可能给自己制造障碍,对推销不利。这种方法适用于沉着冷静、友好社交型的理性顾客。

1. 预防处理法的优点

(1)能够公开顾客心中的异议并加以妥善处理,有效防止说服顾客时抓不着重点。
(2)可使推销员处于主动地位,有效地控制和调节推销的气氛。
(3)易于找出顾客异议的真实根源,节省推销时间,提高推销的效率。

2. 预防处理法的用途与不足

这一方法有着广泛的用途,特别适宜处理各种重要的和常见的顾客异议。但是,推销员也不可滥用这一方法。滥用预防法,可能增加顾客的心理压力,或使顾客失去购买信心,或引起有关异议的传染和流行,加大异议的分量,增加成交的困难。

3. 运用预防处理法时应注意的问题

为能正确使用预防处理法来处理各种顾客异议。推销员必须注意以下问题:
(1)认真做好接近准备,注重搜集有关资料,科学预测顾客将会提出的各种异议。
(2)针对顾客提出的有关异议,直接阐明产品利益,进行推销演示,开展重点推销。
(3)讲究推销礼仪,尊重顾客个性,避免冒犯顾客。
(4)抢先提出购买异议之后要及时加以处理。防止顾客节外生枝,再提出新的异议。
(5)各种无关异议无法预料,也不必加以预防。

推销员要注重观察顾客的心理变化和行为反应,预测顾客可能提出的各种问题,有效制定相应的预防措施。

(二)以优补劣处理法

以优补劣处理法也叫补偿法,是推销员利用顾客异议以外的该产品的其他优点或长处对顾客异议所涉及的短处进行补偿或抵消的一种方法。在实际推销活动中,产品不可能十全十美,当顾客的反对意见的确切中了产品或公司所提供服务中的缺陷时,千万不可以回避或直接否定。明智的方法是肯定有关缺点,然后淡化处理,利用产品的优点来补偿甚至抵消这些缺点。这样有利于使顾客在心理上达到一定程度的平衡,增强顾客购买的信心。但是处理不好时也可能引起顾客更大的异议,降低推销效率。此种方法适用范围很广,主要用于处理顾客难以达到心理平衡时的异议。

1. 以优补劣处理法的优点

(1)推销员不是利用和转化顾客异议,而是肯定和补偿顾客异议,因而有利于改善推销员与顾客之间的关系。
(2)推销员实事求是,承认缺点,提示优点,有利于顾客达到一定程度上的心理平衡。
(3)由推销员直接提示优点,有利于开展重点推销。
(4)用途比较广泛,适宜处理各种有效的顾客异议。

2. 以优补劣处理法的不足

以优补劣法可能产生负面效应,易使顾客认为推销员无法处理所提异议;会使某些顾客认为推销员纠缠不放,甚至提出更多的异议;尤其是根源于顾客购买动机和认识水平的异议,很难抵消和补偿。

3. 运用以优补劣处理法时应注意的问题

(1)推销员应该认真分析顾客异议。找出顾客异议的根源,确定顾客异议的性质。

(2)推销员应该实事求是,敢于承认顾客提出的有效异议,使顾客达到心理平衡。

(3)有得必有失,以得补失,是推销员使用以优补劣法处理顾客异议的基本原则。

(4)推销员应该针对顾客的主要购买动机提示产品优点,开展重点推销。因为推销员不可能针对顾客的所有有效异议做出补偿。

> **小案例**
>
> ### 以优补劣处理法处理异议
>
> 在一个家电卖场,一位打算购买冰箱的顾客指着不远处一台冰箱对身旁的推销员说:"那边 H 牌的冰箱和你们的这种冰箱同一类型、规格,可是它的制冷速度要比你们的快,噪声也要小一些,而且冷冻室比你们的大 12 升。看来你们的冰箱不如 H 牌的呀!"
>
> 推销员回答:"我们的冰箱噪声稍微大点,但也在国家标准允许的范围以内,不会影响您及家人的生活与健康。我们的冰箱制冷速度慢,可耗电量却比 H 牌冰箱少得多。我们冰箱的冷冻室小但冷藏室很大,能储藏更多的食物。一家三口人的话,每天能有多少东西需要冷冻呢?再说了,我们的冰箱在价格上要比 H 牌冰箱便宜 300 元,保修期要长 6 年,我们还可以上门维修。"顾客听后,脸上露出欣然之色。
>
> 这位推销员用省电、冷藏量大、价格便宜、保修期长、维修方便五种"长处",弥补了自己冰箱制冷慢、噪声大、冷冻室小的"短处",因而提高了自己冰箱的整体优势,使顾客觉得还是买该推销员推销的冰箱好。

(三)问题引导处理法

问题引导处理法也叫询问法,是推销员通过对顾客异议提出疑问,引导顾客在回答问题的过程中自行化解异议的一种方法。运用这种方法处理顾客异议,可使推销员掌握更多的顾客信息,了解顾客的购买心理,明确顾客异议的性质,从而能更有效地转化顾客的无效异议,但如果运用不当,容易使顾客反感,给推销工作带来更大的阻力。

1. 问题引导处理法的优点

(1)通过询问,可以得到更多的反馈信息,有利于找出顾客异议的根源,明确顾客异议的性质。

(2)推销员直接追问顾客,请教顾客,有利于推销员进一步处理好顾客异议。

(3)询问可以迫使顾客说出异议根源,既可让推销员处于主动地位,又可暴露异议的各种弱点。

(4)问题引导处理法方式灵活,能让顾客自己来处理自己所提出的有关购买异议。

2. 问题引导处理法的不足

推销员不是直接回答顾客提出的问题,而是反问顾客,容易引起顾客反感;在没有必要找出顾客异议的真正根源时,推销员寻根究底,只能是无事生非,浪费时间,容易冒犯顾客,难以尊重顾客的个性。

3. 运用问题引导处理法时应注意的问题

(1)必须灵活善变,及时追问顾客,查出异议的根源和性质。

(2)必须直接针对有关的顾客异议,不得询问其他一些无关问题,以免节外生枝。

(3)追问顾客要适可而止,不得穷追不放,寻根究底。

(4)讲究必要的推销礼仪,尊重顾客的个性,避免直接冒犯顾客。

(5)讲究处理策略,灵活运用各种处理技术。

问题引导处理法主要适于处理各种不确定的顾客异议。不宜处理各种无关异议。

> **小案例**
>
> ### 问题引导处理法处理异议
>
> 顾客:"你的产品是不错,不过现在我还不想买。"
>
> 推销人员:"××经理,既然产品很好,您为什么现在不买呢?"
>
> 顾客:"产品虽然不错,可它不值5万(元)一件啊!"
>
> 推销人员:"那您觉得这样的产品应该卖什么价格呢?"
>
> 顾客:"反正太贵了,我们买不起。"
>
> 推销人员:"××经理,看您说的!如果连您都买不起,还有什么人买得起!您给还个价。"
>
> 在这个案例中,推销人员对待顾客的异议,没有马上讲事实摆道理,而是向顾客提出问题,引导顾客自己给出处理方案。这种方法在实际推销过程中常常被推销人员所采用,并能取得成效。

(四)直接反驳处理法

直接反驳处理法又称直接否定法,是指推销员根据比较明显的事实和充分的理由直接否定顾客异议的处理方法。直接反驳处理法针对性较强,能直接说明有关的情况,据理力争,说服力强,可以节约推销劝说时间和精力,提高推销效率。理论上讲,这种方法应该尽量避免。直接反驳对方容易使气氛僵化而不友好,使顾客产生敌对心理,不利于顾客接纳推销员的意见。但如果顾客的反对意见是产生于对产品的误解,而手头上的资料可以帮助推销员说明问题时,推销员不妨直言不讳。但要注意态度一定要友好而温和,最好是引经据典,这样才有说服力,同时又可以让顾客感到推销员的信心,从而增强顾客对产品的信心。这种方法适用于处理那些由顾客的误解、成见、信息不足等所致的有明显错误、漏洞、自相矛盾的异议,不适于处理因个性、情感因素而引起的顾客异议。

1. 直接反驳处理法的优点

(1)通过摆事实,讲道理,可以增大推销说服的力量,增强顾客购买的信心。
(2)直接说明有关情况,可以节省推销时间,提高推销效率。
(3)用途十分广泛。而且符合多数顾客的习惯。
(4)有利于识破顾客的各种借口,促使其接受推销。

2. 直接反驳处理法的用途与不足

无关异议、无知异议、敏感异议以外的各种顾客异议,都可采用直接反驳处理法进行处理。直接反驳处理法也具有明显的局限性,表现为:推销员直接否定顾客异议,容易引起抵触、反感情绪,形成不融洽的气氛;容易增加顾客的心理压力,导致顾客回避推销。如果顾客的异议正确或有一定的道理,利用反驳只会降低企业、产品及推销员在顾客心目中的信誉度。

3. 运用直接反驳处理法时应注意的问题

(1)始终保持良好的推销态度,既要关心推销效果,也要关心顾客的情感和行为。
(2)摆事实,讲道理,有理有据地进行反驳,使顾客心悦诚服,切忌盲目否定。
(3)有些顾客异议的根源在于顾客的成见与无知,要注重信息沟通和推销教育工作,通过正确观念否定偏见异议或无知异议。
(4)为了保持良好的人际关系和推销气氛,推销员在任何时候都不应该直接否定顾客的无关异议。
(5)当顾客十分欣赏自己的观点和意见时,推销员不得用反驳法去直接否定它。

小案例

直接反驳处理法处理异议

美国一位顾客向一位房地产经纪人提出购买异议:"我听说这房子的财产税超过了1 000美元,太高了!"推销员非常熟悉有关税收法令,知道这位顾客的购买异议并没有可靠的根据,于是有理有据地加以反驳:"这房子的财产税是500美元。如果您不放心,可以打电话问一问本地税务官。"

(五)转折处理法

转折处理法又称间接否定处理法,是推销员根据有关事实和理由间接否定顾客异议的方法。采用这种方法时,首先要肯定顾客异议的合理成分,然后用一定的转折词将顾客异议予以婉转否定。在推销实践中,转折处理法比反驳处理法使用得更广泛,这种先退后进解决异议的方法易被顾客所接受,能缩短推销员与顾客之间的心理距离,使顾客感到被尊重、被承认和被理解,有利于保持良好的推销气氛和人际关系。此法一旦使用不当,可能会使顾客提出更多的意见。这种方法适用于顾客因有效信息不足而产生的偏见、成见等主观意见,且能自圆其说的情况。

1. 转折处理法的优点

(1)推销员不是直接驳斥,而是间接否定,有利于保持良好的人际关系和推销气氛。
(2)推销员尊重异议,承认异议,态度委婉,先退后进,顾客容易被说服。
(3)推销员利用回避赢得的时间,分析异议的性质和根源,可使处理异议的方案留有余地。

2. 转折处理法的用途与不足

转折处理法同其他方法一样,有其特定的用途,不得滥用。这一方法也并非十全十美。它可能削弱推销员及其推销提示的说服力,增大推销的难度。由于故意回避顾客异议,容易使顾客产生各种错觉,认为推销员靠不住,拐弯抹角,声东击西需要时间,不利于提高工作效率。

3. 运用转折处理法时应注意的问题

为了有效利用转折处理法处理有关的顾客异议,推销员必须注意以下问题:
(1)间接否定顾客提出的购买异议,切忌与顾客针锋相对,直接反驳。
(2)注意推销教育,积极提供更多的推销信息,消除顾客成见。
(3)尽量做到语气委婉,转折自然,保证处理异议的气氛友好融洽。
(4)使用转折同时尽量少用"但是"的字眼儿,防止顾客警觉。

> **小案例**
>
> **转折处理法处理异议**
>
> 一位家具推销员向顾客推销木制家具时,顾客提出:"我对木制家具没兴趣,它们很容易变形。"这位推销员马上解释道:"您说得完全正确,如果与钢铁制品相比,木制家具的确容易发生扭曲变形现象。但是,我们制作家具的木板经过特殊处理,扭曲变形系数只有用精密仪器才能测得出。"

(六)转化处理法

转化处理法又称利用法,是推销员直接利用顾客异议中有利于推销成功的因素去抵消其消极因素,利用顾客的反对意见本身来处理顾客异议的方法。转化处理法也是一种有效的处理顾客异议的方法,推销员在肯定顾客异议的基础上加以转化,以顾客异议积极的一面去克服消极的一面,从而把推销的阻力转化为动力。这种方法如果使用不当,会引起顾客恼怒,迫使顾客产生抵触情绪,引发更多难以解决的顾客异议。转化处理法适用于内容真实有效且主要由不可控制因素造成的异议。

1. 转化处理法的优点

(1)推销员利用转化处理法处理异议,以尔之矛,攻尔之盾,不必回避顾客异议。

(2)推销员可以改变有关顾客异议的性质和作用,将计就计,把顾客拒绝购买的理由转化为说服顾客购买的理由。

(3)推销员直接承认顾客异议,有利于保持良好的人际关系和营造融洽的推销气氛。

(4)有效利用了推销哲学,把顾客异议转化为推销提示,把推销异议转化为推销动力。把不利因素转化为有利因素。

2. 转化处理法的不足

利用转化处理法处理异议,可能使顾客产生抵触情绪;顾客希望自己的意见受到尊重,但采用转化处理法容易使顾客失望;如果滥用,会导致顾客提出更多异议,弄巧成拙,适得其反。

3. 运用转化处理法时应注意的问题

(1)推销员不得否定顾客异议,而应尊重、肯定、承认、赞美、利用、转化顾客异议。

(2)找出顾客异议的内在矛盾,直接针对顾客异议。

(3)认真分析顾客异议,利用购买异议本身的矛盾去处理购买异议。

(4)本方法不适宜用于处理各种无关异议和敏感性问题。

> **小案例**
>
> ### 转化处理法处理异议
>
> 经销商:"你们企业把太多的钱花在广告上,不如把钱省下来,作为我们进货的折扣,让我们多一点利润,那多好呀。"
>
> 销售人员:"就是因为我们投了大量的广告费用,客户才被吸引来购买我们的产品。这不但能增加您经销的我们企业产品的销量,同时也能够增加您经销的其他商品的销量,您的总利润是最大的!"
>
> 转化处理法处理异议的基本做法是,当顾客提出一些不购买的异议时,推销人员随机应变,将顾客的反对意见转化成他必须购买的理由。

(七)拖延处理法

拖延处理法又称冷处理法,是推销员对顾客提出的不利于成交的一些无关紧要的反对意见采取避而不答的处理方法。这种方法可以避免在无关或无效的异议上浪费时间和精力,以及发生节外生枝的争论,也可以使推销员按照预先制订的推销计划、推销策略开展工作,提高推销效率。但运用不当,会使顾客觉得自己的异议没有得到应有的重视而产生不满。拖延处理法适用于顾客因误解、成见、认识错误等原因所产生的异议,与推销洽谈无关的异议以及顾客的其他无效异议。

1. 拖延处理法的优点

(1)给顾客留时间考虑推销员的建议,可使顾客进行充裕的考虑与决策。

(2)如果推销员对顾客的异议暂时不理睬,顾客在推销员的稍后继续提示与推销介绍下,异议处理也许会变得容易一些。

2. 拖延处理法的不足

(1)如果推销员过于拖延,容易让顾客误以为推销员放弃本次交易,顾客随后放弃购买。

(2)如果推销员操之过急,反而会使顾客产生抵触情绪,顽固地坚持异议。

3. 运用拖延处理法应注意的问题

(1)及时回应顾客异议。

(2)一定要对顾客的异议进行处理,推迟处理并不是不处理。

(3)尽量向顾客提供更多的购买理由。

(4)给顾客留下可供考虑的证据与机会。

> **小案例**
>
> ### 拖延处理法处理异议
>
> 涂料推销人员某公司采购部经理推销产品。
>
> 采购部经理:"你们公司生产的外墙涂料日晒雨淋后会出现褪色的情况吗?"
>
> 推销人员:"经理您请放心,我们公司的产品质量是一流的,中国平安保险公司给我们担保。另外,您是否注意到××大厦,它采用的就是本公司的产品,已经过去10年了,还是那么光彩依旧。"
>
> 采购部经理:"××大厦啊,我知道,不过听说你们公司产品质量不好呢。"
>
> 推销人员:"经理先生,这是我们公司的产品说明书、国际质检标准复印件、产品价目表,这些是我们曾经合作过的企业以及他们对我们公司、产品的评价。下面我给您介绍一下我们的企业以及我们的产品情况……"
>
> 采用拖延处理法处理顾客异议,主要是将顾客的注意力转移到其他问题上去。避免在一些无关、无效的异议上浪费时间和精力,从而可以节省时间,提高工作效率。拖延处理法法不可滥用,在运用时应注意:即使顾客提出的是无效的、虚假的异议,推销人员也要尊重顾客,态度要温和谦恭;在不理睬顾客的某一异议时,注意马上找到应该回答顾客的内容,避免顾客受到冷落。

(八)定制式处理法

定制式处理法是指推销员根据顾客异议的具体要求,重新为顾客提供符合要求产品的一种处理顾客异议的方法。使用定制式处理法处理顾客异议,可以使企业按照顾客的需求改进产品、服务和推销,促进企业对产品的开发和新市场的开拓。定制式处理法的应用比较复杂,运用不当会导致推销员对顾客的承诺无法兑现,也有可能影响企业效益,使企业蒙受损失。

1. 定制式处理法的优点

(1)定制式处理法体现了企业按照顾客异议的具体内容进行产品的生产与销售,是满足顾客需求的最好方法,也是目前能满足顾客需求的最高标准。

(2)使用定制式处理法处理顾客异议,可以使企业按照顾客的需求改进产品、服务和推销,促进企业对产品的开发和新市场的开拓。

2. 定制式处理法的不足

(1)运用不当,会导致推销员对顾客的承诺不能兑现。

(2)运用不当,可能会影响企业效益,使企业蒙受损失。

3. 运用定制式处理法应注意的问题

(1)在具体运用定制式处理法来处理顾客异议时,要求企业及其员工切实树立现代市场营销观念,把满足顾客需求作为企业的最高原则,在企业内部形成各部门、各环节协调配合的整体运作体系,从而为兑现推销员的允诺奠定各方面的基础,使定制式处理法的实施有更大的可能性。

(2)推销员应掌握足够的信息,比如顾客异议的详细内容、顾客的真正需求、公司产品生产的有关情况等,然后确定能够为用户提供的定制内容,确保对客户承诺的事情最终落到实处。推销员应讲究职业道德,讲究信用,在与顾客签订相关的合同或是以其他形式做出承诺后,要千方百计地履行诺言。

总之,处理顾客异议的方法很多,除上述常用方法外,还有不理不睬法、反问法、引导法、归谬法、证据法、合并法、削弱法,等等。这些方法各具优点和不足,各有相应的适用范围。推销员针对不同异议,有时只需采用一种方法,有时需要交叉使用多种方法,应视顾客、异议、环境、时间、地点等具体情况而定。

工作实施

【目的】

体会处理顾客异议时应持有的正确态度,学会并掌握处理顾客异议的基本方法和技巧。

【要求】

1. 以小组为单位,每个人分别填写实训记录。

2. 教师按学生分组情况,分别指定各组到本地商场进行实地观察,记录各组营业员接待顾客的态度、举止及处理顾客异议的方法。

3. 在实地观察的同时,各组分别根据所在商场的具体情况,有意识地设置顾客异议,并针对营业员的处理过程写一份短评。

项目四 推销洽谈

【步骤】

1. 学生随机分8组,组内自选组长,组织活动由组长负责。
2. 教师分配各组的实地观察地点。
3. 课前组长点名,记录各小组的出勤情况,对缺勤人员要注明缺勤原因。
4. 各组组长带领组员到指定商场。
5. 到指定商场后,进行分散观察。个人要记录自己所观察的营业员的接待态度、举止及处理顾客异议的方法。
6. 组员假扮顾客与营业员接触,要求表现出购买的兴趣,在听取营业员介绍的基础上,提出购买异议,并记住营业员处理异议的方法。
7. 观察结束,点名,看是否有学生早退。
8. 由组长带领组员返回学校。
9. 针对营业员处理异议的方法,撰写短评。
10. 填写项目实施手册(见附录)。

【评价】

1. 实地观察前对学生进行安全教育。
2. 对学生的短评进行点评,评价标准见表4-2。

表 4-2　　　　　　　　处理顾客异议评价标准

评价项目	评价要求	分　值	得　分	评　语
出勤表现	组长如实评价小组成员的出勤情况	20		
观察记录	记录翔实、用语准确	20		
障碍设置	异议设置合理,并具备一定的专业性	30		
短　评	能从处理异议的原则、方法和技巧等方面贴切评论	30		

职业加油站

如何有效寻找顾客异议的真实原因

1. 您说不需要是现在不需要吗?(时间原因)
2. 您说不需要是没有预算吗?(资金问题)
3. 您说不需要是您不能决策吗?(决策能力因素)
4. 您说不需要是您没法使用吗?(需求程度问题)
5. 您说不需要是您不想做决定吗?(人事变动,即将离任等因素)

推销员可以通过限制性提问的办法获得这五个问题的确切答案,最终理清顾客拒绝产品的真实缘由。

顾客异议中常见的九种借口及应对策略

表4-3　　　　　　　　　　　　"价格太高"应对策略

策略	说明
比较策略	包括拿同类产品比较和拿非同类产品比较。例如,"哪里贵呀?少喝一杯奶茶,就可以买一件的!"如果拿同类产品比较,在比较之前,你要先问客户是拿什么品牌和你的产品相比
陈述价值 强调质量	让对方觉得该产品比其他的确实要好些,物有所值。例如,"您认为价格和价值一样重要吗?请让我再陈述一下它的价值吧!"
询问对方	例如,"您打算给出什么样的价格呢?"
价格分摊	将价格分摊在每一件,甚至每一个小时上面,数字就变得小多了。例如,"这种产品至少可以使用五年,按五年来算,每天的成本是1元,随便哪里节约一点,1元钱也有了啊!"

表4-4　　　　　　　　"我们要比较一下其他厂家的产品"应对策略

策略	说明
介绍对比产品	例如,"这是一宗大采购,多比较是应该的。我们恰好有其他几家公司的产品介绍资料,为了帮助您决策,我们带来了,您需要了解什么?"
声明别的客户已替您比较了	例如,"我们天天在这个行道中跑(暗示你是内行),也会经常做您所做的对比。在我们现在的客户中,很多人都是经过对比才选择了我们的产品,我们来看看他们的对比结论吧!"

表4-5　　　　　　　"我们已经决定不买你们的产品了"应对策略

策略	说明
询问原因 对症下药	先说:"我能知道是为什么吗?"然后根据对方所说的进行解答
假设对方 原已答应	先说:"你为什么改变主意了呢?"对方必然会说出理由,然后推销员根据理由进行应答。在此过程中,也可以知道对方是不是真的很了解竞争品牌
询问竞争 品牌情况	假装认可他们的决定,询问竞争品牌的情况。例如,"非常感谢您的反馈意见,我们将不断改进我们的服务。只是,我想请您告诉我,您最看重A公司产品的哪些方面呢?以便我们日后改进。"然后,趁机对比竞争品牌和你的产品的优劣

表4-6　　　　　　　　　"现在我忙,改天再来"应对策略

策略	说明
先行引退 持续拜访	先行引退,对客户说:"对不起,打扰了,那我改天再来。"为下一次来埋下伏笔。最好是第一次就留下宣传资料。下次你来时,可以说:"您好,那天来时您太忙,实在不好意思,今天请给我一分钟时间吧。"你多跑几次,对方早晚会软下心肠来的
预约时间	先接受对方"改天再来"的要求,同时约定时间:"对不起,没想到您这么忙,那明天下午来好吗?"对方如果说"可以",那你明天下午一定来,不管他说的是真是假。如果对方说"明天没空",你就再提议另一个时间
声明只需要 几分钟	当对方说现在很忙,让你改天再来时,你声称只花几分钟,或许对方可以让你坐下来说

表 4-7　"现在不需要"应对策略

策　略	说　明
询问对方何时需要	例如，"那请问你们计划什么时候采购呢？"这是一个开放式问题，对方一定会说一个时间。不管这个时间是真是假，你都可以采取下列方式让对方没有退路： 第一，假定对方答应订货了。例如，"这么说来，你们现在不需要送货来（偷换概念），只需要先订下，那好，让我们填写有关的订货单据，我们到时候会准时发货过来。" 第二，先发货，到时候再开账单。例如，"我有一个好提议，我们今天就发货，到时开账单，这样做，您马上就可以使用了，怎么样？"
暗示物价会上涨	说明你们现在处于低价期，将来会涨价（最好说是原材料涨价等因素，暗示对方全行业都会涨价）

表 4-8　"目前很困难"应对策略

策　略	说　明
声明可以帮助对方渡过难关	先问："你们目前的困难主要在哪些方面呢？"然后强调你的产品适合于解决对方目前所面临的困难。如对方说资金紧张，你可以说："我们这种设备，正好可以降低贵公司的成本，增加贵公司的利润。"
声明可以减小困扰	例如，"我们也深切感到目前形势不好，事实上，我们的产品就是要使形势的不利影响减至最低限度，并且在定价时最大限度地让利于客户，这在实际上降低了您的成本。"

表 4-9　"这事得老板来决定"应对策略

策　略	说　明
确认真假再做打算	面对这种借口，你需要确认决策权是否真的不在他手里。你可以直接问他价格、服务、产品本身等有没有问题，如果其他都排除了，就只是决策权问题了。在这时，你还可以问："假如决策权在你手里，你一定会买，对吗？" 如果对方事实上有决策权，那么恳请他做决策。如果对方事实上没有决策权，那么用下面这一策略：与老板见面
与老板见面	如果决策权真的不在他手里，那么你应该和对方结成同盟，许以好处，并请他安排你与老板见面，共同打通老板那一关。这一策略还可以进一步检验对方是否真的没有决策权，如果他事实上有，安排与老板见面就反而多事了
恭维对方	例如，"这点小买卖，王总就别谦虚了嘛，这事归您分管，您就定了嘛！"

表 4-10　"我们目前正与别的公司合作"应对策略

策　略	说　明
赞赏忠诚	对方不愿意更换供应商，主要原因是供应商做得很好。你应该从赞美客户忠诚于合作伙伴着手，以打动他。例如，"我们赞赏您对我们的竞争者所持有的忠诚。但我认为，您首先应当忠诚于贵公司的利益，对吗？"这样的提问，对方只能回答"是"。那好，你接着说："我们所能带给您和贵公司的利益，绝对会在我们的竞争者之上。如果我能向您证明，我们的产品优于您目前使用的产品，您会考虑改用，或者是至少试用一下我们的产品，对吗？"
建议扩展供应渠道	例如，"我理解并且赞赏您的忠实品德，但要做活生意，还需开通另外的供货渠道，多一条渠道，多一个保障嘛，为什么不想和我们进行少量订货试一试效果呢？"
声明并不破坏你们的合作	例如，"这很好啊！你们合作得好，我也高兴。我并不是要求您把全部的订单都给我，我只是请求您给我一个机会，得到贵公司的一部分订单。这样，您更方便对比谁好谁差啊！"
探索可能性	例如，"我知道您现在的供货商目前尚能满足您的绩效标准。但我仍然感到我们值得用几分钟时间见一次面，探索一下可能性，以便情况有变时，您可以有所准备，采取主动。"

培训游戏

销售中的异议

在进行产品的推销和售后服务时,公司人员会面临很多异议和争端,怎样才能跟顾客进行很好的沟通,让他们对公司产品感到满意,是每一个营销管理人员应该考虑的问题。

【游戏规则和程序】

场景一:A 现在要将公司的某件产品卖给 B,而 B 则想方设法挑出本产品的各种毛病,A 的任务是一一回答这些问题,即便是一些吹毛求疵的问题也要让 B 满意,不能伤害 B 的感情。

场景二:假设 B 已经将本产品买了回去,但是产品现在有了一些小问题,需要进行售后服务,B 要讲一大堆关于产品的不满,A 的任务仍然是帮他解决这些问题,提高他的满意度。

1. 将学生分成两人一组,其中一人是 A,扮演推销员,另一人是 B,扮演顾客。
2. 交换一下角色,然后再做一遍。
3. 将每一组的问题和解决方案公布于众,选出最好的组给予奖励。

【参与人员】 两人一组。

【游戏时间】 15 分钟。

【游戏场地】 教室。

【游戏道具】 无。

【游戏应用】

(1)沟通能力的训练。
(2)沟通语言的选择。
(3)销售技巧的培训。

【讨论】

1. 对于 A 来说,B 的无礼态度让你有什么感觉?在现实的工作中你会怎样对待这些顾客?
2. 对于 B 来说,A 怎样才能让你觉得很受重视、很满意,如果在交谈的过程中,A 使用像"不"、"你错了"这样的负面词汇,你会有什么感觉?谈话还会成功吗?

【总结】

1. 对待顾客的最好方法就是要真诚地与他沟通,站在他的角度思考问题,想方设法替他解决问题;能够解决的问题尽快解决,不能解决的问题要对顾客解释清楚,并且表示歉意;有时候即便是顾客有些不太理智,推销员也要保持微笑。记住:顾客是上帝,上帝是不会犯错的!
2. 在交流的过程中,语言的选择非常重要,同样的话用不同的语言表达出来意思是不一样的,多用一些积极的词汇,尽量避免使用一些否定的、消极的话语,这样才能让顾客满意。所以,对于公司的主管来说,要在平时多注意培养员工这方面的素质。

项目四　推销洽谈

任务回顾

本任务完成后,能够完成处理顾客异议的推销工作任务。

任务三　促成交易

任务导入

推销汽车配件

某汽车配件厂的甲、乙两个推销员,分别到某汽车修理厂进行推销。推销员甲认为他推销的产品无论在质量上还是在价格上均属上乘。推销员甲从五个方面分别介绍了自己的产品,在整个面谈过程中,顾客没有提出任何异议。尽管顾客没有马上订货,但推销员甲对这次面谈的结果感到非常满意。他相信顾客一定会向他订货。因此,很有把握地给顾客留出了考虑的时间。几天后,当他再次拜访时,得知推销员乙已经获得了顾客的订单。

【任务描述】
识别成交信号,创造成交条件,促成交易,跟踪服务。

第一步　识别成交信号

成交是整个推销工作的根本目标,也是推销过程中最重要、最关键的阶段。因此,作为推销员,要能正确地识别成交信号,抓住成交时机,创造成交条件,运用各种方法,千方百计地促成交易。

一、推销成交的概念与内涵

所谓推销成交,是指顾客接受推销员的推销建议及推销演示,立即购买产品的行动过程。推销成交是面谈的继续,也是整个推销工作的最终目标。在成交时,推销员不仅要继续接近和说服顾客,而且要采取有效措施帮助顾客做出最后选择,促成交易,并完成一定的成交手续。可以从以下三个方面理解推销成交的内涵:

(一)推销成交是推销员积极发挥主观能动性,实现最终目标的过程

顾客并不是被动地接受推销,特别是在买方市场的条件下,顾客已经成为市场的主

宰,引导着推销员的推销活动。推销员必须善于发挥主观能动性,采取恰当的推销手段和方法进行劝说和演示,积极建议顾客购买。

(二)推销成交是说服顾客,促使其采取购买行动的过程

根据消费心理学的研究,顾客购买心理的变化过程可分为四个阶段,即注意(Attention)、兴趣(Interest)、欲望(Desire)、行动(Action),英文缩写为 AIDA。推销专家海因兹·姆·戈德曼根据上述四个阶段的特点和推销实践经验,把成功的推销总结成四个步骤:即引起顾客注意→诱发顾客兴趣→激发顾客购买欲望→促成顾客购买。这套推销程序即为爱达模式,其含义可表示为:一个成功的推销员必须把顾客的注意力吸引或转移到产品上,使顾客对产品产生兴趣,这样顾客的购买欲望就随之而产生,而后促使顾客采取购买行动。

(三)推销成交又是推销员和顾客之间进行反复信息沟通的过程

推销成交离不开信息沟通。一方面推销员要接收顾客发出的信息,了解他们的购买心理;另一方面还要向顾客传递信息,通过多种渠道和方法,如广告、建议、劝说、演示等,让顾客了解自己的企业和推销的产品。这一过程不可能一次完成,推销员和顾客要经过多次反复的信息交流和沟通,才能实现推销成交的目的。

二、识别推销成交的信号

成交信号是指顾客在语言、表情、行为等方面泄露出来的打算购买的一切暗示或提示。在实际推销中,顾客为了实现自己提出的交易条件,取得心理上的优势,一般不会首先提出成交,更不愿主动、明确地提出成交。但是顾客的购买意向总会通过各种方式表现出来。对于推销员而言,必须善于观察顾客的言行,捕捉各种成交信号,及时促成交易。

(一)成交信号的类型

顾客表现出来的成交信号主要有语言信号、行为信号、表情信号、事态信号等。

1. 语言信号

顾客通过询问使用方法、价格、保养方法、使用注意事项、售后服务、交货期、交货手续、支付方式、新旧产品比较、竞争对手的产品及交货条件、市场评价、说出"喜欢"和"的确能解决我这个困扰"等表露出来的成交信号。以下几种情况都属于成交的语言信号:

(1)顾客对产品给予一定的肯定或称赞。
(2)询问交易方式、交货时间和付款条件。
(3)详细了解产品的具体情况,包括产品的特点、使用方法、价格等。
(4)对产品质量及加工过程提出质疑。
(5)了解售后服务事项,如安装、维修、退换等。

语言信号种类很多,推销员必须具体情况具体分析,准确捕捉语言信号,顺利促成交易。

2. 行为信号

顾客细看说明书,要求推销员展示样品,亲手触摸、试用产品等表露出来的成交信号。

例如，一位女士在面对皮衣推销员时，虽然是大热天，她仍穿着皮衣在试衣镜前，足足试了一刻钟。她走来走去的样子好像是在做时装表演，而当她脱下皮衣时，两手忍不住又去摸皮毛。这位女士的行为属于强烈的成交信号。

通过顾客的行为我们可以发现顾客发出的许多成交信号，作为一名推销员应尽力使顾客成为参与者，而不是旁观者。在这种情况下，通过细心观察，就会很容易发现成交信号。

3. 表情信号

从顾客的面部表情和体态所表现出来的一种成交信号，如微笑、下意识地点头表示同意推销员的意见、神色活跃、对推销的产品表示关注等。

把握成交时机，要求推销员具备一定的直觉判断与职业敏感。一般而言，下列几种情况可视为促成交易的较好时机：

(1) 当顾客表示对产品非常感兴趣时。
(2) 当推销员对顾客的问题做了解释说明之后。
(3) 在推销员向顾客介绍了产品的主要优点之后。
(4) 在推销员恰当地处理顾客异议之后。
(5) 顾客对某一推销要点表示赞许之后。
(6) 在顾客仔细研究产品、产品说明书、报价单、合同等情况下。

4. 事态信号

事态信号是与推销活动有关的事态发展所表现出的购买信号，例如，向推销员介绍有关购买的其他人员；提出变更推销程序；改变洽谈的地点与环境；对推销员的态度友好并安排食宿；乐意接受推销员的约见；等等。

无论顾客是否有意购买，总会有一些信号表明顾客的购买意向，见表 4-11。

表 4-11　　　　　　　　　　顾客购买信号对照表

有意购买	无意购买
提出要求	保持沉默
谈话随便	保持沉默
仔细地研究产品	用铅笔轻轻地敲击桌子
请求对产品进行操作示范	坐在椅子上辗转不安
下意识地点头	不时地看表或看天花板
微笑	皱眉
看销售合同	打哈欠
有意压价	离谱的杀价
提出有关问题	陈述反面意见
赞成推销员的意见	找借口

发现顾客成交信号后要善于及时利用。一般地，可用提问题（反问）的方式来回答顾客的成交信号问题，见表 4-12。

表 4-12　　以反问的方式来回答准顾客提出的购买信号方面的问题

准顾客的提问	推销员的回答
价格是多少？	您希望是多少？
你提供哪些交易条件？	您想要哪种交易条件？
什么时候能交货？	您想要什么时候交货？
有哪些型号？	您想要什么型号？
我现在和下个月分两次订购能否得到特殊价格？	您愿意分两次装运吗？
你们有 8、12、36 及 54 英寸的管子吗？	你们常用这些尺寸的管子吗？
我要订购多少才能获得优惠？	您有意买多少？
有 6400 型号的现货？	那是你们最喜欢的一种型号吗？

（二）识别成交信号

推销成交信号是顾客下意识发出的，推销员应该对成交信号具有高度的敏感性和捕捉能力，善于捕捉成交信号是推销员应该具备的重要能力之一。推销员在了解成交信号基本类型的基础上，需进一步学会识别以下五种成交信号：

1. 提出问题

一旦顾客提出"什么时候能够送货？""你能给我的最优惠价格是多少？"等问题时，推销员可以用提问的方式来进一步明确，例如，"您想什么时候送货比较合适？""您这次打算购买多少产品？"等。

2. 征询建议

顾客开始打电话征询上司的意见，向技术专家确认产品的性能、质量等，或向财务主管确认费用等事宜。

3. 轻松自如

顾客决定购买或做出某种决策时，往往原来的紧张感与压力就会逐渐消失，态度会变得友善，开始将推销员视为真正的朋友或者合作伙伴，显示出一种轻松自如的神态。

4. 研究订单

当推销员与顾客交谈时，顾客拿出订单对有关条款进行研究的话，说明顾客已经准备开始采取购买行动了。

5. 检查产品

当顾客拿着产品或样品仔细检查或者深思时，表明顾客可能决定购买，推销员可以把握机会，通过提问或其他方式来进一步确认顾客的决定。

第二步　创造成交条件

一、成交的条件

推销员在推销产品时能否达成交易,除了时机的把握外,还需要具备推销成交必需的某些条件,而这些条件的具备有赖于推销员、推销企业和顾客的共同努力。推销员应善于发现和促成这些条件,使购买行为适时达成。

(一)推销员应具备的条件

1. 熟知产品

推销员必须先对自己的产品有深入的认识和了解,清楚自己的产品与同类竞争品牌相比的优势与不足,才能够在推销时准确、详细地回答顾客所关心的问题。

2. 熟悉顾客

推销员除了要了解自己的产品外,还应对推销对象有一定的熟悉程度,即真正做到"知己(熟悉产品)知彼(熟悉顾客),才能够百战不殆。"

3. 心理准备

推销员在推销产品之前,在心理上要做好成交和失败的两手准备,力争推销顺利成交,坦然面对推销失利。

(二)顾客应具备的条件

1. 顾客要有内在需求

顾客只有对某种产品确实有需求时,才会采取购买行为,而推销员也只有在顾客具有这种需求的基础上才能激发其购买欲望并最终购买。

2. 顾客有现实购买力

顾客只有需求而不具备现实购买力,交易也是无法达成的,因此,顾客必须具有相应的支付能力,成交才能被实现。

3. 顾客必须完全了解产品的价值和使用价值

推销员推销的产品要能满足顾客的需求,顾客的需求反映在产品的品种、花色、规格、款式和价格、质量等方面,产品的包装、运输储存、交货期限、售后服务等也会影响到顾客的购买。

4. 推销员必须清楚地了解顾客的需求

推销员要具备自己的产品或服务能满足顾客需求的自信,并能将希望顾客从产品中获得益处的热情传递给顾客,及时发现顾客的真正需求,针对需求采取相应的技巧来求得交易的成功。

二、成交环节中易犯的错误

1. 推销态度不当

推销员在推销过程中过于热情或过于急切,甚至喜形于色都会吓跑顾客。过分热情,会让顾客产生压力,让顾客感到不买过意不去,买了又怕不合适;过于急切,会让顾客对产品的质量和价格产生怀疑;喜形于色,会让顾客担心推销员在欺骗他。

2. 语言运用不当

推销中故意卖弄口才,唱独角戏,忽视了顾客的心理需求;询问顾客时不注意语言技巧的使用,自断财路;介绍产品时,夸大用途和功能,让顾客失去信任。

3. 不能适时主动提出成交要求

推销员害怕提出的成交要求一旦遭到顾客拒绝会破坏洽谈氛围,所以一直等待顾客先提出成交要求,而大多数顾客都在等待推销员主动提出成交请求。

4. 把顾客的拒绝视为永久的推销失败

有些推销员把一次推销的被拒绝当作整个推销过程的失败,而放弃继续努力。

5. 推销方法单一

推销洽谈前要在心中设计多个可供自己选择的方案,针对不同的顾客使用不同的方法,不能千人一面。

6. 推销过程过长

顾客的类型是各种各样的,并不是每一个顾客都需要一个完整的推销展示过程,当顾客已经表示"买"时,仍然按部就班地进行推销展示就显得多余了。

7. 推销展示不够充分

推销展示过于简单、敷衍,无法使顾客真正了解产品,顾客看不到自己需求实现的承载点,便会失去对产品的兴趣。

8. 不是每一次推销都会即时成交

推销员不应该指望每一次推销展示都能进入提请成交的层次,但每一次推销的过程得当与否都会影响到下一次推销的成交。

第三步 促成交易

一、成交的策略

1. 培养正确的成交心理

成交的障碍主要来自推销员的心理障碍和顾客的异议。推销员由于自身知识、经验、性格、爱好以及所面对顾客的不同,会产生或多或少的退缩、等候、观望、紧张等不利于成交的消极心理,直接影响成交。只要推销员坚信自己所推销的产品能为顾客解决所面临的问题,就不怕顾客不识货,更何况即使遭到顾客的拒绝也没有丝毫损失。因此,推销员必须克服恐惧心理,即使在提出试探性成交请求后遭到拒绝,也要敢于不断提出新的成交请求,重新推荐产品,争取再次成交。同时,推销员还应以积极、坦然的态度对待成交的失败,防止在经历了几次失败之后,陷于失败的恶性心理循环,真正做到胜不骄,败不馁。事实上,即使那些世界上最优秀的推销员,也不可能做到每一次推销洽谈都能成功地达成交易。

2. 预防第三者"搅局"

在推销过程中,如果有不熟悉或者不欣赏所推销产品的第三者突然冒出来,准顾客又向他征求意见,一点点"风吹草动"就会使推销成功的难度大大增加。因此,推销员应委婉地提示准顾客说:"咱们找个清静的地方谈吧!",争取在没人干扰的情况下,促使准顾客顺利成交。

3. 保留余地,适时成交

在推销洽谈中,推销员应该根据顾客的兴趣变化,及时提出推销重点或优惠条件,促使顾客做出最后的购买决定,但要防止不择时机地和盘托出。即使某次推销未能成交,并不意味着顾客永远不接受产品。推销员也要为顾客留下一张名片和产品目录,并对顾客说:"如果有一天您需要什么的话,请随时与我联系,我很愿意为您服务。在价格和服务上,还可以考虑给您更优惠的条件。"说不定日后会有成交的机会。

4. 因势利导,诱导成交

在推销过程中,推销员应尽可能引导顾客主动购买产品,争取让顾客对交易条件感到满意,把购买行为当作自己个人的主意,没有必要再讨价还价,减少成交的阻力。

5. 关键时刻亮出"王牌"

推销员看到准顾客对推销品犹豫不决时,就应该亮出"王牌","重拳"出击,彻底冲破顾客的心理防线,使之签订合同。比如"好吧,为了表明我们与贵公司合作的诚意,第一笔生意的运费由我们来承担。"但推销员不要一口气把有价值的王牌全都用完,小心"弹尽粮绝"后只能够"坐以待毙"。

6.充分利用最后的成交机会

在推销洽谈似乎要以失败告终时,仍然可能出现最后一分钟的"峰回路转"或者"柳暗花明",推销员应继续坚持,察言观色,捕捉时机,绝不放弃努力争取成交机会。因为,顾客紧张的压力可能已经得到充分的释放,心理上如释重负,心情变得愉悦,甚至对"可怜的"推销员产生了一点同情心而产生购买产品的念头。如美国的一位推销员每当要告别顾客时,就会慢慢地收拾东西,有意无意地露出一些顾客未曾见过的产品样品,试图引起顾客的注意和兴趣,争取最后的机会促成交易。

二、成交的方法和技巧

成交的方法和技巧是指在成交过程中,推销员在适当的时机用以促成顾客做出购买决定、采取购买行动的方法和技巧。这里介绍一些常用的成交方法。

(一)请求成交法

微课:成交方法

请求成交法又称为直接成交法或直接请求成交法,是指推销员接到顾客的购买信号后,用明确的语言向顾客直接提出购买的建议,以请求成交的方法。这是一种最简单、最基本的成交方法,也是一种最常用的成交方法。请求成交法的优点在于:能有效促成交易,可避免客户在关键时刻拖延时间,贻误成交时机。其缺陷在于:若推销员不能恰当地把握时机,盲目要求成交,一方面会给顾客造成压力,使顾客产生抵触情绪,破坏友好的洽谈氛围;另一方面会使顾客获得心理优势,并对先前达成的条件产生怀疑,增加成交困难,降低成交效率。请求成交法一般适用于以下场合:

(1)老客户。对于老顾客,因为双方已建立了较好的人际关系,运用此法,顾客一般不会拒绝。

(2)顾客已发出购买信号。顾客对产品产生购买欲望,但还未拿定主意或不愿主动提出成交时,推销员宜采用请求成交法促成顾客的购买行为。

(3)在解除顾客存在的重大障碍后。当推销员尽力解决了顾客的问题和要求后,是顾客感到较为满意的时刻,推销员可趁机采用请求成交法,促成交易。

(二)假定成交法

假定成交法又称假设成交法,是指尚未确定成交,对方仍持有疑问时,推销员就假定顾客已接受推销建议而直接要求顾客购买的一种成交方法。采用假定成交法有利于节省推销时间,提高推销效率。而且在整个推销过程中,顾客随时可能流露出成交意向,若推销员能及时觉察的话,就可正确使用假定成交法,将成交信号转化为成交行动,及时促成交易。其局限性在于以推销员的主观假定为基础,不利于顾客自由选择,会令其产生反感情绪,破坏成交气氛,增加成交难度。

假定成交法特别适用于以下几种情况:
(1)老顾客。依赖型顾客和性格随和的顾客。
(2)明确发出各种成交信号的顾客。
(3)对产品显露出兴趣,没有推销异议的顾客。

(三)选择成交法

选择成交法是指推销员为顾客提供几种可供选择的购买方案来促成交易的成交方法,它是假定成交法的应用和发展。推销员在假定成交的基础上向顾客提供成交决策的比较方案,先假定成交,后选择成交,顾客不是在买与不买之间进行选择,而是在产品的数量、规格、颜色、包装、样式、交货日期等方面做出选择,使顾客无论做出何种选择,其结局都是成交。

采用选择成交法可以避免使顾客在是否购买的问题上难以下决心,而使顾客掌握了一定的选择权,比较容易做出决定。但真正的成交主动权仍在推销员手里,不管顾客选择哪一个最后都是成交。而且当推销员直接将具体购买方案摆到顾客面前时,会使顾客难以拒绝,从而有利于成交。但是有时采用选择成交法会让顾客感到无所适从,从而丧失购买信心,增加新的成交心理障碍,有时也会让顾客感到压力较大,从而产生抵触情绪,并拒绝购买。

小案例

推销汽车

推销员:以车身的颜色来说,您喜欢灰色的还是黑色的?
顾客:嗯,如果从颜色上来看,我倒是喜欢黑色的。
推销员:选得不错!现在最流行的就是黑色的!那么,汽车是在明天还是在后天送去呢?
顾客:既然要买,就越快越好吧!
经过这样一番话,顾客等于说要买了,所以这时推销员就说:"那么明天就送货吧。"这样很快就达成了交易。

(四)小点成交法

小点成交法又称为局部成交法或避重就轻成交法,是指推销员利用局部成交来促成整体成交的一种成交方法。小点是指次要的、较小的成交问题。小点成交法运用的是成交心理减压原理,以若干细小问题的决定来避开是否购买的决定,培养良好的洽谈氛围,以达到最后成交。顾客做重大购买决策时,往往心理压力较大,比较慎重、敏感,因担心风险而在短时间内难以决断,特别是成交金额较大的交易。为减轻顾客心理压力,帮其尽快做出购买决定,推销员可采取化整为零的方法,即先小点成交,后大点成交;先就成交活动的具体条件和具体内容达成协议,再就成交本身达成协议,从而促成交易实现。

  正确使用小点成交法有利于创造良好的成交气氛,减轻顾客的心理压力。同时还为推销员提供了与顾客周旋的余地:如果一个小点不能成交,可以换其他小点,直至全部成交。也有利于推销员合理利用各种成交信号,有效达成最后交易。若使用不当,将提示的小点集中在顾客比较敏感或比较不满意的地方,使顾客将注意力集中到推销员不希望其特别注意的地方,很容易使顾客看到其缺点或扩大了的缺点,而不利于成交。若推销员急于减轻顾客压力,盲目转移顾客注意力,还容易引起误会,不利于双方的进一步交流。此外,这种方法一般需多几个回合才能解决问题,需要有比较长的推销时间,其效率会有所降低。

小案例

推销办公用品

  一个办公用品推销员到某局办公室推销一种纸张粉碎机。办公室主任在听完产品介绍后摆弄起这台机器,并自言自语道:"东西倒很适用,只是办公室这些小青年,毛手毛脚,只怕没用两天就坏了。"

  推销员一听,马上接着说:"这样好了,明天我把货送来时,顺便把纸张粉碎机的使用方法和注意事项给大家讲一下。这是我的名片,如果使用中出现故障,请随时与我联系,我们负责修理。主任,如果没有其他问题,我们就这么定了?"

(五)从众成交法

  从众成交法是指推销员利用顾客的从众心理来促进顾客立刻购买的一种成交方法。采用从众成交法,可以用一部分顾客去吸引另一部分顾客,从而有利于寻找和接近顾客,提高推销效率。人们或多或少都会有一些从众心理,有时会为了迎合而被迫放弃自己的爱好和审美观,如果产品已被一部分顾客所认同,那么推销员的说辞将更加具有说服力,也更有利于消除顾客的疑虑,增强他们的购买信心。但是有些顾客喜欢标新立异,与众不同。若推销员对这些顾客错误地使用了从众成交法,反而会引起顾客的反从众行为,从而拒绝成交。如果推销员所列举的"众"不恰当,非但无法说服顾客,反而会制造新的成交障碍,失去成交机会。

(六)最后机会成交法

  最后机会成交法又称机会成交法、限制成交法、无选择成交法或唯一成交法,是指推销员直接向顾客提示最后成交机会而促使顾客立即购买的一种成交方法。机会成交法是推销员针对顾客害怕错过良好的购买机会的心理动机,向顾客提示成交机会。"机不可失,失不再来"引起顾客产生一种立刻购买的心理倾向。在最后机会面前,人们往往由犹豫变得果断。所以这种方法的最大优点是可以增强成交说服力和感染力,促使顾客立即购买。使用这种成交方法应要讲究推销道德,实事求是,绝不可以欺骗换取顾客的购买。

(七)优惠成交法

优惠成交法是指推销员通过向顾客提供某种优惠条件来促成交易的方法。求利心理动机是顾客的一种基本购买动机,优惠成交法正是利用了顾客的求利购买动机,直接向顾客提示成交优惠条件,诱使顾客立即购买产品。优惠成交的条件主要是价格的折扣,也有向购买决策人提供回扣和佣金的。在这个问题上,要弄清合法与非法的界限。

优惠成交法可以吸引并招揽顾客,有利于创造良好的成交气氛,而且利用批量成交的优惠条件,可以促成大量交易,提高成交效率。该方法尤其适用于推销某些滞销品,减轻库存压力,加快存货周转速度。但应注意的是,采取优惠成交法,通过给顾客让利来促成交易,必将导致推销成本上升。若没有把握好让利尺度,还会减少销售收益。此外,采用优惠成交法,有时还会让顾客误以为优惠产品是残次品而不予信任,从而丧失购买的信心,不利于促成交易。

(八)异议成交法

异议成交法也可称为大点成交法,是指推销员利用处理顾客异议的时机直接向顾客提出成交要求的一种成交方法。凡是顾客提出了异议,尤其是顾客认为是重要的异议,大多是购买的主要障碍,异议处理完毕如果立即请求成交,往往收到趁热打铁的效果。

异议成交法的使用有利于推销员抓住一切成交机会,推销员在处理完顾客异议后立即提出成交,就不会失去任何一个成交的机会。它的缺点在于因为顾客异议的类型很多,如果推销员在处理了顾客的无关异议、非成交异议、次要异议后就立即要求成交,会给顾客造成过高的心理压力,更由于没能处理顾客的重要异议,就会破坏以至葬送了推销。

(九)保证成交法

保证成交法是指推销员通过向顾客提供某种成交保证来促成交易的成交方法。保证成交法即是推销员针对顾客的主要购买动机,向顾客提供一定的成交保证,消除顾客的成交心理障碍,降低顾客的购物风险,从而增强顾客的成交信心,促使尽快成交。保证成交法是一种大点成交法,直接提供成交保证,直至促成交易。

保证成交法通过向顾客提供保证,解决了顾客的后顾之忧,增强了购买信心。它的保证内容一般包括产品质量、价格、交货时间、售后服务等。这种保证直击顾客的成交心理障碍,极大地改善了成交气氛,有利于成交。但是,保证成交法也不可滥用,一定要针对顾客的顾虑做出保证,一定要信守承诺,否则一旦承诺无法兑现将失去推销信用,引起顾客的反感,从而不利于成交。

(十)利益汇总成交法

利益汇总成交法是指推销员将顾客关注产品的主要特色、优点和利益,在成交中以一种积极的方式来成功地加以概括总结,以得到顾客的认同并最终获取订单的成交方法。

利益汇总成交法能使顾客全面了解产品的优点,便于激发顾客的购买兴趣,最大限度地吸引顾客的注意力,使顾客在明确自己既得利益的基础上迅速做出决策。利益汇总成交法适用于相对复杂的购买决策,如复杂产品的购买或向中间商推销。但采用此法,推销员必须把握住顾客的真实内在需求,有针对性地汇总、阐述产品的优点,不要将顾客提出的异议作为优点予以阐述,以免遭到顾客再次反对,使汇总利益的劝说达不到效果。

第四步　跟踪服务

成交后跟踪已成为现代推销活动不可缺少的一个环节,它既是对上一次推销活动的完善,又是对下一次推销活动的引导、启发和争取。

一、成交后跟踪的含义与内容

成交签约是否意味着交易的成功、推销的结束?回答是否定的。从现代推销学的角度看,推销过程的成交阶段还应包括一个内容,即成交后跟踪。

(一)成交后跟踪的含义

成交后跟踪是指推销员在成交签约后继续与顾客交往,并完成与成交相关的一系列工作,以更好地实现推销目标的行为过程。其中一些具体的工作内容,在传统的推销工作中已有体现。但把它概括为成交阶段的一个重要环节,则体现了它对于现代推销活动的重要性。成交后跟踪的意义主要体现在下列几个方面:

1. 体现了现代推销观念

成交后跟踪使顾客在购买产品后还能继续得到推销员在使用、保养、维修等方面的服务,使顾客需求得到真正意义上的实现,使顾客在交易中获得真实的利益。所以说,成交后跟踪体现了现代推销的理念。

2. 提高了企业的竞争力

随着科学技术的进步,同类产品在其品质和性能上的差异越来越小,企业间竞争的重点开始转移到为消费者提供各种形式的售后服务上来。售后服务是否完善已成为消费者选择产品时要考虑的一个重要方面。

3. 实现了企业的经营目标

获取利润是企业经营的最终目标,但它只有在收回货款后才能得以实现。在现代推销活动中,回收货款往往是在成交后跟踪阶段完成的。

4. 获取重要的市场信息

通过成交后的跟踪，推销员可以获取顾客对产品数量、质量、花色、品种、价格等方面要求的信息。因此，成交后的跟踪过程实际上就是获取顾客信息反馈的过程，便于企业开发新的产品。

成交后跟踪已成为现代推销活动不可分割的一个环节。它既是对上一次推销活动的完善，又是对下一次推销活动的引导、启发和争取。所以，成交后跟踪的意义越来越大。

5. 有利于同顾客建立良好的合作关系

成交后跟踪可以加强彼此的情感联系，通过为顾客提供服务，了解顾客的消费喜好、消费习惯与消费特点等，有利于顾客重复购买或推荐其朋友购买产品。

(二)成交后跟踪的内容

成交后跟踪所包含的内容是非常丰富的，这里主要介绍回收货款，售后服务，与顾客建立和保持良好的关系三个方面。

1. 回收货款

售出货物与回收货款是产品交易的两个方面，缺一不可。实际上，推销的本质就是将产品转化为货币，在这种转化中补偿推销成本，实现经营利润。收不回货款的推销是失败的推销，会使经营者蒙受损失。所以，在售出货物后及时收回货款，就成为推销员的一项重要的工作任务。

在现代推销活动中，赊销、预付作为一种商业信用，它的存在是正常现象，关键在于如何才能及时、全额地收回货款。应该从以下几个方面加以注意。

(1)在商品销售前进行顾客的资信调查

顾客的资信主要包括顾客的支付能力和信用两个方面。在推销前，从多方面了解顾客的资信状况，是推销员选择顾客的重要内容，也是能够及时、全额地回收货款的安全保障。所以，作为推销员，必须精通资信调查技术，掌握客户的信用情况，以保证能确实收回货款。

(2)在收款过程中保持合适的收款态度

如果因为采取不恰当的态度而影响收回货款，那是得不偿失的。因此，推销员应针对不同的客户、不同的情况，采取相应的收款态度。一般情况下，收款态度过于软弱，就无法收回货款；收款态度过于强硬，容易引起冲突，不利于企业形象，而且会影响双方今后的合作。所以，推销员在收款时，要态度认真，有理有节。这样，既有利于货款的回收，又有利于维持双方已经建立起来的良好关系。

(3)正确掌握和运用收款技术

推销员掌握一定的收款技术，有利于货款的回收，例如，成交签约时要有明确的付款日期，不要给对方留有余地；按约定的时间上门收款，推销员自己拖延上门收款的时间，会给对方再次拖欠以借口；争取顾客的理解和同情，让顾客知道马上收回这笔货款对推销员的重要性;收款时要携带事先开好的发票,以免错失收款良机,因为客户通常都凭发票付款。如果确实无法按约收款,则必须将下次收款的日期和金额,在客户面前清楚地做记录,让顾客明确认识到这件事情的严肃性和重要性。

这里介绍的只是一些常用的收款技术。在实际工作中,还需要推销员针对不同顾客,灵活机动,临场发挥。无论采用何种技术,目的是明确的,即及时、全额地收回货款。

2. 售后服务

售后服务是企业和推销员在产品到达消费者手里后继续提供的各项服务工作。

售后服务的目的是为顾客提供方便,提高企业的信誉,促进企业的推销工作。随着人们收入水平的提高,顾客不仅要求买到中意的产品,而且要求买到产品后能够方便地使用。顾客需要服务,企业服务的好与坏不仅影响到现实的推销,而且将会影响到今后的市场和顾客。

推销员热情的售后服务不仅可以巩固已争取到的顾客,促使他们继续、重复地购买,还可以通过宣传,争取到更多的新顾客,开拓新市场。

售后服务包含的内容非常丰富。随着竞争的加剧,新的售后服务形式更是层出不穷,提供给顾客更多的利益和需求的满足。从目前来看,售后服务主要包括下列内容。

(1)送货服务

对购买大件产品或一次性购买数量较多,自行携带不便以及有特殊困难的顾客,企业均有必要提供送货上门的服务。原来这种服务主要是提供给生产者用户和中间商的,如今已被广泛地应用在对零售客户的服务中。例如,在激烈的市场竞争中,一些家具经销商十分重视及时送货上门。这种服务大大地方便了顾客,刺激了顾客的购买行为。

(2)安装服务

有些产品在使用前需要在使用地点进行安装。由企业的专门安装人员上门提供免费安装,既可当场测试,又可保证产品质量。同时,上门安装还是售后服务的一种主要形式。例如,著名的海尔公司销售空调后,会为顾客提供免费安装,安装人员为了不给顾客带来麻烦,他们自带鞋套,自带饮水,并在空调安装完毕后帮助顾客将室内收拾整齐,同时给顾客仔细讲解使用、保养方法,耐心解答顾客的疑问,深受顾客欢迎。

(3)包装服务

产品包装是在产品售出后,根据顾客的要求,提供普通包装、礼品包装、组合包装、整件包装等的服务。这种服务既为顾客提供了方便,又是一种重要的广告宣传方法。如在包装物上印上企业名称、地址及产品介绍,能起到很好的信息传播作用。

(4)"三包"服务

"三包"服务是指对售出产品的包修、包换、包退的服务。企业应根据不同产品的特点和不同的条件,制订具体的"三包"方法,真正为顾客提供方便。

①包修是指对顾客购买本企业的产品,在保修期内提供免费维修,有些大件产品还提供上门维修服务,用户只需一个电话,维修人员就马上上门提供维修服务。有无保修对顾

客来讲是非常重要的,顾客在购买有保修的产品时,能减少许多顾虑,放心购买。

②包换是指顾客购买了不合适的产品时可以调换。

③包退是指顾客对所购买的产品不满意时,可提供退货的服务。销售与退货是对立的,从表面上看,退货是对已实现销售的一种否定,对企业而言,是不利的。但从长远来看,这样做可以得到顾客的信任,有利于企业今后的产品推销。

实质上,包换也好,包退也好,目的只有一个,那就是降低消费者的购物风险,使其顺利做出购买决策,实现真正意义上的互惠互利交易。当顾客认识到企业为顾客服务的诚意时,包退、包换反过来会大大刺激销售。不仅提高了企业信誉,还赢得了更多的顾客。

帮助顾客解决他所遇到的问题。推销员必须向对待自己的问题那样对待顾客的问题,因为从长远看,只有顾客获得成功,才能再次与顾客进行交易,来扩大自己的成交额。同时,推销员处理顾客所遇问题的速度,也体现了推销员对顾客的重视程度。

3. 与顾客建立和保持良好的关系

推销员将产品推销出去后,还要继续保持与顾客的联系,做好成交善后的工作,提高企业信誉,结识更多新顾客。推销成交后,能否保持与顾客的联系,是关系推销活动能否持续发展的关键。达成交易后,推销员经常保持与顾客的联系,主要有以下作用:

(1)便于获取顾客对产品的评价信息

一方面,通过与顾客保持联系,可以获取顾客各方面的反馈信息,作为企业正确决策的依据;另一方面,通过做好成交的善后处理工作,能使顾客感觉到推销员及其所代表的企业为他们提供服务的诚意,便于提高推销员及其企业的信誉。

(2)有利于发展和壮大自己的顾客队伍

成交之后,经常访问顾客,了解产品的使用情况,提供售后服务,与之建立并保持良好的关系,可以使顾客连续地、更多地购买产品,并且可以防止竞争者介入,抢走顾客。同时,老顾客还会把他的朋友介绍给推销员,使其成为推销员的新客户,使顾客队伍不断发展和壮大。

二、培养顾客忠诚

推销员通过培养顾客忠诚,进一步提高销量。因为,保持一个老客户的营销费用仅仅是吸引一个新客户的营销费用的五分之一。向现有客户推销成功的概率是50%,而向一个新客户推销成功的概率仅是15%。

(一)顾客忠诚的概念

顾客忠诚被定义为顾客购买行为的连续性,是顾客对某种产品或服务重复或连续购买的心理、言语、行为指向的总和。顾客忠诚表现出以下特点:

(1)再次购买或大量购买该品牌的产品或服务。

(2)主动向其他顾客推荐。

(3)几乎没有选择其他品牌的念头,并能抵制其他品牌的诱惑。
(4)善意地理解产品或服务的某些缺陷,积极向企业反馈信息,但并不影响其再次购买。

(二)顾客忠诚的测量指标

1.重复购买行为

顾客持续重复购买是一种忠诚倾向行为,将顾客的重复购买次数、重复购买量占产品总需求的比例作为测量顾客忠诚的指标。比如,在一定时期内,顾客到某一商店购物的次数越多,说明顾客对这一商店的忠诚度越高,反之则越低。

2.口碑宣传

口碑宣传是指顾客向他人推荐,将品牌推荐率、企业及其产品推荐意向作为测量顾客忠诚的指标。忠诚顾客不仅乐于重复使用某产品或服务,而且他们还乐于向他人诉说有关该产品或服务的事情。

3.对产品价格的敏感程度

将顾客对产品价格的敏感程度作为顾客忠诚的测量指标。顾客对产品的价格非常重视,但并不意味着顾客对各种产品价格的敏感程度相同。一般情况下,顾客对自己喜爱和信赖的产品价格变动的承受能力强,即敏感度低;对自己不喜爱和不信赖的产品价格变动的承受能力弱,即敏感度高。顾客忠诚能够使顾客对价格更为容忍,因为忠诚阻止了顾客对价格的比较。

4.顾客对竞争产品的态度

将顾客对竞争产品的态度作为顾客忠诚的测量指标。如果顾客对竞争产品有好感,顾客就有可能转换产品,其顾客忠诚度就比较低;反之,购买其他品牌的可能性就较小,其顾客忠诚度就比较高。

5.首选品牌

首选品牌表明顾客会将选择限定在某一种选择上,与减少选择行为相一致。所以,忠诚度高的顾客会把某一产品或服务企业作为他心目中的首选品牌。

6.对产品或服务缺陷的容忍度

将对产品缺陷的容忍度作为测量顾客忠诚度的指标。忠诚顾客能够善意地理解产品或服务的某些缺陷,积极向企业反馈信息,但并不影响其再次购买。

(三)顾客忠诚的培养

不单是推销员,而且企业也应该从战略高度来开展顾客忠诚的培养工作,提高顾客忠诚度,为推销员提供强大的支持,企业和个人齐心协力提高推销成功率。

1.建立企业顾客数据库

企业顾客数据库应具备以下特征:
(1)一个动态的、整合的顾客管理和查询系统。

(2)一个忠诚顾客识别系统。
(3)一个顾客流失显示系统。
(4)一个顾客购买行为参考系统。

2. 识别企业的核心顾客

推销员应将顾客资料转变为有效的营销决策支持信息和顾客知识,使之转化为竞争优势。同时,企业一定要将其中的核心顾客当成顾客忠诚营销的重点管理对象。实践证明,企业利润的80%来自于其20%的顾客。

推销员要得到清晰的核心顾客名单,最实用的方法是通过以下提问:

(1)自己的哪一部分顾客最有利可图,最忠诚?
(2)哪些顾客将最大购买份额放在自己所提供的产品或服务上?
(3)哪些顾客对自己比竞争对手更有价值?

3. 超越顾客期望,提高顾客满意度

顾客的期望是指顾客希望企业提供的产品或服务能满足其需要的水平,达到了这一期望,顾客会感到满意,否则,顾客就会不满意。所谓超越顾客期望,是指企业不仅能够达到顾客的期望,而且还能提供更完美、更关心顾客的产品或服务,超过顾客预期的要求,使其得到意想不到的、甚至感到惊喜的服务和利益,从而使之成为稳定的忠诚顾客群。

4. 正确对待顾客投诉

推销员要善于处理顾客抱怨,绝不能表现出一丝不耐烦、不欢迎,甚至流露出一种反感,以防止顾客资源流失。

5. 提高顾客转换成本

从企业和推销员层面,要采取有效的措施,人为地提高顾客转换品牌或转换供应商所面临的各种有形或无形的转换成本。如单个顾客转换购买对象需要花费时间和精力重新寻找、了解和接触新产品,放弃原产品所能享受的折扣优惠,改变使用习惯,同时还可能面临一些经济、社会或精神上的风险。机构购买者更换购买意味着人员再培训和产品重置成本。

6. 提高内部服务质量,重视员工忠诚的培养

企业除了做好外部市场营销工作外,还要重视内部员工管理,努力提高其满意度和忠诚度。因为,内部员工是为顾客提供产品或服务的具体执行者,其行为及行为结果是顾客评价服务质量的直接来源。

7. 加强退出管理,减少顾客流失

退出是指顾客不再购买企业的产品或服务,终止与企业的业务关系。企业正确的做法是及时做好顾客的退出管理工作,认真分析顾客退出的原因,总结经验教训,利用这些信息改进产品或服务,最终与这些顾客重新建立起正常的业务关系。

工作实施

【目的】

通过本项目的训练,掌握并灵活运用有效成交的方法和技巧促成交易;运用成交后的收款技术;掌握与顾客保持良好关系的方法。

【要求】

1. 各小组的同学自行设计推销成交的方案。
2. 评出最优方案进行成交项目实施。
3. 准备或模拟准备以下物品:打印纸、快译通、电话机、名片、所要推销的产品等。

【步骤】

1. 成交准备

(1)学生随机分6组,组内自选组长,组织活动由组长负责。

(2)各组每位成员撰写一份成交方案。

(3)确定组内最优方案。

(4)按最优方案进行推销成交的准备。各小组准备推销所需工具,如打印纸、快译通、电话机、名片、所要推销的产品等。

(5)各小组由小组长抽签,决定出场顺序。

(6)准备录像机,各小组的模拟成交要全程录像。

2. 项目实施

以小组为单位采用分角色扮演法,结合具体推销活动,运用各种成交方法和技巧促成交易,然后对全过程进行记录。

(1)第一小组准备布置推销成交的场景与所需工具。

(2)第一组实施项目。要注意结合实际情况,选择最佳的成交方法与技巧;要注意成交时的语言、动作和神态。

(3)第一组结束,其他小组与教师根据评分表进行评价和打分。第二组布置该组的项目实施场景。

(4)第二组实施洽谈。洽谈结束,其他小组与教师根据评分表进行评价和打分。

(5)以此类推,洽谈演示全部结束。

3. 对录像的全过程进行播放,由学生对每一小组的表演进行评价,找出其不足之处。

4. 由学生和任课教师进行点评。

5. 学生填写项目实施手册(见附录)。

【评价】

1. 检查同学们设计的推销方案。
2. 由教师组成评价小组,对学生的模拟成交过程进行评价,评价标准见表4-13。

项目四　推销洽谈

表 4-13　　　　　　　　　　　项目评价表

评价项目		评价要求	分　值	得　分	评语
方　案	操作程序与步骤	计划周密；工具齐全；模拟准确；报价合理；总结及时	20		
	文字表达	流畅，用词准确	10		
	方法运用	合理，符合场景设计	15		
模拟成交	礼　仪	符合推销员的礼仪要求	10		
	语　言	语言流畅	10		
	信号识别	能准确识别顾客的各种成交信号	15		
	方法与技巧	成交方法与技巧运用准确，富有成效	20		

职业加油站

成交应对策略

顾客的购买行为是心理发生变化，进而行动发生变化的微妙过程。完整的购买行为分为获取信息、激发兴趣、产生联想、引发欲望、权衡比较、心理认同、购买决策七个阶段。推销员必须根据顾客的表现，同步采取恰当措施，见表 4-14。

表 4-14　　　　　　　　　成交七阶段及应对策略

阶　段	顾客心理	顾客行为	推销员应对策略
获取信息	发现产品，产生好奇，但对营销人员心存戒备，怕上当	在卖场，盯住某一产品或停下脚步看；在非卖场，表现为愿意听你说，不打断你	观察客户表现，判断客户类型
激发兴趣	希望进一步了解，满足好奇心理	触摸产品或看说明书，在卖场则可能召唤营销人员	接近客户，实施开场白
产生联想	思考该产品是否适合他，对他是否有用	仔细看产品	介绍产品；把握客户需求；发现客户喜好；聆听客户提问；推荐产品品牌或款式；陈述卖点；现场演示或提示使用方法
引发欲望	初步认同产品，有购买念头	与同伴交流，或进一步咨询产品用法、功能，或者自己操作	
权衡比较	关心价格是否合理；思考有没有比这更好的同类产品；购买念头不稳定，随时可能离开	探讨价格，回忆曾用过的其他品牌的同类产品；拿其他品牌来对比，在卖场则表现为去其他同类产品货架前观看	实施说服技巧，包括富有自信地劝购，强调产品符合客户需求，以相关资料或成功例子佐证，说服产品附加利益，说明服务保障等
心理认同	认同产品本身，也基本认同价格	可能在此要求让价，或者思考，显露想买的表情	观察客户表现，判断客户类型
购买决策	决定购买，但可能思考买后会不会后悔，对上司或家人是否好交代	要求开单，付款等	把握时机，促成交易，不要拖泥带水

161

表 4-15　　不同类型客户个性特点及应对方法

类　型	个性特点	应对方法
冷静思考型	这类人表现很深沉,喜欢思索和推敲,不轻易表态	迎合他的节拍,诚恳交流,不要急于成交,努力让他说出他的看法
斤斤计较型	喜欢讨价还价,用价格、质量、服务等理由来拖延成交,以考验营销人员的耐心	千万要有耐心,其次,不妨强调该产品即将涨价,或者即将断货,让他紧张一下
发泄积怨型	爱抱怨、数落他人,似乎有点无理取闹	应该表现得大度,让他发泄个痛快,并适当地对他表示理解和同情
自以为是型	表现欲很强,自认为对产品的认识很专业,喜欢打断营销人员的讲解	不要讲得太详细,给他留下思考的时间
滔滔不绝型	喜欢说,不喜欢听,愿意发表意见,口若悬河	注意聆听,适当恭维,满足其虚荣心,但要注意引导话题,别成了闲谈和拉家常
内向沉默型	性格内向,个性沉稳、理智,喜欢思考和独立判断	态度温和,说话有分寸,切忌夸大其词,用热情和微笑打动他
好奇冲动型	喜欢详细了解产品的特性及相关信息,一旦合意,会很冲动地成交	适度地热情,谈话风趣轻松,调动他的情绪,并以打折措施等刺激他
借故拖延型	明显想成交,但要求他成交时,却犹豫不决	针对他的理由,予以回答
吹嘘炫耀型	喜欢吹嘘自己很有钱,买这点东西不在话下,但事实上未必有钱	赞美他事业成功,生活有品位,同时要顾全他的脸面,可以提议他分期付款,或先给订金的方式,万一他没钱,他也不至于没面子
虚情假意型	只想看,不想买,表现出要买的样子,真让他买,他又闪烁其词	确认他实在不愿意买,或者没有支付能力,就放弃,别浪费时间
多疑犹豫型	总怀疑这怀疑那,想买,又下不了决心,表现出求助的表情	热诚或耐心地询问他的顾虑在哪里,然后真诚地一一化解
自主决策型	他们不喜欢推销人员的打扰,常常一开始就声明自己只是看看,不打算买	先给他时间和空间,让他看看,同时观察他,当他表现出购买意愿时,再热诚地上前招呼,赞美他有眼力等
果敢干脆型	说一不二,买则买,不买则不买,无须多说	尽量不要饶舌,只拣重要的要点提示他,如果他在你详细介绍之前,已经决定购买了,就要立即打住,赶快成交

培训游戏

狗仔队

【游戏规则】

1.两人为一组。一人为甲,一人为乙。

2.甲做八卦杂志的记者("狗仔队"),乙做被采访的明星。甲可以问乙任何问题,乙必须说真话,可以不回答,不可以用笔记。

3.三分钟以后角色互换。

【讨论】

1. 如何与陌生人进行交往。
2. 学会循序渐进地剥掉顾客的保护心,赢得顾客的信任。

任务回顾

本任务完成后,能够完成识别成交信号、创造成交条件、促成交易、跟踪服务等推销工作。

任务四　拟订买卖合同

任务导入

2018年年底,四川攀枝花市的某食品商打电话给河南石家庄市的王某,想在返回时现款购买其罐头前,顺路卖给王某10吨在石家庄市销售旺盛的西红柿、豌豆等反季节时鲜蔬菜。双方就在电话里达成了意向。此后,再也没有联系。

2018年1月10日下午5点,连人带车经过40多个小时颠簸的食品商突然出现在王某办公室,王某将他领到了蔬菜市场后发现西红柿、豌豆等蔬菜早已饱和了。王某只愿意按照原先报价的三分之一收货,食品商坚决不同意,身边还围着几名菜贩子狠命杀价。食品商万般无奈之下,接受了比产地购价还低的价格,原以为可以稳赚的生意,反而亏了3 000多元运费和1 000多元本钱。

食品商没有签订销售合同时,就急着送货上门,给自己造成了不应有的损失。

【任务描述】

拟订买卖合同,实施合同管理。

第一步　签订买卖合同

签订买卖合同是推销洽谈中的一项重要工作,在整个推销活动中占据着特殊的地位,它既是洽谈成果的综合反映,也是未来履约的唯一依据。

一、买卖合同的含义与特征

(一)买卖合同的含义

买卖合同是指出卖人转移标的物的所有权于买受人,买受人支付价款的合同。在产品推销活动中,推销洽谈结束后,只有双方签订了买卖合同,才算真正意义上的成交,买卖才具有法律的效力。一般要求洽谈双方签订的合同应是书面形式的合同。所谓书面形式是指合同书、信件和数据电文(包括电报、电传、传真、电子数据交换和电子邮件)等可以表现所载内容的形式。

(二)买卖合同的特征

1.买卖合同是双务合同

买卖合同双方当事人的权利与义务是彼此对立的,一方的权利正是他方的义务,反之亦然。在买卖合同中,出卖人依法承担以下主要义务:

(1)转移标的物的所有权和交付标的物。

(2)交付标的物的单证及相关资料。

(3)对标的物的品质瑕疵担保。

(4)对标的物的权利担保,保证第三人不对标的物主张权利。

买受人依法承担以下主要义务:

(1)支付价款。

(2)主张标的物的瑕疵时妥善保管标的物。

(3)受领标的物。

(4)保守出卖人商业秘密。

2.买卖合同是有偿合同

买卖合同一方(出卖方)向另一方(买受方)转移标的物的所有权,买受方则向出卖方给付价款。两项给付,互为等价,这是买卖合同最基本的特征。

3.买卖合同是诺成性、不要式合同

买卖合同除法律另有规定或双方当事人另有约定外,买卖合同的成立,不以标的物的交付为要件,也不以书面形式为要件。

(三)买卖合同的内容

1.当事人的名称(或者姓名)和住所

签订合同时,自然人要写上自己的姓名,法人和其他组织要写上单位的名称,还要写上各自的地址。

2. 标的

标的是指合同当事人的权利和义务共同指向的对象。标的是订立合同的目的和前提，也是一切合同都不可缺少的重要内容。

3. 数量

数量是供货方交货的数量，是确定合同当事人权利和义务大小的尺度。合同数量规定要准确、具体，并应采用国家规定的计量单位和计量方法。

4. 质量

质量是标的物的内在素质和外观形式优劣的标志，如产品的品种、型号、规格和工程项目标准等。质量条款由双方当事人约定，必须符合国家有关规定和标准化要求。

5. 价款或报酬

价款或报酬简称价金，是指作为买受人的一方向交付标的的一方支付的货币，它是有偿合同的主要条款，如买卖产品的货款、财产租赁的租金、借款的利息等。价款的支付，除法律另有规定外，必须用人民币支付。价款的结算，除国家规定允许使用现金外，必须通过银行办理转账或票据结算。

6. 履行期限、地点和方式

履行期限是指合同履行义务的时间界限，是确定合同是否按时履行或延迟履行的标准，是一方当事人要求对方履行义务的时间依据。履行地点是当事人按合同规定履行义务的地方，即在什么地方交付或提取标的。履行方式是指当事人交付标的的方式，即以什么方式或方法来完成合同规定的义务。例如，是一次交付，还是分批交付；是供方送货、需方自提，还是代办托运等。

7. 违约责任

违约责任是指当事人一方或双方出现拒绝履行、不适当履行或者不完全履行等违约行为，对过错方追究的责任。违约责任的具体条款，当事人可以依据《中华人民共和国民法典》在合同中进一步约定。

8. 解决合同纠纷的方式

解决合同纠纷有以下四种方式：

(1) 当事人自行协商解决。

(2) 请求有关部门主持调解。

(3) 请求仲裁机关仲裁。

(4) 向人民法院提起诉讼。

为保证双方当事人的合法权益，妥善处理可能出现的合同纠纷，合同当事人应在合同中明确采取何种方式解决纠纷。

除此之外，合同中还应包括包装方式、检验标准和方法等条款。

二、买卖合同的签订

(一)买卖合同签订的原则

买卖合同的签订除了必须遵守《中华人民共和国民法典》的相关法条外,还应遵循以下原则:

1. 当事人的委托代理必须合法

在实践中,有的当事人由于各种原因,往往需要委托代理人来签订合同。委托代理人是指代理人根据被代理人的授权,在代理人与被代理人之间产生的代理关系。当事人委托代理必须依法进行。委托代理人订立买卖合同,包括委托授权和委托合同两种形式。如果授权委托书授权不明,被代理人应与代理人一起向第三人负连带法律责任。合同的代理是指代理人在代理权限内,以被代理人的名义订立、变更、解除合同的活动,直接对被代理人产生权利和义务的一种法律行为。代订合同是当事人双方建立合同关系时经常采用的形式。代理行为必须符合法律的要求。

2. 买卖合同形式必须符合法定形式

合同形式是指体现合同内容的明确当事人权利和义务的方式,它是双方当事人意思表示一致的外在表现。订立合同的形式有书面形式、口头形式和其他形式。其中,书面形式的合同有利于督促当事人全面认真履行合同,发生争议也便于分清责任和举证;口头形式的合同无文字为据,一旦发生争议难于举证,不易分清责任,以致当事人的合法权益得不到保护;其他形式,即法律没有禁止的形式。

(二)买卖合同签订的方式

签订买卖合同,一般采用以下两种方式:

1. 面谈签订

采用面谈签订方式时,推销员与客户指定的负责人直接面谈,协商一致即可当面拍板成交。这种方式不需要经过中间环节,客户和推销员能较充分地交换意见和表达意愿,对合同条款可反复协商。这种方式在合同签订方式中占有重要的地位。

2. 通信签订

通信签订是指当事人双方相距较远,或为了方便起见,双方不直接面谈,而采用信件、传真、电子邮件等通信方式签订合同。这种方式较为适用与老客户签订买卖合同。

(三)签订买卖合同应注意的问题

1. 资格审查

资格审查是审查对方的民事权利能力和民事行为能力,也就是审查对方是否有从事相关经营的资格、资质、履约能力和信用等级等。审查企业的资质,可要求对方提供相应的证明文件,并在所提供的文件上签名盖章确保真实,文件包括:营业执照复印件、资质证明、授权委托书;提供详细的身份证号码、住址、电话等。对于标的额较大的合同应派人进行落实。这些基础工作做好了就可以大幅度减少将来合同执行中的纠纷。同时应注意检查对方签约人的身份,重点是有无代表企业或他人签订合同的资格。凡是不代表本人的一定要有授权委托书,代表企业的还要加盖企业公章。授权委托书上应注明授权范围、权限并有授权人的签名、盖章。签名、盖章应清晰可见,合同文本有修改的应在修改处盖章注明,并保持双方存留合同文字内容的一致性。

2. 合同形式选择

供货合同的签订最好采用书面形式。如需要在执行中分批签订合同,应在每次签订合同或形成新文件后及时对照以前的文件,如发现有变化或文字表述有歧义,应及时提出并达成一致、补签合同。对执行期限较长并不断形成新文件的合同,应每隔一段时间或每完成一个阶段,在下阶段开始前签订备忘录作为一个阶段总结,及时明确合同内容。对于时间紧迫达成的口头协议应在事后补签合同,避免出现纠纷。合同签订后,应将合同正式文本复印若干份,将原件存档,平时应尽量用复印件,以免造成原件丢失带来举证麻烦。

第二步 合同管理

一、买卖合同的履行

(一) 买卖合同履行的原则

买卖合同履行的原则包括全面履行原则和诚实信用原则两项。

1. 全面履行原则

全面履行原则也称为正确履行原则,是指买卖双方应按照买卖合同规定的标的及其质量、数量,由适当的主体在适当的履行期限、履行地点,以适当的履行方式,全面履行合同义务。

2. 诚实信用原则

诚实信用原则是指买卖双方履行合同时应根据合同的性质、目的和交易习惯,认真履行通知、协助、保密等义务,其主要体现为协作履行的原则和经济合理的原则。同时,当事人在履行买卖合同时,应顾及对方的经济利益,以最小的履约成本,取得最佳的合同利益。

(二) 双方共同履行的义务

当买卖合同订立后,购销双方当事人应按约定,全面履行各自义务。买卖双方当事人应当遵循诚实守信的原则,根据合同的性质、目的和交易习惯履行以下基本义务:

1. 通知

买卖合同当事人任何一方在履行合同过程中应当及时通知履行情况的变化,遵循诚实守信的原则,不欺诈,不隐瞒。

2. 协助

买卖合同是双方共同订立的,应当相互协助,具体体现为:当事人除自己履行合同义务外,还要为对方当事人履行合同创造必要条件;一方在履行过程中遇到困难时,另一方应在法律规定的范围内给予帮助;当事人一方发现问题时,双方应及时协商解决等。

3. 保密

当事人在合同履行过程中获知对方的商务、技术、经营等秘密信息应当主动予以保密,不得擅自泄漏或自己非法使用。

(三)出卖人履行的职责

(1)出卖人必须按合同规定的质量标准、期限、地点等交付标的物。

(2)向受买人交付标的物或提取标的物的单证。买受人交付标的物,可以实际交付,也可以提单、所有权证书等提取标的物的单证作为交付凭证。

(3)出卖人应当按约定向买受人交付提取标的物单证以外的有关单证和资料,如专利产品附带的有关专利证明书的资料、原产地说明书等。

(四)买受人履行的职责

(1)买受人收到标的物时应当在约定的检验期间检验。没有约定检验期间的,应及时检验。买受人应在约定的检验期间内将标的物的数量或质量不符合约定的情形通知出卖人,买受人没有通知的,视为标的物的数量和质量符合规定。当事人没有约定检验期间的,买受人应在发现或应当发现标的物的数量或质量不符合约定的合理期间内通知出卖人。买受人在合理期间内未通知或自标的收到之日起一定时限内未通知出卖人的,视为标的物的数量和质量符合约定,但标的物有质量保证期的,适用质量保证期。

(2)买受人应当按照约定的时间、地点足额支付价款。

二、买卖合同的变更

所谓合同变更,是指合同成立后在履行前或履行过程中,因所签合同依据的主客观情况发生变化,而由双方当事人依据法律法规和合同规定对原合同内容进行的修改和补充。因而,合同的变更仅指合同内容的变更,不包括合同主体的变更。

合同依法成立后,对买卖双方当事人均有法律约束力,任何一方不得擅自变更,但双方当事人在协商一致或因合同无效、重大误解、显失公平等情况下可以对合同的内容进行变更。当事人变更合同应当与订立合同一样,内容明确,不能模糊不清。否则法律规定对于内容明确的合同变更推定为未变更,当事人仍按原合同内容履行。

合同变更仍需要到原批准或登记机构办理手续,否则变更无效。

项目四　推销洽谈

工作实施

【训练目的】

规范拟订买卖合同,处理买卖合同的履行及变更。

【要求】

1. 拟订各代表团的名称。
2. 各代表团根据洽谈内容制订自己的洽谈方案。
3. 每个洽谈组根据洽谈结果拟订一份买卖合同,并履行签订程序。
4. 模拟合同履行中出现的纠纷场面,并采取有效的纠纷解决办法,并履行合同变更手续。
5. 准备录像机、笔、纸和合同。

【步骤】

1. 按学号顺序将学生分为12个代表团,每团4人,团内自选主谈。
2. 每两个代表团抽签组成一个洽谈组,每组的谈判活动由教师指定专人负责。
3. 洽谈过程中要完成总体要求里规定的全部内容。
4. 用录像机将每个洽谈组的洽谈情况进行全程录像。
5. 播放录像,由学生对每一洽谈组的表现进行评价,分析每组的优点及不足。
6. 由任课教师进行总结点评。
7. 学生填写项目评价表(见附录)。

【评价】

1. 检查每个洽谈组签订的买卖合同。
2. 由教师和学生代表共同组成评价小组,对学生签订的买卖合同和洽谈过程进行总体评价,评价标准见表4-16。

表4-16　　　　　　　　买卖合同与洽谈过程评价表

评价项目		评价要求	分值	得分	评语
买卖合同	合同范式	合同的书写格式是否规范,订立合同的双方是否具有法人资格	20		
	合同内容	合同内容是否齐全	20		
	合同纠纷	合同的纠纷解决措施是否完备	15		
洽谈过程	合同洽谈的方案设计	合同洽谈的方案设计是否合理	20		
	合同洽谈技巧的运用	能否灵活运用合同洽谈的技巧	15		
	合同签订环节的表现	合同签订中学生的专业表现	10		

推销实务

职业加油站

工矿产品购销合同样本

合同编号：_____

供方：_____ 签订地点：_____

需方：_____ 签订时间：___年___月___日

一、产品名称、牌号商标、规格型号、数量、单价、金额、供货时间及数量

产品名称	牌号商标	规格型号	数量	单价	金额	供货时间及数量						
					合计							

合计人民币金额（大写）

二、质量要求技术标准 _____。

三、供货方对质量负责的条件和期限 _____。

四、交（提）货方式 _____。

五、运输方式及到达站（港）的费用负担 _____。

六、合理损耗计算方法 _____。

七、包装标准、包装物的供应与回收和费用负担 _____。

八、验收方式及提出异议的期限 _____。

九、随机备品、配件工具数量及供应办法 _____。

十、结算方式及期限 _____。

十一、如需提供担保，另立合同担保书，作为本合同附件 _____。

十二、违约责任 _____。

十三、解决合同纠纷的方式 _____。

十四、其他约定事项 _____。

供 方	需 方	鉴（公）证意见
单位名称（章）	单位名称（章）	
单位地址：	单位地址：	
法定代表人：	法定代表人：	
电话：	电话：	
电挂：	电挂：	
开户银行：	开户银行：	
账号：	账号：	经办人：
邮政编码：	邮政编码：	鉴（公）证机关（章）

有效期限：至　　　年　　月　　日

常见的合同失误

1. 主体没有签订合同的资格和实际履约能力

买卖合同签订时,经常会遇见没有订立合同资格和履行能力的合同诈骗行为,主要表现为以下几点:

一是对方根本没有提供法人资格证明。

二是对方虽提供了企业法人营业执照,单位副本或复印件,其实是伪造的证明。

三是对方提供了正式的企业法人营业执照,但其虚报注册资本,无实有资金且没有实际履行能力。

四是对方在订立合同时虽提供了正式的企业法人营业执照,但因未参加工商局年检已吊销营业执照。

2. 代理人超越代理权限

在签订供货合同时,经常有代理人超越代理权的现象出现,由于未经被代理人追认,最后的损失由供货商来承担。

3. 不能正确区分"定金"与"订金"的区别

《中华人民共和国民法典》第五百八十六条和第五百八十七条规定,"当事人可以约定一方向对方给付定金作为债权的担保。债务人履行债务的,定金应当抵作价款或者收回。给付定金的一方不履行债务或者履行债务不符合约定,致使不能实现合同目的的,无权请求返还定金;收受定金的一方不履行债务或者履行债务不符合约定,致使不能实现合同目的的,应当双倍返还定金。"可见定金具有惩罚性。在实际业务中,有的人将"定金"写成了"订金","订金"在法律上被认定为预付款,不具有担保功能。

4. 供货合同常见的漏洞

供货合同签订时,由于业务员对业务不熟悉或洽谈经验不足,在合同中经常出现漏洞,常见的漏洞有:

(1) 质量约定不明确。

(2) 履行地点不明确。

(3) 付款期限不明确。

(4) 违约责任不明确。

(5) 付款方式不明确。

(6) 履行方式不明确。

(7) 计量方法不明确。

(8) 检验标准不明确。

以上漏洞多出现在合同主文内容缺少、约定不明、使用字眼双方有争议的情况下。

培训游戏

西瓜交易合同的订立

【游戏形式】

将学生分为甲、乙两组,对应合同甲、乙双方,每组各4人。

【游戏时间】

25分钟

【游戏材料】

大荔西瓜1个,纸,笔,自己设计的西瓜销售图片(打印版),西瓜销售合同1份。

【游戏目的】

掌握交易合同的基本范式及内容,学会如何洽谈交易合同及处理合同交易中的纠纷。

【游戏程序】

1. 甲方为卖瓜方,乙方为购买方。
2. 甲方将大荔西瓜展示给乙方,介绍西瓜的特点,提出销售价格等。
3. 乙方提出异议,甲方解决异议,采取措施促进销售。
4. 甲方切开西瓜请乙方现场品尝,乙方品尝后同意交易。
5. 甲、乙双方进入合同签订程序。
6. 磋商、审议交易合同,就合同纠纷的处理方式达成共识。
7. 签订买卖合同。

【讨论】

1. 买卖合同的签订要经过哪些环节?
2. 买卖合同的范式及内容包括什么?
3. 如何协商合同纠纷处理方式?

任务回顾

本任务完成后,能够完成买卖合同的签订,进行合同管理的工作任务。

职业管理模块

项目五　推销管理

　　任务一　推销员管理

　　任务二　客户管理

　　任务三　推销绩效评估

项目五 推销管理

项目任务

1. 推销员管理。
2. 客户管理。
3. 推销绩效评估。

任务一 推销员管理

任务导入

妙用新进的推销员

A公司目前有员工2.2万余人,其中市场推销员占33%,而且素质非常高,其中85%以上都是名牌大学本科以上的毕业生。A公司推销员在相互配合方面效率相当高,从签订合同到实际供货只要四天的时间。A公司把通过培训的新推销员直接派往A公司分布在全球各地的分公司或办事处,让他们在市场一线展示自己的才华和接受实践的改造。在A公司的推销员中,业绩最好的推销员并不是有丰富经验和经历的人,而是那些刚刚从大学毕业的雄心勃勃的新员工。随着销售队伍的扩大,销售区域的增多,A公司还推出了《A公司员工行为准则》《A公司员工职业道德规范》,对营销人员的行为做出了基本的规范。

【任务描述】

确定推销组织的结构与规模,招聘、选拔、培训推销人员。

第一步 确定推销组织的结构与规模

推销员管理是企业能否占领市场并不断拓展市场的关键性工作。要在不断培养推销员素质的过程中,激励引导推销员积极认真地为企业搜集有利于企业长远发展的信息,注意刺激顾客的需求,顺利推销企业的产品,不断扩大企业的市场份额。推销员管理既涉及推销员的配备问题,又涉及推销员的培养和使用问题;既是企业人事部门的工作,也是销售部门的配合工作,应主动提出选择推销员的标准。

一、推销组织的结构管理

人员推销采用何种组织结构,会直接影响推销工作的效率。企业应根据自身的人力资源状况、财务状况、产品特性、消费者及竞争对手等因素,选择适合自己的销售组织形式,用最少的管理成本获得最大的运营效益。

(一) 区域型销售组织

区域型销售组织是指在企业的销售组织中,各个推销员被分派到不同地区,在该地区全权代表企业开展销售业务。

在该组织模式中,区域主管权力相对集中,决策速度快;地域集中,相对费用低;人员集中,易于管理。区域负责制激励推销员开发当地业务和培养人际关系;但推销员要从事所有的销售活动,技术上可能不够专业,不适应种类多、技术含量高的产品。

销售区域可以按销售潜力相等或工作负荷相等的原则加以划定,但每种划分都会遇到利益和代价的两难处境。具有相等销售潜力的地区给每个推销员提供了获得相同收入的机会,同时也给企业提供了一个衡量工作绩效的标准。如果各区域销售额长期不同,则可判定为各推销员能力或努力程度的不同所致。

(二) 产品型销售组织

企业按产品分配推销员,每个推销员专门负责特定产品或产品线的销售业务。随着产品管理的发展,许多企业根据产品或产品线来建立销售组织。

1. 技术复杂的产品销售组织

技术复杂的产品销售,产品之间联系少或数量众多时,按产品专门化构建销售组织比较合适。例如,乐凯公司就为它的普通胶卷产品和工业用胶卷及医用胶卷配备了不同的销售队伍,普通胶卷销售队伍负责密集分销的简单产品,工业用和医用胶卷销售队伍则负责那些需了解一定技术的产业用品。

2. 种类繁多的产品销售组织

种类繁多的产品销售,不同的推销员会面对同一顾客群,加大了销售成本,容易引起顾客的反感。例如,庄臣公司设有几个产品分部,每个分部都有自己的销售队伍。很可能在同一天,庄臣公司的几个推销员到同一家医院去推销。如果只派一个推销员到该医院推销公司所有的产品,可以省下许多费用。

(三) 顾客型销售组织

企业也可以按市场或顾客类型来组建自己的销售队伍。每个推销员都能了解到消费者的特定需要,可降低推销员费用,减少渠道摩擦,为新产品开发提供思路。例如,施乐、IBM、NCR、惠普和通用食品等。

(四) 复合型销售组织

前面几种销售组织建设的基础都是假设企业只按照一种基础划分销售组织,如按区域或产品划分。事实上,许多企业使用的是这几种结构的组合。例如,可以按产品和区域划分组织,也可以按顾客和区域来划分,还可以按产品和顾客来划分。

如果企业在一个广阔的地域范围内向各种类型的消费者销售种类繁多的产品时,通常将以上几种结构方式混合使用。推销员可以按区域—产品、产品—顾客、区域—顾客等方法加以组织,一个推销员可能同时对一个或多个产品线经理和部门经理负责。

(五) 大客户销售组织

企业特别关注少数的大客户,实行推销员负责制。大客户组织就是指以客户的规模和复杂性为划分依据的市场专业化销售组织,企业设专门的机构和人员来负责大客户的销售业务。它们由专门的推销员专门负责对一个或多个大客户的销售和服务,协调关系。

(六) 团队销售组织

一个企业在选择采用团队销售组织时,必须考虑很多的因素,诸如确定团队的规模和职能,以及团队整体和个人的报酬机制问题。企业未来销售发展的趋势是由个人销售逐步发展为包括推销员、有关职能人员的团队销售。例如,通用电气公司成立了跨职能和跨公司的大型团队负责销售,仅针对南加州爱迪生公司购买的蒸汽涡轮发电机就有140人的团队,包括60名来自通用的员工,其他成员则来自爱迪生公司。Baxter公司更为超前,他们甚至与客户共同协商设立组织目标,并分享与之有关的成本和利润。

二、推销员的规模管理

公司确定了销售队伍策略和销售队伍结构后,应该考虑销售队伍的规模,即推销员数量的多少。推销员队伍是公司最有生产价值的资产之一,增加推销员人数时会提高推销成本。但是,销售量的增加和人员推销费用的增加并不呈线性关系。因此,科学合理地进行推销员的规模管理,有助于提高企业的营销效率。企业确定推销员数量常用的方法主要有以下几种:

(一) 销售额法

销售额法是指企业根据预期销售额的大小来确定推销员数量的一种方法。使用这种方法确定推销员规模时,首先要确定每位推销员平均每年的销售额,并预测企业每年的销售额,然后计算所需的推销员数量。其计算公式为

推销员数量＝企业年销售总额/个人年平均销售额

在这种方法的应用中,关键问题是如何合理制定个人平均销售额指标。这一指标的确定,可根据企业推销员前几年的工作情况,再考虑市场环境的变化对推销工作的影响。但需要注意的是,新增加的推销员往往开始并不一定能像老推销员那样工作卓有成效。

(二)工作负荷量法

工作负荷量法是根据推销员需要完成的工作量的大小来确定推销员数量的方法。这种方法的应用步骤如下:

1. 确定总工作量

首先将所有的顾客进行分类,然后再确定每类顾客每年需要进行访问的次数。根据顾客的分类和每类顾客每年的约访问次数,即可知道企业每年应进行的总访问次数,根据总访问次数即可确定企业推销员的总工作量。

2. 确定每位推销员的年工作负荷

根据不同顾客的分布情况,每访问一个顾客需要花费的时间等因素,确定每位推销员每年的平均访问次数,以此平均访问次数作为每位推销员的年工作负荷。

3. 确定推销员数量

企业所有推销员每年的总工作量除以每位推销员的年工作负荷,即为企业所需的推销员数量。

> **小案例**
>
> 某企业共有各种客户1 200个,这些客户可分为三类,其中第一类客户有200个,每年需进行24次访问,第二类客户有400个,每年需进行18次访问,第三类客户有600个,每年需进行12次访问。如果每位推销员每年的平均访问次数为300次,该企业共需推销员多少名?根据公式S＝(200×24＋400×18＋600×12)/300＝64(名),即该企业需要64名推销员。
>
> 企业每年人员推销的总工作量,也可根据每类顾客访问一次所需的时间,将总访问次数折算成总访问时间,然后再根据每位推销员每年可用于访问的时间,最后算出所需的推销员数量。

(三)边际利润法

边际利润法是根据推销员创造的边际利润决定推销员数量的一种方法。使用这种方法决定推销员的数量时,只要增加推销员后增加的利润大于零,就应该增加推销员的数量。这种方法的应用过程如下:

(1)建立推销员数量变化与销售额变化之间的关系。

(2)建立推销员数量变化与成本变化之间的关系。

(3)计算有不同数量推销员时的边际利润额(销售额增加额－成本增加额)。

这样,大于零的最小的一个边际利润额所对应的推销员的数量即为最佳推销员数量。

项目五　推销管理

第二步　招聘、选拔、培训推销员

一、推销员的招聘与选拔

（一）推销员的招聘与选拔计划

详细的计划在推销员的招聘与选拔过程中有重要的作用，合理的计划为寻找合适的候选人提供了充足的时间，有助于避免因仓促决策而造成企业损失。招聘与选拔计划的任务如下：

1. 职位分析

职位分析是对组织中某个特定工作岗位的目的、任务、责任、权利、隶属关系、工作条件、任职资格等相关信息进行分析，明确工作岗位，并确定完成该工作的行为、条件和人员的过程。

2. 职位能力要求

职位能力要求是完成工作所必需的职业条件，如经验、教育水平、愿意外出推销、人际关系能力、自我激励及独立工作的能力等。

3. 职位描述

职位描述是详细说明工作要求的正式文件，主要内容有职位名称、职责任务、隶属关系、产品及顾客类型、与工作相关的重要要求等。它可以减少推销员的角色模糊，明确职责以及让潜在的推销员熟悉推销工作，还可为推销员设立目标。

小案例

某公司推销员的职位描述

职位名称：推销员

部门：销售部

上司：地区销售经理

主要活动：

1. 分解销售任务指标，按要求完成销售任务。
2. 协调销售关系，达成团队销售业绩。
3. 确定目标客户，进行商务谈判。

职位能力要求：

1. 大专以上学历，1年以上营销工作经验。
2. 具有良好的客户拓展能力及商务谈判能力。

(二)推销员招聘的途径

1. 内部招聘

内部招聘是从企业内部人员中选聘具有推销员素质的人来充实推销队伍或者让内部员工动员自己的亲属、朋友、同学、熟人加入企业的销售行列。内部招聘的优点体现在以下两个方面:

(1)应聘者熟悉产品。应聘者来自企业内部,通常他们对企业的产品较为熟悉,所以他们从事推销工作不需要产品知识的专门培训。

(2)比外部招聘成本低。企业可以从内部员工那里了解有关应征者的许多情况,从而节省了部分招聘程序和费用。

但内部招聘有可能会造成企业部门之间的矛盾,容易形成"帮派"小团体和裙带关系网,造成管理上的困难。

2. 外部招聘

外部招聘就是企业根据制订的招聘标准和程序,以公开的形式通过全面考核来录用推销员。

(1)外部招聘的优点与局限

外部招聘具有以下优势:

①具备难得的"外部竞争优势"。

②有利于平息并缓和内部竞争者之间的紧张关系。

③能够为组织输送新鲜血液。

外部招聘也会有很多的局限性,主要表现在:外聘者对组织缺乏深入了解;组织对外聘者缺乏了解;对内部员工积极性造成打击;等等。

(2)外部招聘的途径

外部招聘主要的途径有人才交流会、大学校园招聘、广告招聘、委托招聘等。

①人才交流会

各地每年都组织大型的人才交流洽谈会,如北京在首都体育馆、工人体育馆、北京展览馆、国际展览中心等地举办春、秋季人才交流洽谈会、特殊人才交流会和外资企业人才招聘会。企业从交流会上可直接获取应聘人员的有关资料,如学历、经验、意愿等。这种招聘会可以节省时间和精力,见效快。

②大学校园招聘

大学校园招聘是企业录入新推销员最常用的途径,招聘方式有招聘张贴、招聘会、毕业实习、学校推荐等。大学生系统地学习了营销方面的理论知识,对销售工作充满了热情,一般较为积极主动。缺点是大学生缺乏销售经验,适应工作较慢。

③广告招聘

广告招聘是利用各种媒介发布企业招聘信息的方法,常用的如报纸,报纸作为信息发布中介具有可保存性、发行量大、能吸引较多的求职者、备选比率大等优点;缺点是印刷质量不尽如人意、广告位置不醒目、容易被忽略等。互联网则具有信息容量大、广告制作效果好、可统计浏览人数等优点;缺点是信息过多易被忽略、真实性易受怀疑等。通过专业性杂志能招聘到较高素质的人才。

④委托招聘

委托招聘是把招聘的任务委托给中介机构或职业介绍所来完成,使企业的工作简单化。企业在选择中介机构时注意要对中介机构的资质进行考察,要明确双方的责任与义务。

(三)推销员选拔的过程

选拔过程的详细程度因企业而异。大型企业的选拔过程通常会较为复杂,一般可分为申请、面试、测试、录用等步骤;在较小的企业中,应聘者只由销售经理核准便可。

1. 筛选申请表和简历

申请表的作用主要是防止明显不合格的人员继续参加以后各阶段的选拔,节省选拔时间及费用,提高效率。填写申请表需出示有关证件资料,初步断定申请人是否具备工作所需的一般条件,如年龄、学历、工作经验等。具体执行时可建立一种记分制度,分数高者优先。

分析简历是考察申请人是否满足职位能力要求,申请人职业生涯的发展程度、变更工作的频率及放弃上一份工作的原因等。

2. 面试

面试是整个选拔过程的核心部分。企业可就申请表、简历上的疑点和不明白之处,通过面试加以讨论与验证;并可借此了解申请表和简历上没有的情况,如兴趣、爱好、以往的工作经验等;面试时听取应聘人员对工作的设想并可设计模拟推销企业的产品,面试人可借此判断应聘人员的潜在推销能力。面试的类型主要有以下两种:

(1)结构性面试

结构性面试是依据预先确定的内容、程序、分值结构进行的面试形式。面试过程中主试人根据事先拟订好的问题逐项进行测试,应聘者必须针对问题回答。结构式面试减少了主观性,但搜集信息的范围受到限制。使用这种方法的关键在于事先充分的准备。

(2)非结构性面试

非结构性面试没有固定的内容和程序,应聘者可围绕主题自由发挥。这种方法灵活,获得的信息丰富深入,但主观性强、效率低。企业可在面试中同时使用结构性面试和非结构性面试,从而结合两种方法的优点,避免单一方法的不足。

3. 测试

(1)智力测试。用来衡量应聘者的综合智力水平,如记忆、逻辑、推理等能力。

(2)能力测试。用来衡量应聘者是否具有某些重要的能力,如动手能力、组织能力、语言与文字表达能力等。

(3)个性测试。用来了解应聘者属于何种性格的人,如是内向型还是开放型,是主导型还是他导型,是情绪型还是稳定型等。

(4)诚实测试。用来检验应聘者的诚实性,了解其道德规范和行为体系。

(5)情境测试。将应聘者置于销售工作的特定情境之中,观察其行为反应,从而判断其个性特点等。

> **小案例**
>
> ### 应聘销售部门主管的经历
>
> 小王到了 M 公司，与来参加面试的其他七人围坐在圆形会议桌前。面试的考官代表公司向大家问好，拿出一盒积木，让应聘人员一起设计一个公园。应聘人员花了大约一小时的时间建好了公园，之后考官问了几个问题，这个"节目"就算结束了。休息了一会儿，考官发给大家一些心理测试题，上午的时间过去了。下午在一个单独的小房间，小王被假设成是一个公司的代理总经理，批阅一大堆文件。在小王批阅文件的过程中，有一个莫名其妙的顾客闯进来投诉，十分钟后总算把他打发走了，小王继续批阅文件。这时一个工作人员进来递给小王一张纸条，上面说要求小王十分钟后作为总经理候选人参加竞选。小王必须根据文件中得到的公司信息做一个竞选演说。于是小王又匆忙准备这个演说。十分钟后工作人员带小王到另一个房间，考官们已经在那里坐好了。小王按照自己准备的内容做了演讲，紧张而有趣的一天就这样结束了。

4. 人员的选定和录用

根据面试和测试的信息，按招聘计划数量对考察合格者决定录用。一次招聘能满足计划数量当然很好，但要坚持宁缺毋滥，达不到要求，宁可少招，等条件成熟时再行招聘。录用的关键在于用人的轻重缓急，把人才用活，有进有出，不搞一次录用定终身。对未录用者也应致函表示感谢，并可将其存于企业后备人才库中。正式录用时，一般要经过体检，采取聘用制、劳动合同制。企业与应聘者正式签订合同方才有效，从而保证企业销售工作的连续性与稳定性。

二、推销员的培训

企业经营管理诸要素中，"人"是关键的因素，企业必须不断提高员工素质才能保持竞争力，这样就要对推销员进行培训。国外企业的平均培训时间，产业用品公司为 28 周，服务公司为 12 周，消费品公司为 4 周。培训时间随销售工作的复杂程度与所招入销售机构的人员类型而有所不同。如 IBM 公司的新销售代表头两年是不能独立工作的，公司希望其销售代表每年用 15% 的时间参加额外的培训。

(一) 培训的作用

销售培训的目的是培养推销员的素质和能力，具体作用可表现在以下几个方面：

1. 增强销售技能，提高业绩水平

培训是把好的推销技能在组织内进行合理传授，以缩短新推销员"成长"的时间，共享销售经验，掌握新的科学方法和手段，提高业绩水平。

2. 提高推销员素质，维护企业形象

在商务活动中，推销员代表的是企业的形象，顾客会从推销员的知识、素质以及言谈举止中判断他所代表的企业。推销员不适当的承诺，缺乏诚信，贿赂顾客等行为会损害企业的形象和利益。

3. 提高推销员的自信心和独立工作的能力

销售工作面对各种不同类型的顾客，出现挫折甚至遭到羞辱是经常会碰到的。通过培训充分了解销售工作的特点，正确对待挫折以及克服挫折带来的孤独感和屈辱感，树立他们的自信心和提高独立工作的能力。

4. 降低人员流失率，稳定销售队伍

企业通过培训使推销员提高自信心和独立工作的能力，提高销售业绩，增加个人收入，并使其产生成就感，这将大大提高推销员对企业的归属感，降低他们的离职率，保持企业销售队伍的相对稳定。

5. 培养创造力，改善与顾客的关系

企业的产品能否最大限度地给顾客带来效用从而使顾客满意，有赖于推销员是否具有服务顾客的创造力，是否具备现代营销知识，是否掌握销售理论、技术、方法以及各种必要的新知识。当推销员能熟练、迅速地排除异议，帮助顾客解决问题时，就容易获得顾客的忠诚感。

（二）培训的对象

企业需要培训的员工有三类：一是新推销员，培训目的是使他们尽快熟悉销售工作；二是有经验的推销员，培训目的在于提高销售效率；三是销售经理，企业期望他们掌握管理知识，提高个人管理技能。

小案例

丰田公司的员工培训

丰田公司长期以来非常重视对员工的培训，实行全员全过程培训体系，主要包括三个方面：

新员工培训：目的是使新员工成为一个真正的"丰田人"，培训为期半年，首先是一般教育，传授企业概况、公司业务内容等，然后进行工厂实习，接着是维修实习、销售实习。这样新员工对汽车的生产、维修及销售都有了实际的体验。新员工训练指导由汽车销售公司的老推销员承担。

推销员的继续教育：具有两年以上销售经验的推销员需到公司进修中心接受继续培训，利用讲座、角色扮演等形式学习提高推销技巧。此外对于晋升人员要进行相应的培训。

经销店负责人的培训：每年举办多次"经销店负责人讲座"、"经销店负责人讨论会"等。通过讨论会，汽车销售公司希望把经销店的经营者培养成能适应经济环境变化的人，进而加强汽车销售和经销店的联系，互相沟通思想。

丰田就是通过培训制度全面提高了企业的整体素质。

(三)培训的程序

1. 确定培训需求

确定培训需求就是根据企业状况进行培训需求分析,即确定员工是否需要培训,哪些方面需要培训的分析。企业存在的主要销售培训需求有以下四个方面:

(1)企业知识培训

企业知识培训主要是针对新招聘的推销员而言,让他们了解公司的历史和成就,公司现有的地位和发展目标、组织结构、财务状况、企业理念、主要产品的推销情况和推销策略、本企业的公共关系策略以及其他一些有关政策,从而尽快消除新招聘推销员的陌生感并认同企业文化。

(2)产品和行业知识培训

推销员必须通过培训了解本行业及本企业的产品,如行业及企业所有产品线、品牌、产品属性、设计制造过程、产品用途、产品结构、产品的质量、使用材料、产品的包装、产品价格、产品损坏的普遍原因及其简易维护、修理方法以及竞争产品的价格、构造、功能以及兼容性等知识。

(3)顾客知识培训

以顾客为导向才能成功,推销员必须了解顾客,研究顾客类型及其购买心理过程,学习如何鉴别和适应不同类型顾客的要求,以及如何对他们的要求做出反应;另外要了解本企业顾客的基本情况,包括顾客的地区分布、采购政策、购买动机和模式、经济收入以及习惯偏好等。

(4)销售技巧培训

销售技巧培训是对推销员进行培训的一项关键内容,通过销售技巧培训,推销员要掌握推销时的仪表和态度,以及应具备的服务精神及推销技巧。

2. 建立培训目标

企业的培训目标主要包括发掘推销员的潜能;增加推销员对企业的信任;训练推销员工作的方法;改善推销员工作的态度;提高推销员工作的情绪;奠定推销员合作的基础等。最终目的是提高推销员的综合素质,以增加销售量,提高利润水平。企业的每次培训至少要确定一个主要目标。通过建立目标决定培训的顺序,提供培训评价标准,更有可能获得高层的预算支持。

3. 进行培训选择

(1)选择培训师

培训师承担具体的培训任务,是传授知识和技能的人,其素质的高低、意愿、能力、教学方法都关系到培训的效果和质量。企业可选择来自内部和外部不同的培训师。

①内部培训师。企业拥有销售经理、高级推销员和其他专职的培训人员,可用各种形式与受训者沟通,进行现场培训,简化控制和协调工作。不足之处是专职的培训人员不如外部专家那样能满足推销员的特殊需要,也缺少培训经验,培训效果不一定理想。

②外部培训师。外部培训师可以是销售培训的专业顾问,也可以是大学营销专业的资深讲师,这些外部培训师往往更具权威性。不足之处是培训的成本高。

(2)选择培训地点

根据培训地点的不同可分为集中培训和分开培训。集中培训是针对培训企业所有的推销员,主要是在一般知识和态度方面的培训,并由总公司举行以保证培训的质量和水平。分开培训是由各分公司自行培训其推销员。有特殊培训目标的可采用此法,可以结合推销实践来进行。通常企业培训的地点为办公室、中心培训地、饭店、会议中心、其他地点等。

(3)选择培训方法

对推销员的培训大体有以下五种方法:

①课堂培训法。一般由销售专家或有丰富推销经验的推销员采取讲授的形式将知识传授给受训人员,这种方法应用最为广泛。其优点主要在于其经济性,一个培训教师可以同时对多名推销员进行培训;缺点是此法为单向沟通,受训人获得讨论的机会较少。

②会议培训法。一般是组织推销员就某一专门议题进行讨论,会议由主讲老师或销售专家组织。此法为双向沟通,受训人有表达意见及交换思想、学识、经验的机会,培训教师在会议过程中可以有针对性地就某一专题组织讨论。

③模拟培训法。即由受训人员亲自参与并具有一定实战性的培训,可分为实例研究法、角色扮演法、业务模拟法等。实例研究法是一种由受训人分析所给的推销实例材料,并说明如何处理实例中所遇问题的模拟培训法;角色扮演法是一种由受训人扮演推销员,由有经验的推销员扮演顾客,受训人向"顾客"进行推销的模拟培训法;业务模拟法是一种模仿多种业务情况,让受训人在一定时间内做出一系列决定,观察受训人如何适应新情况的模拟培训法。

④实地培训法。实地培训法又称在职培训法,在工作岗位上练兵培训,新推销员接受一定的课堂培训后由有经验的推销员带岗一段时间,然后逐渐放手,使其独立工作。

⑤电子学习法。通过电脑、互联网、光盘等先进的信息技术进行分散培训,可以使推销员不受时间地点的限制进行学习,提高专业素质。

4. 制订培训计划

培训计划的内容包括:培训目的、内容、方法、时间、地点、领导组织、培训对象、培训师、效果评价等,要注意细节以确保培训过程的成功实施。

培训时间可长可短,应根据需要来确定。确定培训时间需要考虑以下五个方面的问题:

(1)产品性质。产品性质越复杂,培训时间应越长。

(2)市场状况。市场竞争越激烈,培训时间应越长。

(3)人员素质。人员素质越低,培训时间应越长。

(4)要求的销售技巧。要求的销售技巧越高,培训时间应越长。

(5)管理要求。管理要求越严,培训时间应越长。

5. 实施培训计划

培训程序的最后一步是实施培训计划,要保证培训的实施必须做到三落实:人员落实(培训师、受训者、管理者)、经费落实和时间落实。

(四)培训效果评价

1. 培训过程评价

培训过程评价常用的方法有:培训师自我评价、受训者调查和聘请专家进行评价。

2. 受训者考评

受训者考评可用三种方法来进行:自我考评、相互考评和上级考评。

3. 培训效果评估

培训效果是培训过程中学员所获得的知识、技能等应用于工作的程度。常见的评估方法有以下五种:

(1)前后测试比较法。培训开始和结束时分别用难度相同的测试题对受训者进行测试,两者的差距即可视为培训效果。

(2)对比评价法。选择培训组和对比组分别进行测试,对培训组进行培训,对比组照常工作,最后在同一时间内对两组人进行对比,结果的差距就是培训的效果。

(3)工作绩效评价法。培训结束后,每隔一段时间以书面调查或面谈的形式,了解受训者的工作业绩,从中确定培训效果。

(4)工作态度考察法。考察受训者在培训后工作态度的变化,如主动性、纪律性和工作热情等。

(5)主管或下属意见评价法。培训结束一段时间后,培训管理部门以书面调查或面谈的形式,向受训者的主管或下属了解其在培训前后工作业绩与表现的变化来判断培训效果。

工作实施

选拔推销员

A牙膏厂根据市场需要,开发出国际香型、有口洁素的××牌牙膏,从国内激烈的市场竞争中脱颖而出,经济效益也越来越好。以该品牌为主的系列产品走俏全国,成为深受消费者欢迎的名牌产品。

A牙膏厂销售科负责该厂产品的销售合同签订、广告、售后服务和营业推广策划等工作。为了提高销售量,销售科与厂部订立了承包合同,感到人手紧缺,工作十分紧张,急需充实推销员队伍。

销售科经过本人申请和文化考试,录用了张三、李四、王五和孙六4名为正式推销员的候选人,进行为期半年的实习试用。实习期满后,销售科科长正考虑从他们中选拔合适的人员作为正式推销员,从事牙膏产品的推销工作。

根据平时对他们的观察和厂领导、销售科同志及用户对他们的评价,对上述四个人的素质和工作状况进行了初步的总结,以作为选拔推销员的依据(见表5-1)。

项目五　推销管理

表 5-1　　　　　　　　　四名候选人的个人素质和工作状况

候选人	个人素质	工作状况
张　三	刚进厂的小伙子，今年刚满20岁，高中毕业，精力旺盛，工作肯吃苦。但平时大大咧咧，做事粗心大意，说话总是带有一股"火药味"	工作主动大胆，能打开局面，但好几次将用户订购的牙膏规格搞错，用户要大号，他发给小号。尽管科长曾多次向他提出，他仍然时常出差错，用户有意见找他，他还冲人家发火
李　四	为了照顾夫妻两地分居而从外地调进厂里，今年34岁。他为人热情，善于交往，本人强烈要求做销售工作	工作效率很高，经常超额完成自己的推销任务，并在推销过程中与用户建立了熟悉的关系。但他常常利用工作关系办私事，如要求用户帮助自己购买物品等。而且，他平时工作纪律性较差，上班晚来早走，并经常在上班时间回家做饭，销售科的同事们对此颇有微词，他曾找领导说情，希望能留在销售科工作
王　五	市轻工电视大学经济管理专业毕业生，今年25岁。她工作认真，稳重文静，平时少言寡语，特别是在生人面前，话就更少了	负责广东省内的产品推销工作，她师傅曾带她接触过所有的主要用户，并与用户建立了一定的联系，但她自己很少主动独立地联系业务。有一次，她师傅不在，恰巧有个用户要增加订货量，她因师傅没有交代而拒绝了这一笔业务
孙　六	29岁，大学公共关系专业学生，他为人热情，善于交际，头脑灵活，但对销售工作缺乏经验	负责河北省的产品推销工作，他经常超额完成推销任务，并在推销过程中注意向用户介绍产品的性能、特色，而且十分重视售后服务工作。有一次，一个用户来信提出产品有质量问题，他专程登门调换了产品，用户对此非常感动。尽管如此，但他却时常难以完成货款回收率指标，致使有些货款一时收不回来，影响了企业经济效益指标的实现

【目的】

通过上述案例实施该项目，学生能根据企业销售目标需求和推销员的个人素质、工作业绩和销售潜能，选配、组建、打造一支高水平的销售队伍。

【要求】

1.适合推销牙膏产品。

2.每个人制订一份推销员队伍方案。

3.必须有选择或者淘汰人员的简要原因说明。

4.组内讨论，汇总评出最优人员方案，小组按最优方案参与班级陈述。

【步骤】

1.将班内学生分成若干小组，每组6~8人，由组长负责。

2.小组内选择推销员。

3.个人制订组建方案。

(1)简要撰写选择或者淘汰人员的原因。

(2)高效销售队伍的说明。

4.组内讨论，汇总评出一个最优方案。

(1)小组长负责组织汇总评选过程。

(2)小组成员轮流陈述自己的组建方案。

(3)个人陈述完毕后，其他人负责打分，取平均分为个人方案成绩。

（4）每个小组内评选出分值最高的方案，融入其他学生的优势，汇总形成本小组的方案。

5. 小组长携最优方案参与班级陈述。

6. 学生填写项目实施手册（见附录）。

【评价】

教师对各小组的推销员组建方案进行点评，并选出全班最优方案，评价标准见表5-2。

表5-2　　　　　　　　　　　推销员组建方案评价标准

评价项目	评价要求	分值	得分	评语
推销任务描述	定位准确	20		
选择或淘汰	结合岗位职能、理由合理	50		
文字表达	流畅、用词准确	20		
运用	符合场景设计	10		

职业加油站

竞赛目标激励方式

竞赛是企业常用的激励推销员的工具。它可采取多种形式，充分发挥推销员的潜力，促进推销工作的完成。关键要看竞赛规则、办法、奖励方式与竞赛的目的是否一致。如果偏离了方向，竞赛就失去了意义，甚至造成相反的效果。下面根据实际经验，提供一些可行的竞赛目标奖励方式。

1. 提高销售业绩奖。达到目标、超过上次销售业绩、前五名获得者、团体销售名列前茅等都可以利用一定的积分积点予以奖励。

2. 问题产品销售奖。对问题产品的销售（如新产品、库存滞销品），业绩较好者给予积分或加重点数奖励。

3. 开发新客户奖。对于开发新客户的数量多及业绩量大者给予积分奖励。

4. 新人奖。新招聘来的推销员中业绩较高者予以奖励。

5. 训练奖。训练新人绩效最高者给予奖励。

6. 账目完好奖。坏账最低者、即期结账比例最高或总额最高者给予奖励。

7. 淡季特别奖。在淡季、节假日可以举行特别的定期定时竞赛，优胜者给予奖励。

8. 市场情报奖。对协助公司搜集市场情报最多、最准确、最快速者给予奖励。

9. 降低退货奖。对退货量最低者或占销售总额比例最低者给予奖励。

10. 最佳服务奖。根据客户反应及公司考察，对服务态度最好、服务质量最高者给予奖励。

以上列举了几种常用的竞赛目标及奖励方式。事实上，竞赛目标还有很多，各销售主管应根据实际情况，运筹帷幄，巧妙运用，以达到预期目的。

面谈的技巧

面谈人是面谈的召集者,也是面谈的主持者。面谈人在面谈准备及实施过程中应总结出一些经验,运用一些技巧,以提高面谈效率,达到面谈目的。以下几点可供参考:

①未雨绸缪,成竹在胸。面谈者要事先确定需要面谈的事项及范围,写下面谈的纲要,包括问话的次序及方式,并进行合理的安排及组合,把想问的话及方式与自己希望获知的资料加以配合。在面谈开始之前还要详细了解应聘者的资料,从中发现应聘者的个性、社会背景及其对工作的态度、以后的发展潜力。对应征者的资料了解得越多,越能在面谈时运用自如。

②例常发问,切入正题。面谈者应该以应征者能够预料的例常问题开始发问,如工作经历、文化程度等,然后再慢慢地过渡到正题部分。

③察言观色,烘托气氛。要密切注意应征者的行为及反应,为避免有太紧张的压迫感,不使应征者提供的资料不完全或受到扭曲,应尽量创造和谐自然的环境。面谈者不要对应征者做人身攻击及自尊心上的打击。应对所问的问题、问题间的变换、问话时机以及对方的答复都要多加注意。

④面谈记录,适可而止。面谈要有所记录,这是很必要的,但不要一直不停地记,这样反而会遗漏一些重要的事,也会给对方以束缚之感。有经验的人会尽量少做当面记录,只记录一些必要的事项,如希望的收入、待遇、可上班日期等,其他大部分内容只是记在心上,待面谈完毕后立即做简要的记录。如果应征者对做记录的做法感到十分敏感或不安时,就应尽量少做记录。

⑤态度缓和,以静制动。试探时态度要缓和,细心地听,力求多了解。在应征者停下来的时候,要安静地等待,不要暗示他回答自己的问题,观察他的举止,注意他的音调、回话的态度和反应,对他提供的资料要有信心,不要表现出优越感或不耐烦,更不要争论、说教或教训别人。

⑥言辞诚恳,掌握进程。回答问题要直爽而简洁。切勿企图出卖公司或工作。掌握进程,控制谈话,不要让谈话变成单方面发问,或者任由对方滔滔不绝地谈论他的销售经验。

⑦予人机会,圆满结束。在结束之前,要确定是否问完了所有预先计划的问题;同时给对方一个机会,看有无遗漏之处要加以补充,或修正错误之处。然后再圆满结束面谈。

培训游戏

数字传递

【游戏步骤】

1. 将学生分成若干组,每组学生5~8名,每组选派一名学生出来担任监督员。
2. 所有参赛的学生排纵列,队列的最后一人到老师处,老师向全体参赛学生和监督员宣布游戏规则。

【游戏规则】

(1) 各队代表到讲台上来,老师说:"我将给你们看一个数字,你们必须把这个数字通过肢体语言让你全部的队员都知道,并且让小组的第一个队员将这个数字写到讲台前的白纸上(写上组名),看哪个队伍速度最快、最准确。"

(2) 全过程不允许说话,后面一个队员只能够通过肢体语言向前一个队员进行表达,通过这样的传递方式层层传递,直到第一个队员将这个数字写在白纸上。

(3) 比赛进行三局(数字分别是0、900、0.01),每局休息1分15秒。第一局胜利积5分,第二局胜利积8分,第三局胜利积10分。

【讨论】

1. P(计划)—D(实施)—C(检查)—A(改善行动)循环在这个游戏中如何得到体现?
2. 四个循环中,哪个步骤更为重要?

任务回顾

本任务完成后,熟悉推销选拔、培训、激励等知识,能够完成推销员管理的工作任务。

任务二　客户管理

任务导入

乔·吉拉德的销售秘诀

250定律:不得罪一个顾客

乔·吉拉德在商战中总结出了"250定律"。他认为每一位顾客身后,大体有250名亲朋好友。如果你赢得了一位顾客的好感,就意味着赢得了250个人的好感;反之,如果你得罪了一名顾客,也就意味着得罪了250名顾客。这一定律有力地论证了"顾客就是上帝"的真谛。

建立顾客档案:更多地了解顾客

乔·吉拉德认为,推销员在和顾客交往的过程中,将顾客所说的有用情况都记录下来,从中把握一些有用的材料,如他们的孩子、嗜好、学历、职务、成就、旅行过的地方、年龄、文化背景及其他任何与他们有关的事情,这些都是有用的推销情报。所有这些资料都可以帮助你接近顾客。

猎犬计划:让顾客帮助你寻找顾客

乔·吉拉德认为,推销需要别人的帮助。乔·吉拉德的很多生意都是由"猎犬"(那些会让别人到他那里买东西的顾客)帮助的结果。在生意成交之后,乔·吉拉德总是把一叠名片和猎犬计划的说明书交给顾客。说明书告诉顾客,如果他介绍别人来买车,成交之后,每辆车他会得到25美元的酬劳。猎犬计划使乔·吉拉德的收益增大。

每月一卡:真正的销售始于售后

乔·吉拉德认为,推销是一个连续的过程,成交既是本次推销活动的结束,又是下次推销活动的开始。推销员在成交之后继续关心顾客,既会赢得老顾客,又能吸引新顾客,使生意越做越大,客户越来越多。乔·吉拉德每月要给他的1万多名顾客寄去贺卡,凡是在乔·吉拉德那里买了汽车的人,都能收到乔·吉拉德的贺卡,也就记住了乔·吉拉德。正因为乔·吉拉德没有忘记自己的顾客,顾客才不会忘记乔·吉拉德。

【任务描述】

建立客户档案,进行客户分析和客户跟踪。

客户是企业利润的源泉,客户及其需要是企业建立和发展的基础。"使顾客满意"已成为现代企业的经营哲学,以客户为中心的新的经营方式正在得到广泛的认同。客户开发和管理是推销成功的决定性因素,绝大多数推销员都认识到这一点,但大部分推销员尽可能地减少时间,却只是注意寻找客户、开发客户,不热衷于客户管理,不能在激烈的竞争中赢得顾客忠诚,稳定市场。推销员的工作中,有效的客户开发是前提,详细的客户分析和管理也是不可缺少的一个环节。

所谓客户,就是帮助企业销售产品、为企业挣钱的人。客户是企业销售体系的重要组成部分,是企业的重要资产之一。客户管理的实质就是如何有效地运营客户这项资产,对它进行开发、维护、运用并使其增值。

小案例

角色转换成交术

保罗和他的一位财务经理驾车到一家排在《财富》杂志200强以内的客户那里。他们到达后,接待的那位先生告诉他们,公司对现在的供应商很满意,所以根本不可能和他们建立业务关系。

然而,在他们驱车前往那家公司的路上,他们正好收听到布赖恩·特蕾西的专业销售录音节目,主要谈的是"即时角色转换成交术",即你提出一个问题后便彻底扭转了看似已被完全拒绝的情形。

因此,当他们面对最后的拒绝时,同行的财务经理问那位先生,如果他处在保罗他们的位置并得到的是同样的答复时,会如何去做。于是那位先生把他们引荐给了他的经理——这个公司的真正决策者。现在,他们已经和这家公司建立了业务往来。

第一步　建立客户档案

客户资料卡是推销员了解市场的重要工具之一。推销员可以连续地了解客户实情，从中看到客户的销售动态，据此推销员就可以对市场动态做出判断，并采取相应的行动。

一、搜集客户情报

要巧妙地突破日常的商战，首先从分析"敌我"双方的情形开始。市场是由复杂的人群所组成的，要了解顾客，就必须从顾客的日常行为、特征和心理倾向着手。在开始推销之前，对于现状究竟如何，应切实掌握。在不了解情况的前提下乱发命令，提出"提高销售额""提高毛利""坚守市场阵地"等口号是徒劳的。

二、制作客户资料卡

搜集客户资料后，应制作客户资料卡。若没有客户资料卡，在制订时间计划、决定访问路线、寄送广告信函的时候要浪费更多的时间。更重要的是，在客户资料卡上把客户的热心程度分等级，能节省制定销售战略与销售政策的时间，同时也能节省大量的人力与财力。

小案例

详细的客户资料

日本商社职员S先生到西德一家机械工厂访问，其年轻的西德人总务科长不仅热情而郑重地招待了S先生，而且对S先生的家庭、兴趣、爱好、出生年月、所属社会团体、所信仰的宗教等都很了解。S先生对他的敬业精神大为感动，尽力促成他的商社继续购买这家公司的机械，从此以后数十年的时间里，双方保持着密切的交易关系。为什么会有这样的结果呢？这就是西德这位年轻的总务科长把客户资料做了很好的整理、分类，并加以运用的结果。

客户资料卡应包括客户基本资料、客户特征、业务状况、交易现状等资料，见表5-3、表5-4。

表5-3　　　　　　　　　　　个人客户档案

姓　名		出生日期	
性　别		学历及母校	
职务、职称		主要经历	
收入（月）		性格爱好	
住　址		现工作单位	
电　话		何时购何物	
E-mail		家庭状况	

表 5-4　　　　　　　　　　　企业客户档案

企业名称				
地　址			电　话	
开业时间			开始交往时间	
信用状况		企业负责人	姓　名	
经营项目			电　话	
何时购何物			职务、职称	
企业规模及经营状况			爱　好	
			性　格	
其　他				

三、客户的分类

客户分类可以按不同的方法进行：

(1)按客户的性质分类。分为政府机构(以国家采购为主)、特殊公司(如与本公司有特殊业务等)、普通公司、顾客个人和商业伙伴等。

(2)按交易过程分类。分为曾经有过交易业务的客户、正在进行交易的客户和即将进行交易的客户。

(3)按时间序列分类。分为老客户、新客户和未来客户。

(4)按交易额和市场地位分类。分为主力客户(交易时间长、交易量大等)、一般客户和零散客户。

第二步　客户分析

一、客户分析的流程

客户分析的流程主要包括整理资料、销售业绩分析、划分客户等级、客户名册登记、对客户进行路序分析和客户资料管理等内容。

(一)整理资料

将某业务员的推销业绩和客户访问资料整理后列在表格中，格式见表5-5。

表 5-5　　　　　　　　　　　客户资料一览表

序　号	客户代号	销售额	累　计	访问次数	累　计
1					
2					
…					

(二) 销售业绩分析

根据业务员的推销实绩画出比例图。假定该业务员有二十家客户,总的推销额为 250 万元,但其中前四家的销售额就占总销售额的 80%,第五家至第十家的销售额占 15%,后十家仅占 5%。

(三) 划分客户等级

依据客户的销售额,可以将客户分为 A、B、C 三级。具体分法是:

(1) 将连续三个月(或 4 至 6 个月)的每月销售额累计后计算出月平均销售额(见表 5-6)。

表 5-6　　　　　　　　　　　客户销售额情况表

月　份	销售额(元)	累计(元)	月平均销售额(元)
6	5000		
7	2500	7500	12000÷3=4000
8	4500	12000	

(2) 将月平均销售额按大小排序(见表 5-7)。

表 5-7　　　　　　　　　　　销售额排列表

序　号	客户代码	月平均销售额(元)	备　注
1			
2			由大到小排列
…			
n			

(3) 依据某个月平均销售额为"等级标准额",再将全部客户划分为若干等级。如排第四的客户的月平均销售额作为 A 级客户标准额,在此标准额以上的客户均为 A 级客户。依此类推,确定 B 级、C 级客户。

一视同仁

小张刚参加工作不久就被安排去一个城市做销售业务,初次独立工作,做得非常用心,无论大小客户,均同等对待。开始工作还比较顺利,但时间一长,几个大客户就对小张的做法有了意见,认为他们的购买量很大,却和小客户享受一样的待遇,这不公平,要求小张给予一些特别的优惠。小张则认为,大家都是一样的消费者,怎么能厚此薄彼,因而拒绝了几位大客户的要求,结果几位大客户均不买账,从此也拒绝再买小张的产品,小张的业务自然受到了很大的影响。

项目五　推销管理

(四)客户名册登记

(1)按客户开拓(或拜访)的顺序先后列出"客户名册"(见表 5-8)。

表 5-8　　　　　　　　　　客户名册一览表

次序＼项目	客户名称	业　种	负责人	地　址	电　话	拜访日期记录

(2)按客户等级分类,编制"客户等级分类表"(见表 5-9)。

表 5-9　　　　　　　　　　客户等级分类表

客户等级	A 级	业　种			
		客户代码			
	B 级	业　种			
		客户代码			
	C 级	业　种			
		客户代码			

(五)对客户进行路序分类

路序是指为便于巡回访问、送货、催付款等,将客户按地区和最佳交通路线划分的线路顺序。

(1)按组别将所负责的客户划分为若干个区域(见表 5-10)。

表 5-10　　　　　　　　　　客户区域划分一览表

组别	区域代号	所辖区域名称	组别区别名称	备 注
1	A			
2	B			
3	C			

(2)按客户所在地区,划分为不同的路序(见表 5-11)。

表 5-11　　　　　　　　　按地区划分的路序一览表

A 区		B 区		C 区	
		路　序		路　序	
		级　别		级　别	
		客　户		客　户	
		代　码		代　码	

(六)客户资料管理

对新老客户都应建立管理卡,对他们的资料进行妥善保管,既作为公司的综合资料,同时也为推销员外出推销提供参考(见表5-12)。

表5-12　　　　　　　　　　客户资料管理卡

客户名称				地址		客户编号		邮编	
负责人			性别		年龄		职务		电话
金融情况	往来银行		现金情况			付款情况		承办人	
	账号		资金周转					付款态度	
	税号							付款日期	
开始交易日期					主营产品				
营业概况	营业项目		仓储情况			员工人数及素质		运输方式	
	经营体制		服务车数目			零售商数及覆盖情况			
	批发商数		营业范围			门市面积			
	进货对象	1.____产品占____% 2.____产品占____% 3.____产品占____%							
	经营方针								
	年度销售潜力	进货				第一品牌	进货		
		销货					销货		
		存货					存货		
最高信用额度						客户等级			
总体月均库存						月均库存数			

二、大客户管理

目前企业遇到的问题还有:企业的客户满意度是提高了,但企业的利润并没有获得很好的改善。20/80法则表明,占客户总数20%的客户创造了企业80%的利润。有的客户可以给企业带来较高的利润,有的客户则对企业具有更长期的价值。推销员应分级管理和重点对待。

1.优先保证大客户的货源充足

大客户销售量较大,所以应优先满足大客户对产品的数量及系列化的要求,要随时了解大客户的销售与存在淡旺季的产品,了解大客户的销售与库存情况。销售旺季到来之前,协调好生产及运输等部门,保证大客户在旺季的货源需求,避免出现因货物断档导致客户不满的情况。

2. 充分调动大客户中一切与销售相关的因素

推销员往往误认为客户关系就是处理好与客户的中上层主管的关系,产品销售就畅通无阻了,而忽略了对客户基层营业员、业务员的管理工作。但产品是否能够销售到消费者手中,却与基层的工作人员(如营业员、业务员、仓库保管员等)有着更直接的关系,特别是对一些技术性较强、使用复杂的大件产品更是如此。

3. 新产品的试销应首先在大客户之间进行

大客户在对一个产品有了良好的销售业绩之后,对该产品在大客户所在地区的销售也就有了较强的商业影响力,新产品在大客户之间的试销,对于收集客户及消费者对新产品的意见和建议,具有较强的代表性和良好的时效性,便于生产企业及时做出决策。

4. 充分关注大客户的一切公关及促销活动、商业动态,并及时给予支援和协助

大客户作为生产企业市场营销的重要环节,对它的一举一动都应该给予密切关注,利用一切机会加强与客户之间的感情交流。例如,客户的开业周年庆典,客户获得特别荣誉,客户的重大商业举措等,应该随时掌握信息并报请上级主管,及时给予支援或协助。

5. 安排企业高层主管对大客户的拜访工作

一个有着良好营销业绩公司的营销主管每年大约要有 1/3 的时间是在拜访客户中度过的,而大客户正是他们拜访的主要对象,协助安排合理的日程,有目的、有计划地拜访大客户。

6. 根据大客户不同的情况与大客户一起设计促销方案

应针对每个客户区域的不同、经营策略的差别、销售专业化的程度等,协调营销人员、市场营销策划部门与客户共同设计促销方案,高度重视客户,建设好营销渠道。

7. 经常性地征求大客户对营销人员的意见

市场营销人员是企业的代表,其文化水平、生活阅历、性格特性、自我管理能力等方面的差别,决定了市场营销人员素质的不同。对他们不仅要协助,而且要监督与考核,对于工作不力的人员要据实向上级主管反映,以便人事部门及时安排合适的人选。

8. 对大客户制定适当的奖励政策

生产企业对客户采取适当的激励措施,如各种折扣、合作促销让利、销售竞赛、返利等,可以有效地刺激客户的销售积极性和主动性,对大客户的作用尤其明显。

9. 保证与大客户之间信息传递的及时、准确

大客户的销售状况事实上就是市场营销的"晴雨表",应对大客户的有关销售数据进行及时、准确的统计、汇总和分析,上报主管,通报生产、研发、运输、市场营销策划等部门,以便针对市场变化及时进行调整。

10. 组织每年一度的大客户与企业之间的座谈会

企业应深入细致地做好工作,收集客户对企业产品、服务、营销、产品开发等方面的意见、建议和市场预测,研讨发展计划等。加深与客户之间的感情,增强客户对企业的忠诚度,抓住大客户,以点带面、以大带小,强化企业营销主渠道,适应日益激烈的市场竞争。

小案例

AT&T的客户关系管理之道

美国AT&T在政府的电信市场开放政策和网络通信兴起后,开始致力于对客户需求的了解,并以此构建企业的核心竞争力。首先注意到客户需求,根据客户需求推出比竞争者更好的通信服务。推出了包括长话、市话、互联网接入(ISP)、移动电话和数据专线服务的综合服务方案,客户可以依据自己的需求在菜单中选择所需要的通信服务。AT&T的目标是利用客户知识拓展针对个别客户服务需求的个性化整体解决方案,弄清楚在现有客户和潜在客户中,哪些最有可能是他们新推出的综合服务方案的使用者?而在这些客户中又有哪些是客户能够创造最大化的利润?要运用什么方法才能得到这些客户?

通过世界著名咨询公司的营销顾问与AT&T内部的营销专家,运用市场分析与预测的模型对每一个区隔市场的客户需求、竞争形态、经济因素、法规因素与地理因素进行综合分析,AT&T根据不同的市场区隔的地理条件、营业收益、客户的使用频率、综合或单一服务、市场占有率以及竞争者特性等因素,设定一种"目标模型",决定可能采取的行动和投资。

经过多年努力,AT&T已经把经营的重心放在客户关系管理上,在所有的7600万客户和数百万潜在客户中建立了客户关系管理数据库,并维护了客户关系,而不再仅是贩卖产品和服务而已。

第三步 客户跟踪

一、填写客户跟踪资料表

需要建立一份详尽的客户档案,并且要不断地调整。填写重点客户的联系方式和个人资讯,客户对保险保障的要求和成交、未成交的真正原因;根据成交的可能性,将其分为很有希望、有希望、一般、希望渺茫四个等级认真填写,以便日后跟踪客户;客户档案要及时调整。注意应认真填写,越详尽越好,妥善保管。每天或每周应认真分析,根据资料表检查营销情况,采取相应措施。

二、客户跟踪的要点

具体来说,客户跟踪有以下细节和注意事项:

1. 主动联系客户

表达诚意和服务姿态,尊重和重视客户;随时了解客户的真实需求,掌握商业合作的进度,做到有条不紊、未雨绸缪;同时也避免了某些时候客户丢失的情况。

2. 坚持与客户的沟通和联系

要全方位、多形式地跟踪客户,不管是电话,还是 QQ、微信、邮件等。保证每个星期会与重要客户保持至少1次以上的沟通和联系,尊重和重视客户,巧妙提醒客户"推销员的存在",一旦客户有真正的需求,首先就会想到推销员。

3. 坚持每个周末给重点客户发短信息

在每个周末,更具体点是在每周五晚上,给所有重点客户(包括已经签单的客户、即将签单的客户、重点跟踪的客户和需长期跟踪的较重要客户)逐一发送问候短信息。其中,发送短信息时应注意以下几点:

(1)短信息必须逐个发送,绝对不能群发给客户,否则还不如不发。
(2)发送的短信息避免出现错别字,或者是明显的标点符号错误。
(3)发送的短信息最后署名"××(公司)××(员工姓名)"。
(4)发送的短信息语气必须非常客气。开头是"××总(书记/院长等),您好!"整个短信息通体看上去,就是非常客气、谦虚、低姿态的语言,让客户感受到诚意和服务。

4. 鼓励客户说出他们的疑虑,不要轻易向客户许诺

经常向客户通报市场和公司的好信息,和客户建立真正的双赢。

5. 每一次追踪情况都要详细记录在案

在客户追踪时,他们的情况或需求可能会不断变化。为了能够准确地掌握每位客户的现状,在与客户联系的同时,做好详尽的记录是十分必要的,它将准确而及时地提醒推销员如何继续跟进。

6. 在追踪、拜访客户之前,一定要打有准备之仗

应事先了解该客户记录上首次接触的时间和地点,客户姓名、年龄、职业及保险需求、询问重点等。从所有的记录中寻求一个交流的切入点,如解答客户的提问,合理的托词,关心近况等。

7. 客户追踪要给其理由

在与客户保持持续的联系过程中,不时地变换联系理由是一个很有效的办法。要知道,只要向客户提供有价值的信息,就不会招致客户的拒绝。

(1)邀请客户参加公司举办的各种促销活动。
(2)提供与保险、保障有关的各种资料。

(3)提供公司的好消息以及国家的金融保险政策及动态。
(4)关心客户的近况及最新的购买需求。

三、处理客户投诉

客户投诉的处理是客户跟踪的一项重要任务,也是客户关系管理中的重要内容。处理时要注意以下几点:

1.耐心倾听顾客的抱怨,坚决避免与其争辩

认真听取顾客抱怨,对客户表示理解,并做好记录。一般的投诉客户多数是发泄性的,情绪都不稳定,一旦发生争论,只会火上浇油,适得其反。处理原则是:耐心倾听后,复述其主要内容并征询客户意见。对于较小的投诉,自己能解决的应马上答复客户;对于当时无法解答的,要做出时间承诺。在处理过程中无论进展如何,到承诺的时间一定要给客户答复,直至问题解决。

2.处理及时

及时到达问题现场和及时给予回复。重视客户投诉,切忌拖延,避免激起客户的暴怒,使得结果不可收拾,从而导致客户的流失。

3.设身处地,换位思考

推销员要换位思考,站在客户的角度来看待问题。如果是推销员的失误,首先要代表公司表示道歉,并站在客户的立场上为其设计解决方案。选择最佳的一套方案提供给客户,如果客户提出异议,可再换另一套,待客户确认后再实施。当问题解决后,至少还要有一到两次征求客户对该问题的处理意见,争取下一次的合作机会。

> **小案例**
>
> ### 处理首饰退货
>
> 一女顾客在某国有商场购买的金首饰只戴了一星期便出现了灰蒙蒙的雾,该顾客跑到商场要求退货,并大吵大闹:"国有商场也卖劣质金首饰,坑人!"营业员始终面带微笑不与这位正在气头上的顾客"接火",待其火气渐消时才开始询问详情:"请问您在哪儿工作?""我在化学试剂厂工作。""您上班时戴首饰吗?""当然!"营业员于是便亲切地告诉她:"以后上班时最好不要戴首饰,在试剂厂容易受到化学腐蚀。"并点燃酒精灯为顾客烘烤首饰使之恢复原状,顾客不好意思地道歉,营业员并不强调其过失,只是微笑着说:"怪我们工作没做好,如果在销货时将金首饰的保养方法详细告诉您,就不会出现这种问题了。"一句话把顾客从尴尬中解脱出来,这位顾客以后就成了这家商场的"口碑",逢人便夸商场员工有高尚的职业道德,高超的服务水准。

4. 长期合作，力争双赢

在处理投诉和纠纷的时候，一定要将长期合作、共赢、共存作为一个前提。

总之，应把客户投诉的处理看成是加深与客户间关系的难得机会，遇到问题后得到圆满解决的客户其忠诚度要比合同执行中一帆风顺的客户忠诚度高得多。客户信任是最宝贵的资源，赢得了客户将无往而不胜。

工作实施

E公司开发管理大客户A

一、大客户简介

A公司是把OA设备、耗材、IT数码独立于传统文具并建立专卖店的企业，在当地有30多家零售店面，100多个直销人员，在临近城市有两个零售店面，集团年销售额3亿元以上。

二、双方建立关系的过程

8月10日：第一次接触，了解客户的经营情况和对通用耗材的做法。

9月4日：重新认识新换的OA产品专员。

9月6日：为A公司的产品总监做幻灯片展示，让客户了解办公用品连锁企业经营耗材。

9月12日：向A公司的直销采购、OA采购、销售经理、渠道经理做幻灯片演示，得到认可后邮寄公司样品。

9月18日：建立友好的私人关系，成为朋友。

9月20日：公司负责人和A公司总经理、OA副总、总助理共进晚餐。

10月9日：和A公司的副总、总助理及产品总监交流通用耗材事项。

10月15日：详细调查和了解A公司的销售网点、直销经理、渠道经理等。

10月21日：主动为A公司的采购、直销、渠道等人员做设备与耗材的培训。

10月30日：为A公司的经销商进行设备与耗材的培训。

11月4日：设计经销商调研表，要求A公司的所有经销商填写。

11月10日：A公司考察E公司的加工能力。

11月10日到12月：A公司内部研究方案是否可行。

12月下旬：A公司最后确定品牌，并将第一笔货款30万元汇到E公司账户。

【目的】

根据上述案例，结合客户维护处理技巧，进行有效的客户关系管理。

【要求】

1. 认真熟悉企业的背景资料、业务状况、产品状况、推销员及客户反应等信息。
2. 每人完成"客户关系管理"问题文案。
3. 每人进行组内陈述。

4. 组内评出最优陈述方案。
5. 各小组代表陈述方案参加班级陈述。

【步骤】
1. 将班内学生分成若干小组,每组6~8人,由组长负责。
2. 制订"客户关系管理"陈述文案。
3. 个人进行组内陈述。
4. 组内评出一个最优陈述方案。
(1) 小组长负责组织评选过程。
(2) 小组成员轮流陈述自己的方案。
(3) 个人陈述完毕后,其他人负责打分,取平均分为个人方案成绩。
(4) 每个小组内综合形成小组的代表方案。
5. 每个小组派代表参加全班陈述。
6. 学生填写项目实施手册(见附录)。

【评价】
教师对各小组的代表方案进行点评,并选出全班最优方案,评价标准见表5-13。

表5-13　　　　　　　　"客户关系管理"陈述方案评价标准

评价项目	评价要求	分值	得分	评语
企业及其岗位信息	了解全面,推理准确	20		
推销员、客户反应	符合实践,互动	30		
陈述理由	流畅激情,自圆其说	30		
场景布置	道具合理,符合职业要求	20		

职业加油站

销售数据

美国专业营销人员协会和国家销售执行协会的统计报告有一个生动的统计数据:
2%的销售是在第一次接洽后完成的;
3%的销售是在第一次跟踪后完成的;
5%的销售是在第二次跟踪后完成的;
10%的销售是在第三次跟踪后完成的;
80%的销售是在第四至十一次跟踪后完成的。

大客户管理方案四步

从大客户管理的20/80法则中我们可以看出,20%的客户创造了企业80%的销售业绩和利润,所以说大客户的管理关系到企业营销战略的成败,经销商必须制订一套完整的大客户管理方案。

一、筛选大客户

在实际操作中，经常通过以下几种方法来鉴定大客户：

(1) 具有先进的经营理念。

(2) 具有良好的财务信誉。

(3) 销售份额占经销商大部分份额的客户。

(4) 能提供较高毛利的客户。

这些客户是要重点关注的对象，也同样是要集中精力服务好的客户。值得注意的是，大客户不是一成不变的。今年是大客户不代表明年还是大客户，小的客户可以通过扶持让其变成大客户。

二、重点扶持

不同的客户有着不同的需求差异，只有掌握了这些差异，才能在以后的服务中做到对症下药，提供个性化的服务。一般对大客户的分析主要包括三个指标：

1. 实力指标。实力指标包括客户的资金实力、物流实力、社会关系、人力资源建设等指标。

2. 能力指标。能力指标是指客户经营者的经营思路、管理水平与营销方法。

3. 硬指标。硬指标包括客户的销售额及毛利水平、经营该客户的费用及管理成本等。

三、建立高效的服务团队

从普通的售卖关系发展到客户服务关系，经销商在后期的服务支持上也要更上一个台阶。以前大家都有一个思想，销售是客户要做的事情，他卖出去他就产生利润，经销商的销售团队只服务到货品进仓，至于如何销售基本不管。

客户成了经销商的大客户，销售不再是客户一方的事情，而是要和经销商销售团队紧密绑在一起，经销商提供质量过硬产品的同时也要给予销售培训支持，如终端形象展示、人员培训、终端管理等方面的支持。只有搭建了一支高效的团队，分工明确，和客户完全对接才是客户所需要的。

四、计划的执行

经销商在掌握了大客户的特征后，就要开展有针对性的服务工作，只有帮客户切实地解决实际问题，大客户才能尽全力销售产品。对经销商而言，大客户管理实施计划主要从以下几个方面实行：

1. 根据大客户的实际需求给予专业指导。

2. 计划的制订。这是帮助大客户的前奏，帮客户分析市场、分析竞争对手、分析客户本身。然后制订切实可行的计划，并将计划划分成不同阶段的目标，激励大客户朝着目标前进。

3. 计划的执行。计划制订出来，团队成员该如何分工，怎么实施计划，目标明确，责任到人。

4. 总结分析。计划执行一段时间后，运转情况如何，可以同大客户共同来分析，总结经验。可以通过小组会议、培训等方式进行。

培训游戏

赢得客户

【游戏形式】 不限人数。

【游戏时间】 老师自行确定。

【游戏材料】

一个不透明的包,装上1个小毛绒玩具、1个乒乓球、1个小塑料方块(老师用)。

【游戏目的】

1. 培养团队合作精神。

2. 培养团队创造并选择计划方案的能力。

【游戏程序】

1. 将全班学生分组,每组10~12人。

2. 让学生站成1个大圆圈,选其中1个学生为起点。

3. 老师说明:每个小组是一个公司,来了一位"客户"(即毛绒玩具、乒乓球等)。它要在各个部门巡视,一定要接待好客户,不能让它掉到地上,一旦掉到地上,客户就会很生气,同时游戏结束。

4. "客户"巡回规则

(1) "客户"经过每个成员的手。

(2) 每个成员不能将"客户"传到相邻的学生手中。

(3) 老师将"客户"交给第一位学生后开始计时,最后的学生将"客户"传给老师时结束。

(4) 3个或3个以上的学生不能同时接触"客户"。

(5) 速度越快越好。

【讨论】

1. 对自己的表现是否满意?

2. 哪些方面需要改进?

3. 合作赢得客户上有什么体会?

任务回顾

本任务完成后,能够完成推销活动中客户管理、抓住大客户、提高推销效益的工作任务。

项目五　推销管理　TUIXIAO SHIWU

任务三　推销绩效评估

任务导入

面对营销部王经理的困惑你该怎么办？

王经理原来是某公司销售部的业务员，因为销售业绩特别好，被公司提拔为销售部经理，负责整个销售部的管理工作。

公司的业务人员都是王经理从人才市场上招聘而来的，报名应聘的人本来就不多，而且大部分都是应届毕业生，王经理从中挑选一些他看着顺眼的才留下来，然后试用三个月，出成绩的才正式聘用。王经理每日的工作主要有开晨会和夕会。晨会布置任务，夕会由业务员汇报工作，而有人拜访客户路途较远或因为其他各种原因，夕会到会的人常常不整齐，大家也不是很认真。由于部门其他人员业绩不佳，王经理每天也需要拜访大量客户，这样部门业务才能稳定在较好的水平上，王经理也为自己业绩的遥遥领先而暗暗窃喜。

小李是部门的业务员，最近因家庭琐事心情很不好，同事小刘又抢了自己的一个准客户，与小刘关系搞得很僵。王经理最近注意到小李已经两个月没有业务了，而且看上去士气低落，于是找他谈话，他却说："我们产品定价太高了，没有竞争力，而且公司投放广告太少，宣传力度不够。"尤为糟糕的是这种想法和情绪正在部门内部逐渐开始蔓延。

在外部市场，最近又有几家外来的竞争对手加入，而且针对该公司的产品有更多功能优势和价格优势，整个市场竞争更加激烈，已经开始有恶性价格竞争的趋势。

王经理被内忧外患的局面搞得焦头烂额，自己也没有心情和精力去拜访客户了，结果自己的业绩也下滑了，本月部门业务眼看就完不成了。

【任务描述】

知晓推销绩效评价内容，完成推销员的绩效管理。

第一步　知晓推销绩效评估的内容

推销员绩效评估是销售经理与员工双向沟通的重要途径，能够使销售经理更好地督促和激励员工。推销员绩效评估是指企业或推销员对一定时期内推销工作状况的评定与估价，具体表现为对推销业务的核算，即对前期推销工作状况进行全面的考察、分析与评估，从而找出推销工作成功或失败的原因，以便更好地制订下一阶段的推销目标与策略。

一、推销员绩效评估的目的

推销员绩效评估的目的主要在于分析推销工作及业务的效果,从中探索规律,总结经验教训,以便进一步改进和制订新的推销计划,进行科学决策。具体体现在以下五个方面:

1. 保证奖酬与推销员的实际绩效相匹配

科学的考核、公平的奖酬对激励推销员有着重要的影响。绩效评估的结果可以保证推销员薪酬的调整、奖金的发放与其实际的努力与成果相匹配。

2. 为人力资源管理工作提供信息支持(招聘标准、提升与辞退)

绩效评估的标准从某种程度上也可以看作推销员的招聘标准,而绩效评估的结果能够对推销员是否适合销售岗位做出客观准确的判断,也可能会发现在管理方面具有潜能的销售人才。

3. 确定推销员的具体培训需求

通过绩效评估,管理层能够发现推销员需要在哪些方面加强培训,也能够发现优秀推销员使用的销售技术,并在推销队伍中推广。

4. 提高推销员的业绩

如果推销员了解绩效评估的标准,他们就会努力按照这些标准去提高业绩。如提高顾客满意度包含在评估标准中,就会引导推销员向此目标努力,他们会尽力提高顾客满意度。

5. 为任务(地区)分配决策提供依据

管理层以此衡量推销员过去的绩效,发现营销系统的不足,为任务(地区)分配决策提供依据。企业的任务(地区)分配、战略计划等都要建立在正确的绩效评估体系的基础上。

二、推销员绩效评估的原则

企业对推销员进行绩效评估时,应遵循以下原则:

1. 客观公正,评价标准基于事实并相对稳定

客观公正,要求绩效评估的标准、数据的记录等要建立在客观实际的基础上,实事求是,公平公开并具有相对的稳定性。

2. 和奖惩制度挂钩,不流于形式

绩效评估一定要体现出激励性。如果没有一个赏罚严明的评估制度,企业的销售工作将陷入混乱,当有人可以滥竽充数时,那些积极并有能力的人自然不愿再努力。

三、推销员绩效评估的内容

推销员绩效的全面评估应包括基于产出和基于行为的两种评估依据。基于产出的依据主要包括结果和获利能力两个方面。一般说来，基于产出的依据易于测定，并且在某种意义上更客观。基于行为的依据包括行为和职业发展两个方面，它更注重顾客关系的建立与维系，这种依据主观性较强。

微课：
推销绩效评估
的内容

1. 行为

评估推销员的行为不仅包含短期的销售行为，还应该包括保证顾客满意的非推销行为及为销售组织提供市场信息，有利于建立专业的以顾客为导向的销售部门。具体指标有：

（1）销售访问

访问次数、访问频率、每次访问平均使用的时间。

（2）辅助行为

已上交的所要求报告的数目、顾客抱怨次数、退货率、提出建议次数、实施产品演示次数、举办经销商会议次数等。

2. 职业发展

评价推销员在销售工作中的成功特征：沟通技能、产品知识、推销技能、态度、举止与礼貌、主动性、团队意识、时间管理等。

3. 结果

在绩效评估中结果是按职务标准进行的量化考评，具体指标有销售量、销售额和推销效率。

（1）销售量

销售量是指企业或推销员在一定时期内实际推销出去的产品数量。首先，要界定销售量的范围，运用统一的统计口径，包括合同供货方式和现货供货方式，已售出的产品数量以及尚未到合同交货期提前在报告内交货的预交产品数量，但要扣除销售退回的产品数量。其次，要考察销售量的变化，如通过对产品推销计划完成任务的情况、不同品种的销售量、对新老用户的销售量等情况进行考察，进一步分析其原因以及销售量和市场占有率的变化发展趋势等。

（2）销售额

销售额是以价值形式反映产品销售情况，既考虑产品数量也考虑产品价格。在评估销售额时，应先根据各推销产品的不同价格和销售量计算出区域内推销员、各种产品、不同消费群或推销对象的销售额，累加求出总的销售收入，再依据一定的方法进行比较分析。具体方法有：总销售额评估、区域销售额评估、按产品销售额评估、消费者类型销售额评估。

（3）推销效率

更全面地评价推销员的工作程度和效果，把握推销员之间存在的差距，并通过奖勤罚懒，提高推销员的工作努力程度，促进推销工作。主要指标有：配额完成率、推销员人均推销额、用户访问完成率、订单平均订货量、订货合同完成率等。

除了销售额、销售量、销售效率以外，销售增长率、实现的市场份额、新客户数量、客户丢失数量等也常作为推销员绩效的考核内容。

4. 获利能力

获利能力是企业在推销员绩效评估中越来越重视的依据。推销员在两个方面影响着获利：一是推销费用，同样的销售额、毛利，推销费用越低，获利越高；二是产品的销售价格，较高的价格能获取更高的利润。

（1）推销费用

推销费用是指在推销产品过程中所发生的费用。及时发现费用开支中的问题，有利于把费用控制在预算范围内，提高费用使用效率。进行推销费用评估常用的指标有：

①产品推销费用率。一定时期内推销费用与推销额的比例。推销费用包括与产品推销活动紧密相关的成本、费用开支，如推销项目可行性调研的费用、有关资料的印刷费和广告费、交通费、通信费、业务招待费、展销场地租赁费等。

②推销费用降低率。一定时期内推销员实际支出的推销费用与计划核定的推销费用限额之间的比例，它反映推销费用节约或超支的程度。

推销费用的评估可以按总费用或各分类费用结合各类别的费用配额进行比较分析。

（2）销售利润

销售利润是推销成果的集中体现。将销售收入与销售成本和费用进行比较，就可以看出推销员为企业创造的利润是多少。

一般而言，在评估推销员绩效时，推销员会倾向于基于产出的依据，但往往会出现只重视销售的短期行为而忽视顾客导向、售后服务等长期行为的情况，所以偏重于行为准则的推销员绩效评估意味着推销员会在推销及非推销两方面都表现很好，对销售组织更负责，更具有团队精神。

第二步　应用推销员绩效评估的方法

推销绩效考评包括对推销队伍整体绩效的考评以及对推销员个人业绩的考评。一般包括：销售分析、成本分析及资产回报分析。这些方法都是围绕销售额为个人业绩考评提供一些有用信息，还是远远不够的。它们忽略了推销员可能从销售领域带回公司的信息价值，也忽略了推销员创造的良好信誉以及花费在开发有长期价值新客户上的努力等。企业进行推销员绩效评估的方法大体有以下四种：

一、图尺度考核法

图尺度考核法又称图解式考评法,是最简单和运用最普遍的方法之一。它列举出一些组织所期望的绩效构成要素(质量、数量或个人特征等),还列举出跨越范围很宽的工作绩效登记。首先针对每一位下属员工从每一项评价要素中找出最能符合其绩效状况的分数,然后将每一位员工所得到的所有分值进行汇总,即得到其最终的工作绩效评价结果。当然,许多企业还将工作职责进行进一步的分解,形成更详细和有针对性的工作绩效评价表。

图尺度考核法有很多种变形,比如通过对指标项的细化,可以用来测评具体某一职位人员的表现。指标的维度来源于被测对象所在职位的职位说明书,从中选取与该职位最为密切相关的关键职能领域,再总结分析出关键绩效指标,然后为各指标项标明重要程度,即权重。

这种方法的优点是:使用起来较为方便;能为每一位雇员提供一种定量化的绩效评价结果。缺点是:不能有效指导行为,它只能给出考评的结果而无法提供解决问题的方法;不能提供一个良好的机制以提供具体的、非威胁性的反馈;这种方法的准确性不高。

二、直接排序法

直接排序法是一种较为常用的排序考核法,即在群体中挑选出最好的或者最差的绩效表现者,将所有参加评估的人选列出来,就某一个评估要素展开评估,评估要素可以是整体绩效,也可以是某项特定的工作或体现绩效的某个方面。首先找出该因素上表现最好的员工,将其排在第一的位置,再找出在该因素上表现最差的员工,将其排在最后一个位置,然后找出次最好、次最差,以此类推。

这种方法的优点是:容易识别好绩效和差绩效的员工;如果按照要素细分进行评估,可以清晰地看到某个员工在某方面的不足,有利于绩效面谈和改进。其缺点是:如果需要评估的人数较多,超过20人以上时,此种排序工作就显得比较烦琐;严格的名次界定会给员工造成不好的印象,最好和最差比较容易确定,但中间名次是比较模糊和难以确定的。

三、目标管理法

目标管理法是现在更多采用的方法,管理者通常很强调利润、销售额和成本这些能带来成果的结果指标。在目标管理法下,每个推销员都确定有若干具体的指标。例如,假设某企业评价甲、乙、丙三个推销员,采用的指标为推销额、订单平均批量和平均每周访问次数。其中,推销额权数为0.5,其他两个指标的权数分别为0.3和0.2。如表5-14所示,可以看出推销员丙的综合绩效指数最高,他的业绩最好。

表 5-14　　　　　　　　　　推销员业绩分析表

推销员评价因素		甲	乙	丙
销售额	权数	0.5	0.5	0.5
	目标/万元	20	40	30
	完成/万元	16	36	30
	效率	0.8	0.9	1.0
	绩效水平	0.4	0.45	0.5
订单平均批量	权数	0.3	0.3	0.3
	目标/元	500	600	400
	完成/元	450	540	440
	效率	0.9	0.9	1.1
	绩效水平	0.27	0.27	0.33
每周平均访问次数	权数	0.2	0.2	0.2
	目标/次	25	40	30
	完成/次	20	36	33
	效率	0.8	0.9	1.1
	绩效水平	0.16	0.18	0.22
综合绩效		0.83	0.9	1.05

四、360度考核法

360度考核法又称为"全方位考核法",最早被英特尔公司提出并加以实施运用。传统的绩效评价,主要由被评价者的上级对其进行评价,而360度反馈评价综合了不同评价者对推销员进行多层次、多角度的评价,从而得出全面的评价结果。反馈信息包含了来自各方的绩效评估意见,包括销售经理、内外部顾客、团队成员、推销员自身。

1. 360度考核法的优点

(1)打破了由上级考核下属的传统考核制度,可以避免传统考核中考核者极容易发生的"光环效应""居中趋势""偏紧或偏松""个人偏见"和"考核盲点"等现象。

(2)一个员工想要影响多个人是困难的,管理层获得的信息更准确。

(3)可以反映出不同考核者对于同一被考核者不同的看法。

(4)防止被考核者急功近利的行为(如仅仅致力于与薪金密切相关的业绩指标)。

(5)较为全面的反馈信息有助于被考核者多方面能力的提升。

2. 360 度考核法的缺点

(1)考核成本高。当一个人要对多个同伴进行考核时,时间耗费多,由多人来共同考核所导致的成本上升可能会超过考核所带来的价值。

(2)成为某些员工发泄私愤的途径。某些员工不正视上司及同事的批评与建议,将工作上的问题上升为个人情绪,利用考核机会"公报私仇"。

(3)考核培训工作难度大。组织要对所有的员工进行考核制度的培训,因为所有的员工既是考核者又是被考核者。

企业管理层的关键任务是运用上述方法提高推销员的绩效水平。即确定每个推销员的绝对和相对绩效,提供奖酬的依据;确定问题范围,找出绩效问题的原因并决定销售管理行动、解决问题。

第三步 推销员的薪酬、激励

推销员的薪酬制度涉及三个方面的问题:一是从推销员的角度来看,希望补偿劳动付出,并从出色的表现上获得激励报酬,希望获得平等的待遇,得到与组织中其他做类似工作而且可比较的推销员的薪酬,以及与竞争对手的推销员可比较的薪酬;二是从组织的角度看,可以用来提高销售额,保持客户群,鼓励特定产品的推销或促进推销员之间的团队合作,吸引并留住有能力的推销员,从而建立并加强长期的顾客关系;三是从消费者的角度看,消费者希望从推销员手中以较低价格获得自己所需要的产品。最佳的推销员薪酬系统应实现对组织的需求、推销员的需求及顾客的需求三者的平衡。

一、推销员的薪酬

(一)推销员薪酬组成

推销员的薪酬主要是指外在薪酬,即薪酬中可以用货币量化的部分,主要包括四个部分:

1. 基本薪资

根据推销员的销售技能、工作的复杂程度、责任大小以及劳动强度为基准,按员工完成定额任务(或法定时间)的实际劳动消耗而计付的工资。它在推销员的总薪酬中所占的比例应考虑不同的企业、职位、时期。

2. 奖金(或佣金)

根据推销员超额完成的任务以及优异的工作成绩而计付的薪资。其作用在于鼓励员工提高工作效率和工作质量。

3. 津贴

为了补偿和鼓励员工在恶劣工作环境下的劳动而计付的薪资,或对交通、通信等付出的补偿。它有利于补偿推销员延长劳动时间,并经常出差等具体付出。

4. 福利

福利是指为了吸引推销员到企业工作或维持企业骨干人员的稳定性而支付的作为基本薪资的补充的若干项目,如失业金、养老金、午餐费、医疗费、退休金及利润分红等。

总之,推销员的薪酬是企业对员工为企业所做的贡献(包括他们实现的绩效),付出的努力、时间、学识、技能、经验与创造支付的相应的回报和答谢,这实质上是一种公平的交换或交易。

(二)推销员薪酬设计应遵循的原则

1. 公平性原则

推销员薪酬制度应建立在客观现实的基础上,让推销员觉得只要在相同的岗位做出相同的业绩,都将获得相同的薪酬。

2. 激励性原则

薪酬制度必须能够激励推销员,调动他们的积极性,从而取得最佳的销售业绩。当推销员得到自己满意的报酬,他所感受到的不仅是物质上的收获,还能体会到企业对其工作的肯定和认同,这会促使他进一步努力工作。为达到激励目的,企业的薪酬制度要体现绩效优先,奖勤罚懒。

3. 灵活性原则

理想的推销员薪酬制度应该具有变通性,能够结合企业的实际情况进行调整。灵活性能适应企业不同地区、不同产品以及不同推销员的需要。

4. 稳定性原则

稳定的薪酬制度能够保证推销员有稳定的收入,保证其正常的工作和生活。此外薪酬制度一旦建立,在一定时段上应保持相对稳定,经常变化的薪酬制度会使推销员无法断定自己的努力将得到怎样的回报,会影响他们的努力程度。

5. 控制性原则

薪酬制度应能够有效地控制推销员,这是企业保持推销队伍的稳定性并最终占领市场的关键。

(三)推销员的薪酬类型

尽管所处的行业不同,典型的推销员薪酬都依赖于销售佣金形式,例如,在保险业,推销员的收入几乎全部以佣金的形式支付。只有在运输设备业,推销员的收入才习惯以薪资的形式支付。然而,推销员最通行的报酬方式是薪资、佣金(或奖金)的混合支付。一般

情况下,有三种薪酬类型可供选择:

1. 固定薪金

推销员报酬的主要形式是薪资,当然偶尔也可能获得红利、销售竞赛奖之类的奖励。推销员接受的固定薪金,不随着销售额、市场份额以及其他销售指标的变动而变动。从推销员的观点看,这种报酬形式没有风险,激励性较弱。

当推销员的销售业绩与员工的个人发挥并无直接关系或不能用量化指标显示时,往往采用固定薪金制度。比如:

①当推销员需要花费较长的学习期才能实现销售高效率时。

②当公司要进入新的销售领域或推销新产品时。

③当销售活动特别是技术性较强的销售活动需要推销员、技术人员、销售支持人员等采用团队推销时。

④只进行客户服务或宣传性销售活动的销售工作。

(1)固定薪金的优点

推销员预先知道他们的收入是多少,雇主也有固定的、可预知的人员开支计划,这就便于改变推销员的工作范围或工作定额,或重新为他们安排工作,并可以培养推销员高度的忠诚感。固定薪金制度能鼓励推销员培养企业的长期顾客,这对企业的长期市场及长期发展有很大的好处。

(2)固定薪金的缺点

固定薪金与推销员个人业绩无关,通常与推销员资历相联系,这会降低具有潜在高绩效的推销员的进取精神。

2. 固定佣金

固定佣金是直接按销售额的一定比例确定推销员的报酬,推销员的全部收入来自佣金,它只根据业绩来确定报酬,分成三种形式:

直线佣金。推销员的佣金与销售和服务的价格成固定比例。如1 000元的销售额付给5%的佣金,即50元;2万元的销售额付给5%的佣金,佣金为1 000元。

分段佣金。随着销售量的增加,佣金比例增加,如销售1 000件产品,提成5%;销售2 000件产品,提成8%等。

复合档佣金。提前设置一个销售水平,如果超过了这个水平,每一销售单位的佣金比例加大。

(1)固定佣金的优点

最符合最低成本战略,因为企业把所有的销售风险都推给了推销员;推销员可以得到最多的奖金;由于报酬明确同绩效挂钩,因此它可以吸引高绩效的推销员;由于销售成本同销售额成比例(而不是固定不变),因此可以减少公司的销售投资;佣金基准量也容易理解和计算。

(2)固定佣金的缺点

推销员只注重扩大销售额和推销高额项目,而忽视培养长期顾客,不愿意推销难以出售的产品。推销员之间的收入差距会拉大,从而使推销员认为计划不公平,这一现象在推销管理工作中普遍存在。更为严重的是,它鼓励推销员不去推销获利小的产品。

3. 复合薪酬

多数公司对推销员实施复合形式的薪酬制度,在多数此类计划中,推销员的收入中有相当一部分是薪资形式的收入。最常见的搭配比例是80%的薪资加20%的奖金,其次是70%和30%的搭配比例,再次是60%和40%的搭配比例。主要有以下三种复合方式:

(1)底薪+佣金

采用这种制度,推销员可以领取一笔以后不用扣除的底薪,外加业绩的佣金。其中佣金部分将公司与推销员的销售风险脱节,推销员没有销售回款就没有佣金收入。

(2)底薪+奖金

其中薪资是为了保证推销员基本的生活需求,奖金是为了激励推销员的销售绩效和其他组织期望的绩效。例如,空调的推销员除了注重销售回款这一指标外,还期望库龄、资金周转天数、价格规范程度等指标与奖金相关,此时,用奖金来与这些指标挂钩,是一种较为理想的计酬方法。

(3)生活费+佣金

生活费是指提前给推销员提取一部分生活费,生活费有两种形式:一种是公司先借给推销员,等赚了销售款之后再偿还;一种是不偿还的,但是双方要约定一定的期限,比如一年之后还不能达到一定的销售额,则终止合同。

复合薪资不仅具备固定薪金和固定佣金的优点,同时也具备两者的缺点。推销员有基本收入,因此可以确保维持其家庭生活开支。而且,公司可以通过确定推销员的薪资来指导其活动,而佣金则是激励绩效显著的一种手段。然而,薪资并不同绩效挂钩,因此,企业实际上把推销员的一部分奖金让渡为工资,使其激励效果大打折扣。

二、推销员的激励

激励在管理学中被理解为一种精神力量或状态,加强、激发和推动组织成员,并引导行为指向目标。推销员需要更多的激励是由其工作时间长短不定,并经常遇到挫折等工作性质决定的。激励操作的具体形式多种多样,主要有以下几种:

(一)目标激励

目标激励是一种十分有效且可以常用的激励方法,尤其对推销员更是如此。企业为推销员确定的激励目标有销售定额、毛利额、访问户数、新客户数、访问费用和货款回收等。

(二)物质激励

物质激励是指对做出优异成绩的推销员给予晋级、奖金、奖品和额外报酬等实际利益的激励,以调动推销员的积极性。物质激励要与目标激励联合使用,把握好合适的度。要分清个人正当利益与个人主义的界限,善于把下属个人的眼前经济利益和组织长远的经济利益融为一体。

(三)榜样激励

推销员都渴望成功,先进典型实例可以坚定其信心。企业要善于运用成功的案例来激励推销员,并将本企业的优秀推销员树立为榜样,使推销员有典型可学,这样的榜样也具有权威性。

(四)工作激励

首先应合理分配销售任务,尽可能使分配的任务适合推销员的兴趣、专长等特点。其次是利用美国管理学家哈克曼提出的"职务设计"方法。在职务设计中充分考虑到技能的多样性、任务的完整性、工作的独立性,并阐明每项任务的意义以及设置反馈环节,就可以使员工体验到工作的重要性和所负责任,并及时了解工作的结果,从中产生强烈的内在激励作用,形成高质量的工作绩效及对工作的高度满足感,大大减少离职率及缺勤率。

(五)荣誉激励

荣誉是社会或组织为表彰个人或单位做出的优异成绩而授予的各种光荣称号,它表明一个人的社会存在价值,在人的精神生活中占有非常重要的地位。对推销员贡献的公开承认和表彰,用奖金、徽章或荣誉证书表明组织对推销员工作业绩的认同,可以满足其自尊心,达到激励目的。

(六)晋升激励

推销员会被晋升的潜在可能所激励,感觉到个人充分的发展空间,提高工作地位。俗话说,"人往高处走,水往低处流",绝大多数推销员都会希望得到更高的职位。因此,在较多薪水的基础上,更多的晋升机会可以对推销员产生较大的激励作用。

(七)销售竞赛

销售竞赛是利用奖金或其他报酬来激励推销员完成管理层所确定的目标的一种激励方法。销售竞赛要有一个清晰、明确的目标,要有合理的设计和公平的评判标准和落到实处的奖励。对于获得新客户、销售选购产品或处理积压存货这类目标,销售竞赛最能发挥作用。

(八)授权激励

加强推销员的工作职责和挑战性并授予他们相应的权力也是一种有效的激励方法。给推销员独立完成工作的责任与权力意味着组织对他们的信任和支持,进而会对他们产生一定的激励作用。多变的市场环境和销售组织柔性化的发展趋势,使对推销员适度放权也成为一种现实需要。

> **小案例**
>
> **授权激励**
>
> 　　一家汽车部件加工厂为了适应激烈的竞争,老板允许推销员在紧急的情况下,不经销售经理同意可与客户协商价格,但大幅度调整价格时还要经过公司批准。为防止随便降价,公司老板还相应调整了佣金交付的方式,即如果按照原价销售,推销员可以获得足额的佣金;下调5%,佣金会下调10%;价格下调10%,佣金则减少20%。
>
> 　　公司老板原以为推销员可能会因减少佣金而不满,然而他惊奇地发现,推销员的反应却十分积极,他们非常高兴自己能够更好地控制与客户的谈判。

(九)培训激励

　　推销员应注意知识更新,获取新信息、新情报,防止知识结构老化,创造力衰退,能力和业绩下降。培训能满足推销员寻求不断发展的需求,起到良好的激励效果。

(十)团队激励

　　充分利用推销队伍的整体观念和团队精神也是一种很好的激励方法。突出集体,强调集体,努力培养推销员的集体观念,营造一个良好的工作氛围,使推销员在遇到困难时真正感到有一个集体在做他的坚强后盾,而并非单打独斗,能坚定其克服困难、取得成功的信心。

　　企业必须根据管理的实际情况,灵活选择,合理组合。针对个体的差异、职业生涯的差异、家庭状况的差异、年龄的差异等影响程度,不断有效地激励推销员。

> **小案例**
>
> **有针对性的激励**
>
> 　　一个部门来了两个推销员。一个推销员从来没有做过电脑硬件的销售,也没有丰富的销售经验,另一位推销员年龄比他大六七岁,在一家著名的IT公司做过几年的销售。部门销售经理在与他们进行面谈的时候,发现那位年龄大一些的推销员在经验和销售技巧方面都远远超过新推销员。但是第一个季度过去了,新推销员完成了任务,而老的推销员没有完成任务。销售经理仔细地与老推销员一起讨论手中每一个客户的情况,结果发现他根本不了解他的客户,这说明他几乎没有花时间和客户在一起。询问其原因,他进入公司以后的第一个季度,他们部门的经理离开了,新的经理上任以后调整

了他的客户,他的心态受到了打击,觉得即使每天去见客户并与客户建立良好的关系,客户也可能被分走。销售经理立即将一份准备好的业绩提高计划拿出来,要求他必须在两个月的时间内完成本季度任务的60%,最终要100%地完成本季度的任务。销售经理告诉他:"我理解你为什么会有这样的想法,但是我不能原谅你拿着公司的薪水,却不履行自己作为推销员的职责。"这意味着如果不能在限定的时间内完成规定的任务,他要开始找新的工作了。这个季度结束的时候,他超额完成了销售任务,拿到了往常没有拿到的销售奖金。

工作实施

推销员绩效管理

张女士在A服装公司做区域销售经理已满一年,她是从这家服装公司竞争对手那里跳槽过来的,A公司聘用张女士是因为她有个人的推销哲学:成功的销售需要正确的态度,即推销员应该有积极向前、不认输及合作的态度;推销员应该有进取心和创意;虽然要有进取心,但永远不能不顾道德。张女士认为,诚实和有道德的行为能保证长期的信任关系。

现在张女士正处在年终考核过程中。在年初时,她会见了每个推销员以解释对他们进行评估所使用的准则,每个人都确定了几个定额,包括销售定额、新客户定额、销售访问定额等,每个定额的相对重要性由下面的权数系统确定:新客户(4),销售额(3),销售访问(2),其中(4)是最高的评价权数。推销员被告知,他们的绩效将决定于顾客抱怨数量和他们上交的报告。最后,推销员还要对他们满足顾客需求的能力进行判定。这些包括提出提升业务的建议,帮助顾客解决问题,为顾客的临时问题寻找答案,回复顾客的呼叫,并兑现承诺。

张女士听说有一种名为360度反馈的评估程序,包括来自各个资源的反馈。她认为这将会是一个很棒的评估方法并决定实施这个方法。她决定让每个推销员发给顾客、团队成员和顾客服务成员(与推销员的工作关系很近)每人一份问卷,让他们评价该推销员的绩效。问卷包含下列问题:你在一个业务年度中与该人员有多少次联系?你是否能通过与他的紧密工作来满足自身需要?总体来说,你怎么评价这个推销员?你对该推销员的满意程度如何？这个问卷会返回给推销员，然后上交以备使用。张女士决定，如果她发现其中有不喜欢的东西就去和推销员讨论。她认为定额完成评估是一个简单过程，她可以很容易地确定差异之处并让推销员认识到自身的不足之处。

【目的】

根据上述案例，结合绩效评估技巧，进行有效的推销员管理。

【要求】

1. 认真熟悉企业的背景资料、业务状况、区域销售经理、推销员绩效评估指标等信息。
2. 每人完成"绩效管理"问题文案。
3. 每人进行组内陈述。
4. 组内评出最优陈述方案。
5. 综合形成各小组代表陈述方案参加班级陈述。

【步骤】

1. 将班内学生分成若干小组，每组6~8人，由组长负责。
2. 制订"绩效管理"陈述文案。
3. 个人进行组内陈述。
4. 组内评出一个最优陈述方案。
 (1) 小组长负责组织评选过程。
 (2) 小组成员轮流陈述自己的方案。
 (3) 个人陈述完毕后，其他人负责打分，取平均数为个人方案成绩。
 (4) 每个小组内综合形成小组的代表方案。
5. 每个小组派代表参加全班陈述。
6. 学生填写项目实施手册（见附录）。

【评价】

教师对各小组的代表方案进行点评，并选出全班最优方案，评价标准见表5-15。

表5-15　　　　　　　　　绩效管理陈述方案评价标准

评价项目	评价要求	分　值	得　分	评　语
企业及其区域销售经理信息	了解全面，推理准确	20		
绩效评估	符合实践，有效评估	50		
陈述理由	流畅激情，符合评估原理	20		
场景布置	道具合理，符合职业要求	10		

项目五　推销实务

职业加油站

表5-16　　　　　　　　常见的绩效问题、原因和管理行动

绩效问题	原因分析	管理行动
未完成销售定额	定额不正确、客户覆盖不佳、销售访问太少	重新确定定额,分配销售区域,密切监督,开发激励项目等
未完成行为定额	定额不正确、努力不够、质量不佳	重新确定定额,开发激励项目,密切监督,启动培训项目,增加人员等
未完成赢利定额	定额不正确、边际收益低、费用高	重新确定定额,改进奖酬系统,使用激励项目,密切监督等
未完成职业发展	定额不正确、培训不够	重新确定定额,启动培训项目,开发激励项目,改进招聘方式等

培训游戏

价值观大拍卖

【游戏目的】

1.协助学生澄清自己的价值观。

2.协助学生了解自己的个性对行动的影响。

【游戏程序】

1.活动前教师先制作"价值观项目表"(见表5-17),并将这些项目另书写于墙报上。

2.教师发给每位学生一张"价值观项目表"及一张A4影印纸。

(1)教师请学生将A4影印纸做成总金额为10 000元的纸钞,面额为5 000元、2 000元、1 000元及500元(亦可为其他面值,只是单位愈小,所花时间愈多),张数不限,但总金额必须为10 000元。

(2)请学生预想:若10 000元代表人一生的所有时间及精力,他会花多少钱来买"价值观项目表"的哪些项目?教师可给予五分钟,让学生在"价值观项目表"上进行估算。

3.教师的身份转成银行,担任拍卖的工作(拍卖工作亦可让学生轮流担任)。

(1)教师说明拍卖规则(如可不可以向银行借款或可不可以将买到的"物品"转卖等)。

(2)进行拍卖。

【讨论】

1.你是否买到自己认为最重要的价值观项目?

(1)如果是,买到时的心情如何?

(2)如果不是,则因何故没有买到?没有买到的心情如何?

(3)你最想买的项目是什么?其背后隐含的价值观为何?为什么它对你而言那么重要?

2.有些人什么都没有买到,为什么?

3.参与拍卖活动时,你的心态如何?

(1)你所买的项目是否都是自己喜欢的?还是在赌气或不得已的情况下买的?

(2)在拍卖的过程中,你的心情是紧张的?兴奋的?还是……

表 5-17　　　　　　　　　　价值观项目表

项目	优先级	预估价格	成交价格
使世上的人使用自己所希望的方式对待他人			
有 100 万元给世界上需要的人			
有机会成为你所希望的那一门课最好的学生			
有一年可以尽量做自己爱做的事			
有一年做全世界最聪明的人			
有一粒使人说实话的药丸			
有机会完全自主			
有一屋子的钱			
有机会当总统			
被班上每个人喜爱			
在世界上最美的地方有个房子			
有机会成为世界上最吸引人的人			
有机会健康地活到 100 岁			
有个药丸可以解决你担心的问题			
有座藏有你喜爱的书的图书馆			

任务回顾

本任务完成后,能够完成推销员绩效评估的管理工作任务。

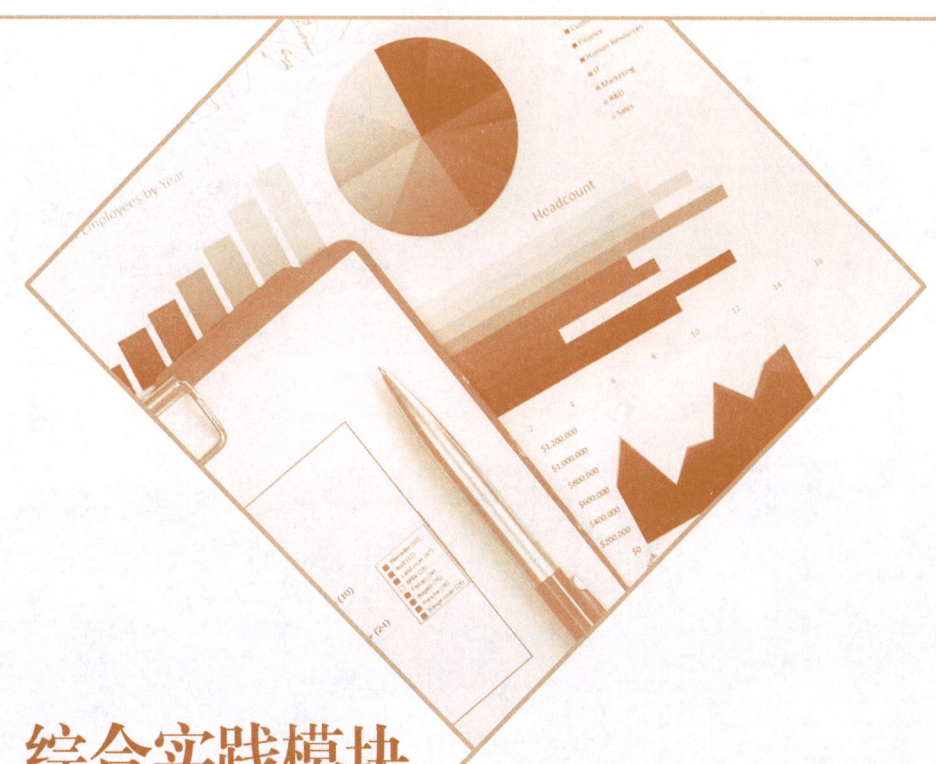

综合实践模块

项目六　推销综合实践

- 实践内容
- 实践时间
- 实践目的
- 实践要求
- 实践步骤
- 考核方法
- 任务回顾

项目六

推销综合实践

实践内容

在认真调查分析当地市场情况的基础上,有目的地选择服务于一家当地著名企业或者全国知名企业在当地的经销商(建议选择快速消费品、保险产品等行业,能够一次性接纳数量较多的学生)。紧紧围绕该企业的产品和市场,教师组织学生学以致用,综合运用推销理论、方法和技巧,积极参加企业产品的各种推销实践活动,在实践中将前面的各种任务整合在一起,为企业完成具有一定薪酬性质和销售数量的推销任务。

实践时间

两周。

实践目的

1. 学生充分做好推销的准备工作,并写出产品营销推广方案。
2. 学生能够采取积极有效的方法约见、接近顾客。
3. 学生能够采用比较恰当的推销模式展开推销洽谈,激发顾客的购买欲望。
4. 学生能够妥善处理各种顾客异议。
5. 学生能够及时捕捉成交信号,提出成交要求,促成交易。
6. 学生能够及时收回货款,并做好客户管理和其他售后服务工作。

实践要求

1. 建立推销团队,分工协作,集体完成推销实践活动。

2.小组通过比较,选择企业、全面收集企业及其产品等相关信息和深入熟悉企业、产品和市场情况。

3.个人独立完成推销实践性的具体工作。

4.完成既定的销售目标任务。

5.个人独立提交企业产品推广方案、推销实践报告。

6.学生填写推销实践项目手册,形成文字记录。

7.实践全过程中遵循校企合作、工学结合的要求。

实践步骤

1.建立推销团队。即将班级学生分成若干小组,每组6~8人,自由竞选组长,实行组长负责制。

2.小组负责选择并收集企业、产品、市场等相关信息。

3.小组完成企业产品推广方案。

4.开展确认顾客、约见接近顾客、进行推销洽谈、处理顾客异议、促成交易、售后服务等推销工作。

5.完成销售目标任务。

6.提交企业产品推广方案、推销实践报告、推销实践项目手册。

考核方法

企业业务主管、学校教师对各小组的企业产品推广方案、推销实践报告以及推销团队建议、完成销售任务进行双重考核,评价标准见表6-1。

表 6-1

评价项目	评价要求	评价	分值	得分	评语
企业产品推广方案	简洁实用,可操作	企业	15		
		学校	5		
推销团队建设	有活力,有效能	企业	8		
		学校	12		
完成销售任务	企业、学校、个人提前界定目标	企业	18		
		学校	12		
推销实践报告	全面,真实	企业	10		
		学校	10		

项目六　推销综合实践

任务回顾

本任务完成后,能够完成企业推销实践的工作任务,为推销职业准入做好技能准备。

1. 分工收集企业、产品等相关信息,认真调查分析当地市场情况。
2. 建立推销团队。组员分工,小组分区域完成企业产品推广方案。
3. 推销实践。如确认顾客、约见接近顾客、进行推销洽谈、处理顾客异议、促成交易、售后服务等工作。
4. 提交企业产品推广方案、推销实践报告以及完成销售目标。

参 考 文 献

[1] 吴健安.现代推销理论与技巧.北京:高等教育出版社,2008
[2] 郭奉元,黄金火.现代推销技术.北京:高等教育出版社,2009
[3] 易开刚.现代推销学.上海:上海财经大学出版社,2017
[4] 周琼,吴再芳.商务谈判与推销技术.北京:机械工业出版社,2005
[5] 张佩云.人力资源管理.北京:清华大学出版社,2012
[6] 常文志,杨晓东.现代推销学.北京:科学出版社,2004
[7] 张晓青.推销实务.大连:大连理工大学出版社,2007
[8] 张永.推销人员手册.北京:中国人事出版社,2000
[9] 常文志,杨晓东.现代推销学.北京:科学出版社,2004
[10] 荀志强.推销.北京:中国言实出版社,2007
[11] 彦博.推销员必读.北京:中国商业出版社,2008
[12] 杰哈德·葛史汪德纳著.刘海清,凌丽君译.金牌销售员的15项训练.北京:人民邮电出版社,2008
[13] 王国梁.推销与谈判技巧.北京:机械工业出版社,2009
[14] 易开刚.现代推销学.上海:上海财经大学出版社,2017
[15] 梁敬贤.推销理论与技巧.北京:机械工业出版社,2005
[16] 钟立群,李彦琴.现代推销技术.北京:电子工业出版社,2013
[17] 王孝明.推销实战技巧.北京:经济管理出版社,2004
[18] 孔雷.训练销售精英.北京:企业管理出版社,2008
[19] 刘永中.销售人员的十堂专业必修课.海口:南海出版社,2004
[20] 倪政兴.如何成为推销高手.成都:西南财经大学出版社,2003
[21] 吴金法.现代推销理论与实务.大连:东北财经大学出版社,2002
[22] 邱训荣.推销技巧.南京:东南大学出版社,2004
[23] 肖军,简彩云,孙虹乔.推销理论与技巧.长沙:湖南大学出版社,2009

附 录

附录一

附表1　　　　　　　　　项目实施手册

内　容	准备、实施过程与内容简述	完成情况	参与人	完成时间	备　注
工作实施					
知识拓展					
培训游戏					
成果展示					
任务体会					
教师评语					

附录二

海尔集团成套家电销售工作标准流程

一、售前工作

（一）获取用户资源，提前设计成套方案

1. 排查新楼盘分布信息

（1）新社区、新楼盘信息排查获取方式

①通过社区店的机制，让全体调查人员按街道排查新社区、新楼盘的信息。

②通过网络获取，上网搜集新楼盘的基础信息。

③通过房地产公司获取其开发的项目信息。

（2）排查每个楼盘的基本信息

①毛坯房

房地产名称、地址、开发商、用途、户型图、用户数、销售价格、开盘时间、竣工时间、交房时间、验收时间等。

②精装修

房地产名称、地址、开发商、用途、户型图、用户数、价格、家电采购时间、家电采购负责人、家电配置表、家电需求。

2. 成套家电设推销员锁定承包区域

（1）明确新楼盘资源的数量，确定成套订单目标。

（2）社区新楼盘专员承包竞标并签订对赌协议。

（3）以成套家电推销员（成套家电设计师）为中心组建新楼盘1＋N成套设计服务团队，1是成套家电推销员，N是成套服务人员，如送货、安装、维修、保养等人员，家电推销员为该团队负责人。

（4）成套家电推销员（成套家电设计师）负责成套家电的设计、销售、服务等一票到底的跟进工作，其他成员协同完成精致成套服务。

3. 按照开盘的进度针对户型提前设计成套方案

（1）整合开发商或物业的资源，拿到新社区的户型图纸。

（2）通过实地测量，获得户型结构尺寸信息。

（3）由成套家电推销员（成套家电设计师）根据新社区的户型图纸或实际测量数据绘制平面图、效果图。

附 录

(二)整合资源拿到业主相关信息,为上门拜访做准备

通过各种途径获取业主的相关信息,例如姓名、楼号、单元号、楼层、房间号、联系方式等,一旦拥有这些信息,就可以通过各种方式联系对方或者直接登门拜访对方。

获取信息的渠道一般有以下几种:

①通过售楼处获取用户信息。
②通过物业获取用户信息。
③通过交钥匙人员获取用户信息。
④通过装修公司获取用户信息。
⑤通过地板、木门销售商等异业结盟获取用户信息。
⑥通过摆咨询台现场获取用户信息。
⑦通过上门排查获取用户信息。
⑧通过公益活动获取用户信息。
⑨通过社区论坛获取用户信息。

(三)进入新楼盘举办造势活动

1.进入新楼盘小区的方式

①通过与小区物业联合举行公益活动的方式进入小区。
②通过与物业签订联营合同的方式进入小区,小区物业按照销售额给予提成。
③通过与广告公司合作联营进入小区。
④通过与售楼处联营做免费的样板房方式进入小区。
⑤与小区物业联系,交一定的费用进入小区。
⑥给物业提供增值服务进入小区(钥匙包、钥匙盒等)。

2.让用户知道社区店成套服务的宣传模式

①楼盘开盘前与销售中心联系免费制作样板间。
②用户拿钥匙时给予免费的钥匙包或钥匙盒。
③用户到物业办理装修施工手续时,给予夹单页。
④给每个户主送设计方案。
⑤楼盘开盘后,做成一套用户的样板间。
⑥通过楼梯贴、楼道贴、地贴、电梯广告、户外宣传等方式在小区内做广告。
⑦发短信。
⑧设业主群(如 QQ 群、微信群)或业主论坛。

3.开盘造势活动

①与物业联系,进入新楼盘举办造势活动。
②活动现场展示不同户型的成套设计方案。
③造势活动现场,除产品展示咨询外,可直接针对用户的需求入户进行成套家

电设计。

④建立用户档案,后续跟踪,力争黏住用户,达成合作意向。

(四)家电推销员(成套家电设计师)宣传成套精致服务沟通规范

1. 购成套家电享受 8~10 年免费质保咨询口径

> 尊敬的××先生/女士您好,为了答谢新老客户对于海尔品牌和社区店的厚爱与支持,海尔社区店特推出"购成套家电享受 8~10 年免费质保"服务,凡在社区店累计购买海尔家电 6 件产品及以上,或者 6 个月累计消费超过 2 万元以上,享受成套质保服务,具体内容如下:
>
> (1)若成套购机,享受价值约 6 500 元的 8~10 年免费质保服务,产品享受终生专业维修:冰箱、冰柜、洗衣机、电热水器、吸油烟机、燃气灶、家用空调为 10 年保修,电视机为 8 年保修(屏幕按照单件保修政策执行)。
>
> (2)成套购买的所有产品享受价值约 280 元每年一次的免费深度清洗保养服务。

2. 家电保养的好处咨询口径

> 我跟您详细说一说家电保养的好处吧。家用电器长期处于工作状态,如果不注意清洗保养,不仅容易滋生细菌,有害身体健康,更会影响家电工作效果,增加耗电量,缩短家电使用寿命。定期对家电进行清洗保养,将最大限度地保证您的家电正常运转,让您在安全、省电、节能、健康的环境下享受美好生活。购买海尔成套家电,即可享受海尔质保服务中提供的免费保养服务,由专业人员免费上门为您提供家电清洗保养,让您更加安心、省心、放心。
>
> (1)洗衣机
>
> 长期不清洗,容易滋生繁殖细菌,进而粘在衣物上,不仅不能清洗衣物,还将对人的健康造成危害。同时,细菌脏物沉积,容易造成洗衣机部件老化,缩短洗衣机使用寿命。清洗后,衣物清洗效果更好,无污物、避免细菌滋扰,同时延长洗衣机使用寿命。
>
> (2)冰箱
>
> 长期不清洗保养,冰箱表面容易黏附灰尘、污垢,影响美观,散发异味。食物在冰箱内容易产生细菌交叉繁殖;门封条积灰、变形则会影响冰箱保温效果。清洗后,内胆清洁干净;冷藏、冷冻室具有自然清香,使食物得到更好的保鲜存储;节约能源,延长冰箱使用寿命。
>
> (3)油烟机
>
> 长期不清洗,油污黏附于油烟机表面,影响美观。且附着于管道内,阻塞烟道,造成排烟效果变差,进而影响空气质量及室内环境。吸附污垢后会增大风叶运转负荷,降低排烟能力。清洗后,保持室内空气清新,有益人体健康;增强油烟机吸力,延长机器使用寿命。

(五)家电推销员(成套家电设计师)入户设计的准备工作

1. 成套家电推销员(成套家电设计师)入户设计携带资料

附表2　　　　　　　　　　推销员携带资料

类别	入户成套家电设计	成套家电设计工具	成套家电解决方案
资料	1. 上岗证 2. 五个"一"(专用名片) 3. 社区店宣传单页 4. 海尔家电产品库存价格表 5. 用户档案	1. 电脑文件包 2. 笔记本电脑。设计软件,产品图片菜单,不同户型样板方案,成功设计案例图片 3. 签字笔 4. 绘图铅笔 5. 橡皮 6. 绘图夹子 7. 成套设计图纸 8. 十米卷尺 9. 制图工具(三角板等) 10. 计算器	1. 成套产品样册 2. 不同户型样板方案 3. 成功设计案例图片 4. 产品单页

2. 成套家电推销员(成套家电设计师)入户设计留给用户的资料

(1)成套家电推销员(家电设计师)名片。

(2)产品单页或产品样册。

(3)成套家电设计方案(含费用预算)。

二、售中工作

1. 成套家电推销员(成套家电设计师)入户设计与跟踪的行为规范

(1)电话预约登门,根据服务营销师建立的用户档案及成套购买家电的需求,结合档案中的需求及相关信息,例如小区、路段等,初步判断用户需求的档次。

(2)敲门之前,整理仪表。提前准备好五个"一"的道具(含成套家电设计师上岗证);确保着装整齐干净,面带微笑、真诚、自信,调整好自己的心态和情绪,一定要高兴而来,让用户满意后而归。

(3)敲门时,准备好鞋套和垫布。

(4)进门时,穿好鞋套,出示上岗证,双手递交名片。

2. 成套家电推销员（成套家电设计师）入户设计与跟踪的沟通规范

附表3　　　　　　　　　　　　　　推销员沟通规范

序号	类别	场景	咨询口径	用户	跟进口径
1	电话与业主联系	根据楼盘入住进度，与物业取得联系，得到业主联系方式，随后电话与之联系	张先生，您好！我是海尔成套家电设计师小王，恭喜您乔迁新居。海尔社区店为答谢社区用户，特别推出新居免费家装设计、家电设计，您看什么时间方便，上门为您设计	1.家装设计	海尔社区店为给新居业主提供便利服务，特别在业主入住前就对社区的不同户型设计了多套家装方案，而且已经形成了效果图，您看什么时间方便，把效果图给您送过去
				2.家电还需要设计	很多人说家电还需要设计吗？电视、冰箱不就放在那儿吗？其实不是这样的。电视放在这个位置没错，但装修后把电视摆上，连上机顶盒、音响，连接线很多，确实不好看，再开槽已经装修完了，如果家装前做好家电设计，把插座、线路、孔等都设计好，就可以避免这些问题的产生
				3.真不错，正好我在新房	(1)好的，张先生，我也正好在这个单元，我马上上去送给您家装设计图，顺便再给您设计一下家电，一会见。 (2)张先生，这个时间我还约了1单元1203的刘大叔送设计图做家电设计，您看再约个时间可以吗
				4.哦，下周三我会到新房	好的，张先生，那下周二再跟您约具体时间，您看好吗？
2	敲门欲入户设计	按照电话预约的时间入户设计	张先生，您好！我是海尔社区店成套家电设计师小王，恭喜您乔迁新居。我来给您送设计图，做家电设计。	小王，快，请进。	这是我们在开盘前针对这个小区的八个户型做的家装方案，这几张图就是针对您的户型做的，好几种风格，您看看那种您比较中意，呵呵
		初次拜访	敲门，您好，我是海尔社区店成套家电设计师小王，恭喜您乔迁新居。	1.有什么事	海尔社区店为给新居业主提供便利服务，特别在业主入住前就对社区的不同户型设计了多套家装方案，而且已经形成了效果图，我们是登门送家装设计图的
				2.是吗？进来看看吧	这个户型真不错，多敞亮啊！我刚才去了6楼的李大哥家，也是这个户型，我把设计方案送过去，还提了一些意见，我觉得挺合理的，您也可以逐磨琢磨！【递上效果图】
				3.我们已经请装修公司了，他们给我出了方案	哦，是吗？您准备装修个什么风格的啊？【用户说简约、时尚一点就行了。】张先生，我们除了提供家装设计方案外，还特别提供家电设计方案
				4.家电还需要设计吗	很多人说家电还需要设计吗？电视、冰箱不就放在那儿吗？其实不是这样的。电视放在这个位置没错，但装修后把电视摆上，连上机顶盒、音响，连接线很多，确实不好看，再开槽已经装修完了，如果家装前做好家电设计，把插座、线路、管路、孔等都设计好，就可以避免这些问题的产生。

附 录

（续表）

序号	类别	场景	咨询口径	用户	跟进口径
3	楼道电梯或社区里遇见	海尔成套家电设计师着西服、打领带、拎着手提电脑、佩戴成套家电设计师胸牌，正在逐户入户设计	阿姨，您好！来看房子啊	是啊	这个小区房子的户型真好，阿姨您终于可以享享清福了！呵呵
				你们是海尔的吧	是啊，阿姨，我们海尔社区店为了给新居用户提供便利，特别针对不同的户型设计了家装设计图，而且还可以上门设计家电的插座、线路、管路，如果您需要的话，我们随时过去给您看看！阿姨，这是我的名片
			阿姨，您是几零几啊？我找一下您家户型的家装效果图	3单元2801	阿姨，这就是您家那个户型的家装设计方案！您看看，如果您方便，也可以入户给您设计家电
				家电还要设计	很多人说家电还需要设计吗？电视、冰箱不就放在那儿吗？其实不是这样的。电视放在这个位置没错，但装修后把电视摆上，连上机顶盒、音响，连接线很多，确实不好看，再开槽已经装修完了，如果家装前做好家电设计，把插座、线路、管路、孔等都设计好，就可以避免这些问题的产生【那就来看看吧！】
		用户路过海尔社区活动现场或到样板间参观	阿姨，您好！看热水器啊？	我家三口人，带我看看需要多大容量的热水器	阿姨，这个容积的比较合适，而且具有防电技术，安全。阿姨，您家正在装修是吧？【是啊！】最好我们上门给您设计一下，根据卫生间的尺寸确定哪款就更好了。另外趁着装修前，把插座、电源、混合阀等的位置确定下来
4	入户设计	客人同意后，海尔成套家电设计师进入客户家中进行家电设计	1.双手递交名片； 2."我是海尔松江路社区店的成套家电设计师小王，这个项目由我负责，请多关照。" 3.对于旧房要安全测电，免费安全测电，看用户家用电环境是否安全。"大姐、大哥，您好！为了确保家电的使用安全，避免安全隐患，我先为您家安全测电，看用电环境是否安全。" 4.结合用户的需求、户型、预算等若干因素，进行成套家电设计	提出安全测电，用户可能会说："海尔还提供这样的服务？"	1.注意观察： (1)用户：着装、配饰、气质等，判断用户的消费层次； (2)环境：家装、家具等，也可以判断用户的消费层次； (3)详细倾听用户的家电需求及预算，边听边用笔记，为后续做好方案不遗漏信息做好准备，同时判断家电需求属于什么档次。 2.关于安全测电："大姐、大哥，您好！这就是海尔1+5的增值服务。" 3."大姐、大哥，空调挂机放在这个位置比较合适，装修的时候要在这个位置上安装一个三相插座，这个位置装修前要打孔。" 结合用户家实际的进水管路和排水位置，确定洗衣机安放的具体位置，"大姐、大哥，洗衣机放在这个位置比较好，要离墙20厘米以上，从这里进水，这里排水。在这个位置上安装一个三相插座，在这个位置上要预留安装水龙头的位置，以备安装洗衣机进水管。"

233

（续表）

序号	类别	场景	咨询口径	用户	跟进口径
5	与顾客再次联系跟踪	与已经建立用户档案，还没有入户设计的用户电话联系	张先生，您好！我是海尔成套家电设计师小王，前几天您在样板间看产品的时候，是我接待您的，您看什么时间方便，上门给您设计一下	好啊，今天我有空，来吧	谢谢您，我会按照约定的时间上门为您设计
				抱歉，这几天没有空	不要紧，您先忙，我过几天再跟您联系，您看好吗
		入户拜访已经建立用户档案，还没有入户设计的用户	敲门。张先生，您好！我是海尔成套家电设计师小王，现在为您做家电设计，您看方便吗？	好啊，请进。谢谢您。然后设计	
				抱歉，我有其他的事情	不要紧，您先忙，我过几天再跟您联系，您看好吗
		建立档案也入户设计的用户	张先生，您好！我是海尔成套家电设计师小王，上次给您做了家电设计，已经制作好效果图，不知道您什么时间方便，给您送过去？	好啊	好的，现在就送过去！
				明天吧	好的，明天见
6	已完成套家电设计或顾客已购买部分产品	用户已经购买了一台海尔电器	人货同步，按照设计安装产品。张先生，您好！这款热水器真是不错……在使用的过程中要注意以下几点	好的，我会用了，有什么问题随时跟你联系	好的，随时跟我联系
			安装完毕，过了几天。张先生，您好！上次服务满意吗？还有什么可以帮忙的地方	燃气灶也选海尔	您家厨房的那个位置，这款比较合适，同您家的风格相近，而且特别大气，要不我把图片送给您看看
				挺满意的，谢谢，没什么事情	您家开始装修厨房了吧，我上去跟您看看，同时我带着吸排油烟机、燃气灶的单页过去，您选择一下
			今天是您的生日，祝您生日快乐！送上生日卡片	谢谢啊，海尔人就是不一样。请进	开始装修厨房了，选定哪个型号了吗？这些是单页，您看看
		建立档案也入户设计的用户	张先生，您好！我是海尔成套家电设计师小王，上次给您做了家电设计，我已经制作好平面图、效果图，不知道您什么时间方便，给您送过去	好啊	好的，现在就送过去

（续表）

序号	类别	场景	咨询口径	用户	跟进口径
7	沟通设计方案	与用户沟通设计方案	"大姐、大哥,这是设计方案(附手工绘图),您的意见是?"		1.如果您有意见我们可以进行调整,直至您满意为止; 2.如果没有意见,"大姐、大哥,这个方案的预算总计为××元,我们可以总体优惠××元,还可以提供其他增值服务,会员有礼、便民服务、周周有约、成套送货、成套安装、成套维保等服务。"

海尔成套家电服务流程如图 6-1 至图 6-3 所示。

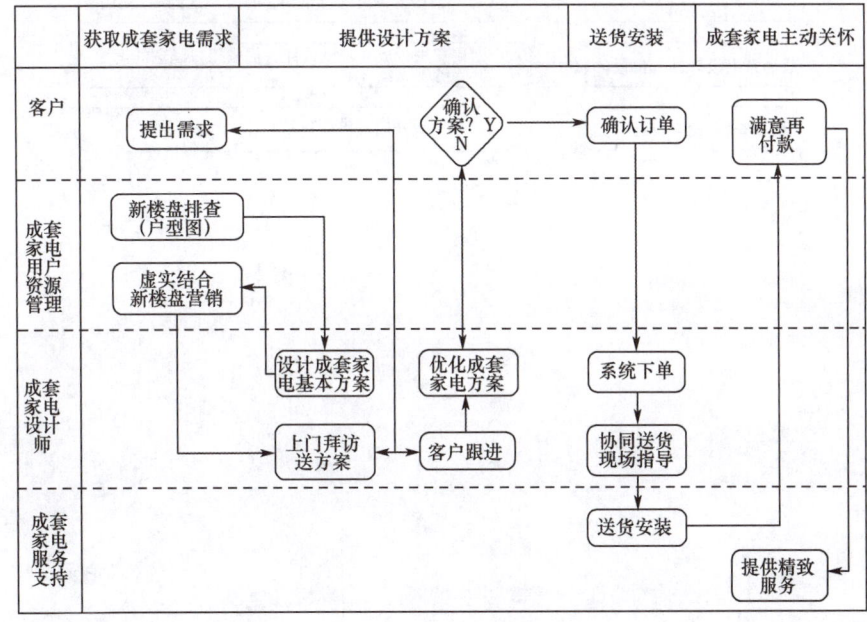

图 6-1 海尔成套家电服务总流程

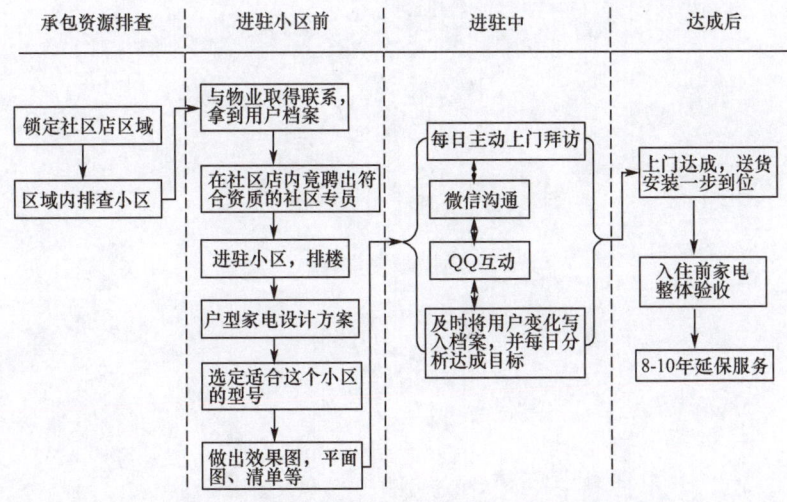

图 6-2 进入小区成套家电服务工作流程

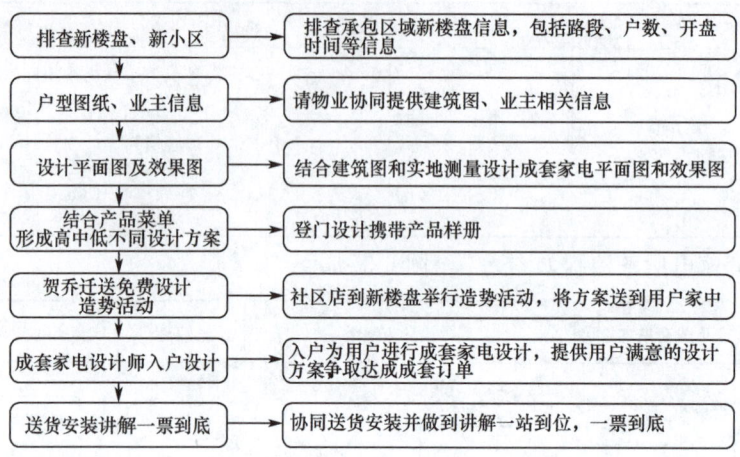

图 6-3 海尔成套家电销售工作流程